中等职业学校汽车类专业新课程教学用书

Xinnengyuan Qiche Weihu

新能源汽车维护

Xingdong Shouce

（行动手册）

曾晖泽　张　发　主　编

人民交通出版社股份有限公司

北　京

内 容 提 要

本书为中等职业学校汽车类专业新课程教学用书。本书分为行动手册与知识手册两部分。其中,行动手册有 7 个学习任务,包括新能源汽车定期维护准备、车辆室内外维护与操作、车辆底部维护与操作、车轮的检查与换位、制动器的维护与操作、纯电动汽车机舱维护与操作、插电式混合动力电动汽车发动机机舱检查与维护;知识手册有 7 个单元,包括新能源汽车定期维护准备、车辆室内外维护与操作、车辆底部维护与操作、车轮的检查与换位、制动器的维护与操作、纯电动汽车机舱维护与操作、插电式混合动力电动汽车发动机机舱检查与维护。

本书可作为职业院校汽车类专业的教学用书,也可作为职业技能的岗位培训和其他从事相关专业人员的参考书。

图书在版编目（CIP）数据

新能源汽车维护/曾晖泽,张发主编. —北京：
人民交通出版社股份有限公司,2024.1
ISBN 978-7-114-18961-6

Ⅰ.①新… Ⅱ.①曾… ②张… Ⅲ.①新能源—汽车
—车辆修理—中等专业学校—教材 Ⅳ.①U469.7

中国国家版本馆 CIP 数据核字（2023）第 160273 号

书　　　名：**新能源汽车维护（行动手册）**
著 作 者：曾晖泽　张 发
责 任 编 辑：李 良
责 任 校 对：刘 芹
责 任 印 制：刘高彤
出 版 发 行：人民交通出版社股份有限公司
地　　　址：(100011)北京市朝阳区安定门外外馆斜街 3 号
网　　　址：http://www.ccpcl.com.cn
销 售 电 话：(010)59757973
总 经 销：人民交通出版社股份有限公司发行部
经　　　销：各地新华书店
印　　　刷：北京市密东印刷有限公司
开　　　本：880×1230　1/16
印　　　张：14.5
字　　　数：350 千
版　　　次：2024 年 1 月　第 1 版
印　　　次：2024 年 1 月　第 1 次印刷
书　　　号：ISBN 978-7-114-18961-6
定　　　价：58.00 元(含行动手册 + 知识手册)
(有印刷、装订质量问题的图书,由本公司负责调换)

前言

党的二十大报告指出，"推动能源清洁低碳高效利用，推进工业、建筑、交通等领域清洁低碳转型"，发展新能源汽车是我国从汽车大国迈向汽车强国的必由之路，是应对气候变化、推动绿色发展的战略举措。我国已成为全球最大的新能源汽车生产和消费国，新能源汽车进入高质量发展的快车道，对技术技能人才的需求在质与量方面越发紧迫。教育部新增了新能源汽车运用与维修专业，并于 2022 年发布了专业简介。教材编写组依据专业简介关于专业培养目标定位和主要专业能力要求，并参考智能新能源汽车职业技能等级标准，编写了这套"中等职业学校汽车类专业新课程教学用书"。

该套教学用书依据行动导向的教学理念，采用原创的新形态活页式教材的编写体例，以当前主流新能源汽车的检测与维修为工作对象，以由生产任务转化而来的学习任务为教学内容，注重学生学习的主体性，重点培养学生的综合职业能力，是一套符合职业成长规律的工学结合课程教学用书。该套教学用书具有如下特点：

1. 贯彻行动导向的教学思想，结合全国技能大赛的指导思想，将理论教学与实践操作有机地结合起来，按照"简单到复杂，外围到核心，形象到抽象"的认知规律来排列学习内容，充分体现"做中学""做中教"。

2. 原创的新形态活页式教材体例，将教材分为"行动手册"和"知识手册"两部分。这种以"行动手册"为教材主体、"知识手册"辅助学习的新型编写方式，充分发挥了活页式教材灵活性特征：一是各学习任务独立完整，可灵活组合，方便教师依据教学实际情况处理教材；二是"行动手册"按照完整的行动模式设计的，以引导文为主线让学生经历完整的工作过程，给学生提供了主动学习的空间；三是"知识手册"给学生提供了必要的系统性知识和关键技能，帮助解决学习任务知识碎片化问题，还可减轻信息获取带来的学习压力。

3. 教材内容来源于生产实际，以我国新能源汽车销售市场主流轿车的维修技术为主线，涵盖了新能源汽车基本原理、新能源汽车构造与拆装、新能源汽车维护、新能源汽车驱动系统检修、新能源汽车动力蓄电池系统检修等内容，对接行业、企业标准，由浅入深，实用性强，技术先进。

4. 教材图文并茂，文字通俗易懂，学习目标明确，每个学习任务都配有量化的检查表和课后自测题,同时通过二维码配备微课视频,适合中职学生的学习习惯。

本书由曾晖泽、张发主编,刘明瑞、林根南、袁思达参编。其中,曾晖泽、张发、刘明瑞、袁思达编写"行动手册"学习任务 1 和"知识手册"单元 1,曾晖泽编写"行动手册"学习任务 4、5 和"知识手册"单元 4、5,张发编写"行动手册"学习任务 6、7 和"知识手册"单元 6、7,刘明瑞编写"行动手册"学习任务 2 和"知识手册"单元 2,林根南编写"行动手册"学习任务 3 和"知识手册"单元 3, 全书由曾晖泽、张发统稿。广州鸿用汽车销售服务有限公司袁思达、蔚来汽车销售服务有限公司唐晓聪等企业专家为本书的编写提供了生产案例和技术支持。

本书在编写过程中参考了大量的文献资料,在此向文献资料的作者致以诚挚的谢意。

由于教材编写组的编写工作是在不断地实践和理论学习过程中进行,书中难免有错误和不妥之处,恳请广大读者批评指正。

编　者
2023 年 8 月

目录

学习任务1　新能源汽车定期维护准备

一　学习目标

☞ 知识目标
1. 能够叙述汽车维护分级,明确定期维护计划;
2. 能够解释 6S 现场管理的要点及意义。

☞ 技能目标
1. 能够按照标准,对汽车维护工位进行 6S 管理;
2. 能够按照操作规范,正确操作举升机和进行高压下电。

☞ 素养目标
通过在维修工位进行 6S 管理实践,塑造职业形象,践行工匠精神。

建议完成本学习任务为 8 学时。

二　内容结构

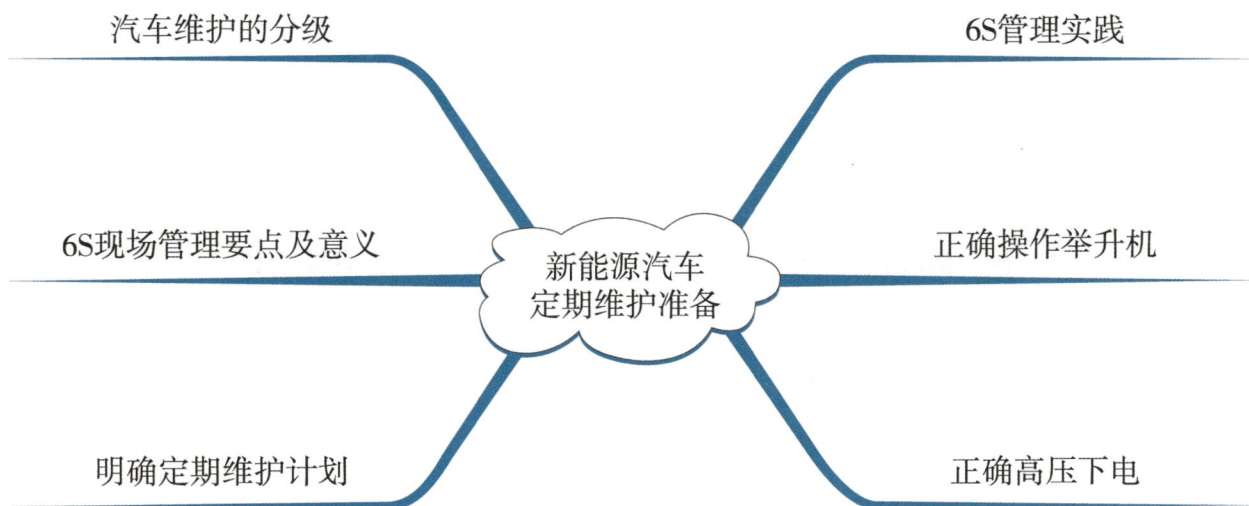

三　明确任务

新能源汽车进厂进行定期维护,维修技师须先做好定期维护准备工作,包括明确维护计划,对汽车维护工位进行 6S 管理,使维修工作安全、有序和高效。

为完成本学习任务,需要结合知识手册,先集中学习汽车维护的分级、6S 现场管理法、安全生产等知识,然后小组合作讨论制订计划,接下来按照计划和操作规范,对汽车维护工位进行 6S 管理、操作举升机、对车辆进行高压下电,最后查找相关资料,明确新能源汽车定期维护计划。

四 获取信息

引导文 1 汽车维护有利于确保行车安全,俗称汽车保养。请查阅国家标准《汽车维护、检测、诊断技术规范》(GB/T 18344—2016)等,想想汽车维护怎样进行分级? 新能源汽车维护是否有特殊要求?

根据国家标准《汽车维护、检测、诊断技术规范》(GB/T 18344—2016),汽车的维护分级包括(   )。

A.日常维护   B.一般维护   C.深度维护   D.一级维护

E.二级维护

日常维护是指以清洁、_____和安全性能检视为中心内容的维护作业。日常维护由_____(驾驶人/维修技师)在(   )执行。

A.出车前   B.行车中   C.收车后   D.购车 1 年后

E.购车 6 年后

根据行业标准《纯电动汽车维护、检测、诊断技术规范》(JT/T 1344—2020)中对维护作业的要求,纯电动汽车维护分为_____和_____。分别参照 GB/T 18344—2016 和 JT/T 1344—2020,完成表 1-1 中空格处的填写。

纯电动汽车一级维护作业项目   表 1-1

序号	常规维护项目	纯电动汽车一级维护项目
1		整车绝缘
2	润滑油及冷却液	动力蓄电池系统
3	转向系统部件连接	
4	转向器润滑油及转向助力油	高压配电系统
5	制动管路、接头	
6		车载充电机
7	制动系统缓速器	电源变换器
8	制动系统储气筒	电动空气压缩机
9	传动系统各连接部位	转向系统
10	变速器、转减速器和差速器	空调系统
11	车轮及半轴螺栓、螺母	电除霜器

续上表

序号	常规维护项目	纯电动汽车一级维护项目
12	轮辋及压条挡圈	
13		整车线束、插接件
14	防护装置	制动能量回收系统
15	全车润滑	
16	整车密封	—

　　一级维护包含日常维护的作业项目,二级维护包含一级维护的作业项目。以 JT/T 1344—2020 中驱动电机维护作业要求为例,见表1-2,想想各级维护作业有什么区别?

_____

_____

_____

纯电动汽车驱动电机维护作业要求　　　　　　　　　表1-2

维护级别	作业要求描述
日常维护	(1)检查运行工作状况,运行平稳,且无异常振动和噪声。 (2)检查系统外观及连接管路,表面应清洁,管路应无渗漏现象
一级维护	(1)外观检查:检查驱动电机、减速器、驱动电机控制器壳体外表面,应清洁、干燥、无损坏;检查高压线束无破损和老化,接线无氧化腐蚀现象;检查连接线束清洁、干燥且线路布设无干涉。 (2)冷却系统:检查冷却液液位高度,视情补给或更换;检查管路连接无泄漏、干涉。 (3)润滑系统:检查润滑系统润滑油情况,视情补给或更换
二级维护	(1)检查系统固定安装情况,紧固力矩应符合维护手册规定。 (2)检查高压线束、接线柱裂解固定情况。 (3)检查线束固定情况、接插件连接情况。 (4)视情或按维护手册规定里程及时间要求更换轴承。 (5)检查驱动电机高压接线盒内部状况

> **引导文 2**　汽车维护在维修车间进行,如何对维修车间的人员、机器、材料、方法等进行有效的管理?5S 现场管理法被广泛采用,5S 包含哪五个方面?

　　5S 即 _____（ SEIRI ）、_____（ SEITON ）、_____（ SEISO ）、_____（SEIKETSU）、_____（SHITSUKE）。有时加上_____（SAFETY），

称为 6S 现场管理法。

请对 5S 的含义和目的意义分别进行连线。

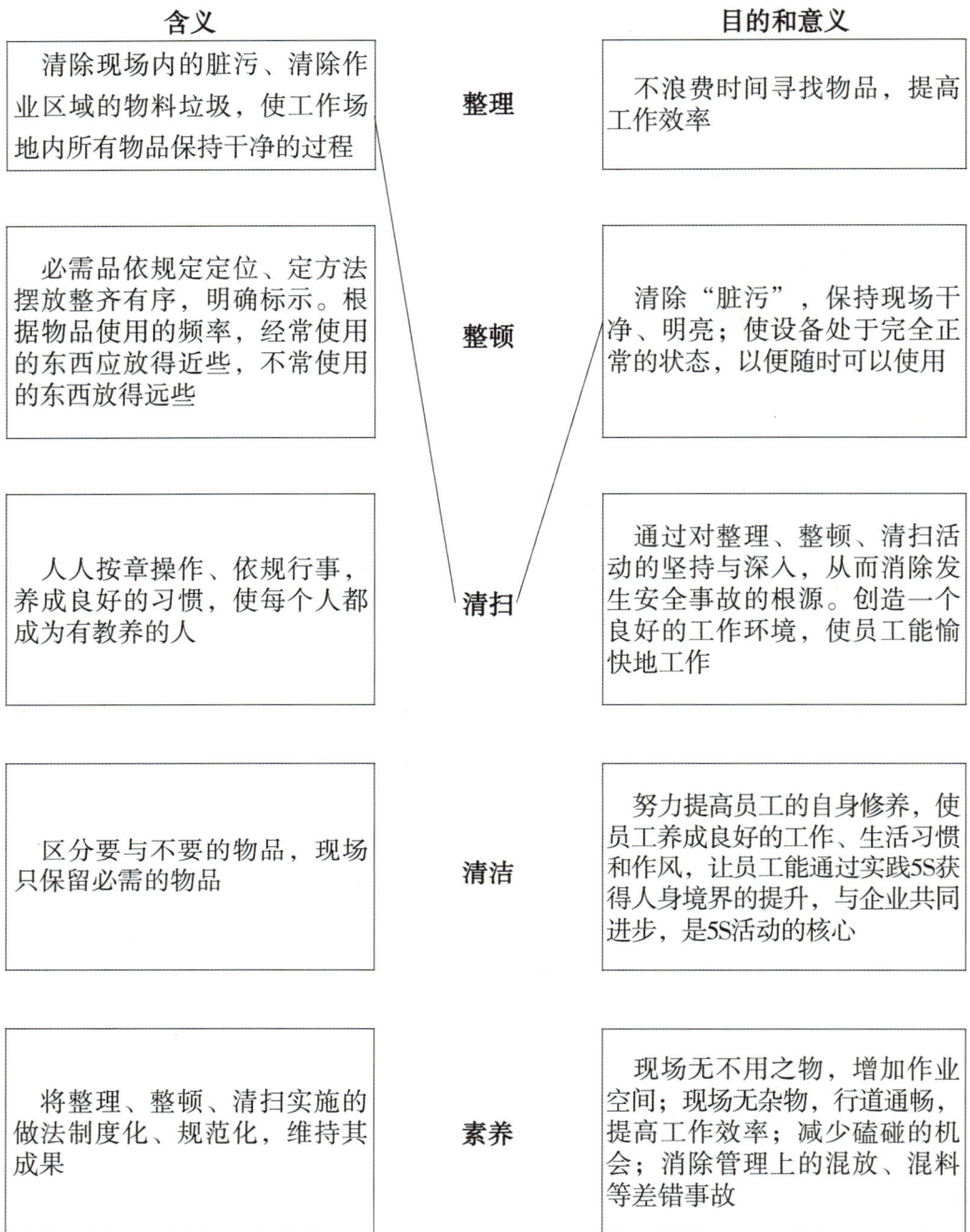

含义		目的和意义

含义

清除现场内的脏污、清除作业区域的物料垃圾，使工作场地内所有物品保持干净的过程

必需品依规定定位、定方法摆放整齐有序，明确标示。根据物品使用的频率，经常使用的东西应放得近些，不常使用的东西放得远些

人人按章操作、依规行事，养成良好的习惯，使每个人都成为有教养的人

区分要与不要的物品，现场只保留必需的物品

将整理、整顿、清扫实施的做法制度化、规范化，维持其成果

整理　整顿　清扫　清洁　素养

目的和意义

不浪费时间寻找物品，提高工作效率

清除"脏污"，保持现场干净、明亮；使设备处于完全正常的状态，以便随时可以使用

通过对整理、整顿、清扫活动的坚持与深入，从而消除发生安全事故的根源。创造一个良好的工作环境，使员工能愉快地工作

努力提高员工的自身修养，使员工养成良好的工作、生活习惯和作风，让员工能通过实践5S获得人身境界的提升，与企业共同进步，是5S活动的核心

现场无不用之物，增加作业空间；现场无杂物，行道通畅，提高工作效率；减少磕碰的机会；消除管理上的混放、混料等差错事故

引导文3　安全工作做不好,一切工作都将毫无意义。在推行 6S 管理的过程中,将安全作为单独的要求提出来,是为了强调安全的重要性。

导致安全事故的因素可分为两种:由于不正确使用机器或工具,穿着不合适的衣物,或由于技术员不小心造成的事故,即_____;由于机器或工具出现故障,缺少完整的安全装置,或者工作环境不良造成的事故,即_____。

请将图 1-1 中各种安全防护装备的图号填入表 1-3 中。

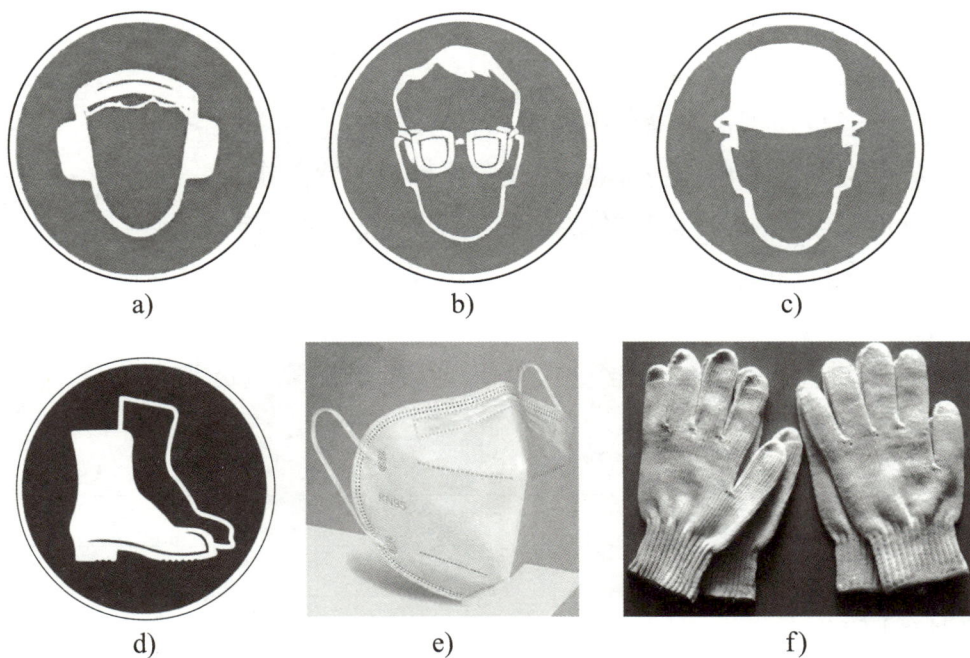

图 1-1 安全防护装备

安全防护装备类型   表 1-3

防护装备名称	使用工作场所	图样
头部防护装置	在举升的汽车下工作时,应使用头部防护装置,以防止因工具或物体掉落而造成人员受伤	图_____
眼部防护装置	在有飞溅火花或打磨/钻孔产生粉尘的区域工作时,应使用眼部防护装置	图_____
耳部防护装置	在噪声环境下工作时,应使用耳部防护装置。如果你必须喊叫,3m 以外的人才能听见你的声音,则表明环境噪声过大,需要使用耳部防护装置	图_____
手部防护装置	处理锋利或高温材料时,使用正确类型的手套可防止割伤或烫伤	图_____
脚部防护装置	鞋底应该防滑,脚趾部位应有防压铁头	图_____
呼吸道防护装置	某些工作会产生粉尘或涉及使用会释放烟雾的材料。应该使用形式正确的面具,防止吸入粉尘或烟雾	图_____

五 计划与决策

引导文 4 在维修工作中,通过预先制订计划,可以事半功倍。请参考手头的各种资料和表格,并进行小组讨论,初步制订任务实施的计划,必要时请求教师的帮助。

1.工具和材料准备

工具:_____

材料:_____

2.安全注意事项

(1)禁止在未经教师授权下操作举升机、起动车辆;

(2)高压部件上贴有橙色警告标签,注意警告标签内容要求;

(3)为了避免触电伤害,禁止未经防护触碰高压部件、高压电缆及连接头;

(4)禁止未经允许,拆解、拆除电气设备、高压部件。

3.小组分工

请对小组成员进行分工,比如按组长、操作员、记录员、安全员等角色分工,或者按具体任务分工。

_____

_____

_____

4.明确任务时间

教师发布任务的完成时间:_____ min。

六 任务实施

引导文5　按照标准,对汽车维护工位进行6S管理。操作检查正常打√,不正常打×。具体任务实施表见表1-4。

任务实施表　　　　　　　　　　　　　　　　　　　表1-4

步骤	操作记录与思考
1.检查自身工装□	对照图1-2的要求,检查自身的工装,并填写工装检查表。 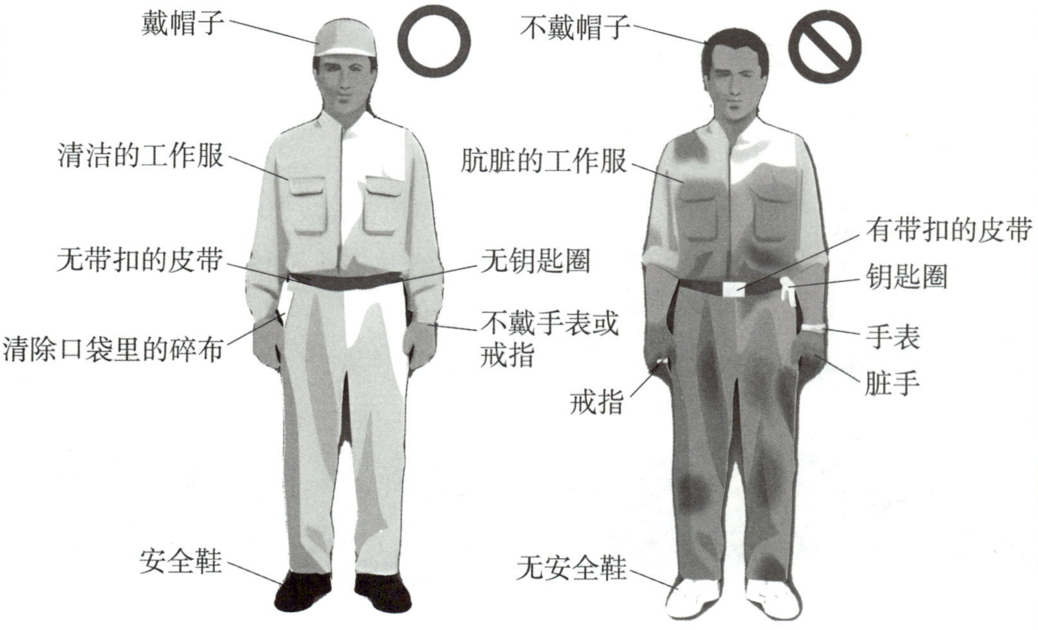 图1-2　6S自我工装要求

步骤	操作记录与思考
1.检查自身工装□	**工装检查表**

工装检查表

自身工装	是否存在	措施编号	纠正措施编号
宽松的袖口	□有 □无	3	（1）摘下珠宝首饰； （2）戴"夹式"领带； （3）穿经过批准工作服、工装裤等； （4）穿用带有防压铁头的劳保靴； （5）束紧长发； （6）需要时，使用正确的眼/手/耳部防护装置； （7）准备工作不要仓促，给自己留有充足的准备时间，才能获得安全感
项链、手镯或手表	□有 □无		
喇叭裤	□有 □无		
紧身裙	□有 □无		
时装鞋	□有 □无		
解开的领带	□有 □无		
长发	□有 □无		
鞋带松开	□有 □无		

2.对汽车维护工位进行6S管理□

整理：

（1）对于已经损坏的零件或者对于存在严重安全隐患的设备、零件进行_____；如图1-3所示，对车间内废弃物的丢弃要_____放置。

图1-3 垃圾分类处理

整顿：

（2）对不经常使用的工具，应放置在_____。

（3）对于常用的套筒、扳手等常用工具，要整齐放置在相应工具箱内，请按教师的要求或按照图1-4所示整理工具。

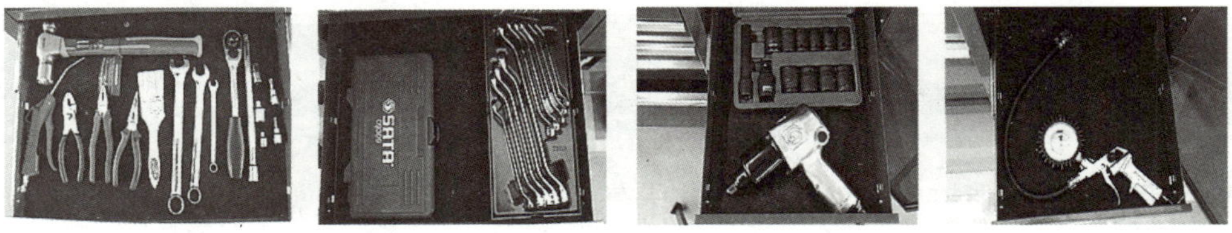

图1-4 工具在工具车摆放图

续上表

步骤	操作记录与思考
2. 对汽车维护工位进行 6S 管理□	（4）指出工位摆放是否合理，并阐明理由。 _____ _____ **清扫：** （5）保证在工作前、工作中和工作后场地的清扫，如有油、液等滴落在工作场所，应_____。 （6）对各种工具、量具进行清洁。 **清洁：** （7）检查工位是否畅通，出入口标志是否明显：　□是　□否 （8）作业完工后，是否将所有设备恢复初始状态，如照明灯、举升机归位：□是　□否 （9）车间的车辆摆放是否整齐：　□是　□否 （10）车间是否干净整齐：　□是　□否 **素养：** （11）是否学习各项安全规章制度：　□是　□否 （12）有无养成良好职业工作习惯，如"仪容仪表""早到迟走""工作前安装三件套"：　□有　□无 （13）是否熟悉车间的消防安全通道、安全器材的放置位置和使用方法：□是　□否 **安全** （14）检查车间有无安全隐患：　□是　□否 （15）作业过程有无安全隐患：　□是　□否
	思政小课堂：塑造职业形象，践行工匠精神 　　汽车维修关系到驾乘人员的生命，这是非常重要的工作。因此，从事该维修岗位要时刻牢记你的责任：用值得信赖的专业技术帮助客户维护其车辆，以保证行车安全。维修技师应具备一系列的素质，如职业化的形象、爱护客户的车辆、生产整洁有序、安全生产、快速准确可靠及时完成作业项目。 　　同学们通过在维修工位不断进行"6S"实践，塑造职业形象，践行工匠精神。工匠精神，是一种职业精神，它是职业道德、职业能力、职业品质的体现，是从业者的一种职业价值取向和行为表现。工匠精神包含了敬业、精益、专注、创新等方面的内容

引导文 6　按照操作规范，正确操作举升机。

　　经教师检查和许可后才可以举升车辆。操作检查正常打√，不正常打×。具体任务实施表见表 1-5。

任务实施表　　　　　　　　　　　　　　　　　　　表1-5

步骤	操作记录与思考
1. 认知举升机的结构□	（1）将使用的举升机类型为： 　　□小剪式举升机　　　□子母剪式举升机 　　□两柱式举升机　　　□四柱式举升机 （2）找出举升机的以下部件： 　　□工作平台　　□锁齿　　□抽拉臂　　□电控箱 　　□油缸　　　　□压缩空气源 （3）找出电控箱控制面板上的按钮和指示灯： 　　□电源指示灯　　□电源开关　　□蜂鸣器　　□上升按钮 　　□下降按钮　　　□落锁按钮　　□急停按钮
2. 举升机功能探索并进行安全检查□	（1）确认举升机上无车辆。 （2）检查现场环境。 　　□地面干净无杂物无油污　　　□举升机平台干净无杂物无油污 　　□举升机平台与地面平齐　　　□举升工位无人员站立 （3）确认举升机举升质量（额定载荷）：_____ kg。 （4）打开压缩空气阀门，检查气压值应为0.6～0.8MPa，气压值为_____ MPa。 （5）分别按下上升、落锁、下降、急停按钮： 　　□上升时，左右平台应同步上升，两侧平台始终处于相同高度； 　　□落锁时，左右平台均落锁到位，两侧平台处于相同高度； 　　□下降时，左右平台应能同时解锁、同步下降，两侧平台始终处于相同高度； 　　□按下急停按钮，设备应迅速停止动作。 （6）检查举升机各液压油处是否泄漏：　　　　　　　　□是　　　□否 （7）观看举升事故的图片或视频，导致事故的原因有哪些： 　　_____ 　　_____ 　　_____ **小提示：** 初学举升机使用应在空载状态下进行； 发现举升机不能解锁或漏油，应立即停止使用。
3. 举升车辆□	（1）查找车辆铭牌，确认车辆总质量为_____ kg，并进行判断； 　　□满足载荷条件，允许举升； 　　□接近或超过举升机额定载荷，不允许举升。 （2）推入车辆，使车辆重心靠近举升平台_____（前部/中部/后部）； （3）确定车辆4个支撑点的位置（图1-5），并在举升平台与车辆支撑点位置间放置举升垫块，垫块应无破损且高度一致。

续上表

步骤	操作记录与思考
3. 举升车辆 □	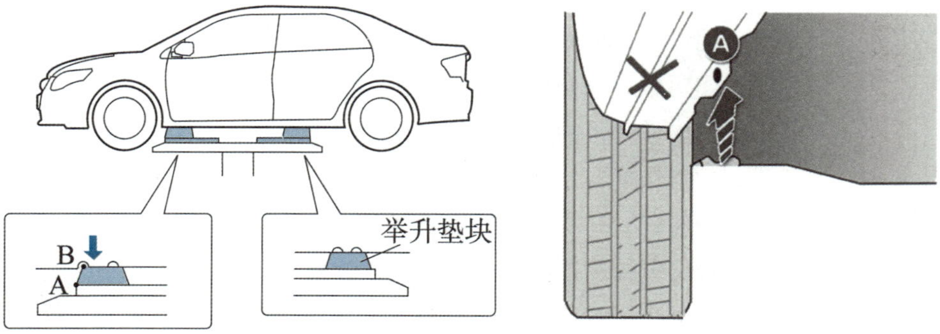 图 1-5　车辆支撑点 （4）每次举升或下降举升机前，应大声呼喊"升车（降车）请注意"，待小组成员确认后方可继续操作。 （5）上升举升机使垫块接近车辆支撑点位置约 3cm 处，再次确认垫块位置是否正确。 （6）举升车辆至四轮离地约 30cm，前、后分别按动车辆，确认车辆支撑牢靠。 　　□车辆无晃动； 　　□车辆有晃动，降下车辆重新进行调整。 （7）再次确认举升工位现场安全。 （8）继续举升车辆至适合高度，并按下落锁按钮，观察确认左右平台均落锁到位，关闭举升机电源开关。
	小提示： 　　必须按规定位置放置垫块，如图 1-5 所示，否则会损坏车辆，严重的话，会导致车辆在举升过程中掉落。
4. 降下车辆 □	（1）每次举升或下降举升机前，应大声呼喊"升车（降车）请注意"，待小组成员确认后方可继续操作。 （2）按下下降按钮，左右平台应能同时解锁、同步下降；下降时观察平台，左右两侧应平稳一致。 （3）举升机完全降至地面，取出垫块，关闭电源
5. 6S 整理 □	车辆、场地整理和复位

引导文 7　按照操作规范，进行纯电动汽车高压下电操作。

　　高压系统维护作业时，应由不少于 2 人协同操作，维护作业人员应遵守电工安全操作规范。操作检查正常打√，不正常打 ×。具体任务实施表见表 1-6。

任务实施表　　　　　　　　　　　　　　　　　　　表1-6

步骤	操作记录与思考
1.移□	(1)使用"警告:高压请勿触碰"标牌告知其他技师正在检查和/或维修高压系统。 (2)移除车辆上所有外部电源,包括12V蓄电池充电器
2.拔□	拔出充电枪
3.关□	关闭点火开关,并把钥匙放到安全区域
4.断□	断开12V辅助蓄电池负极,并远离负极区域
5.取□	(1)检查并佩戴绝缘手套。 (2)如图1-6所示,取下维修开关(MSD),将拆下的维修开关放入自己口袋。 为什么要将维修开关放入自己口袋? 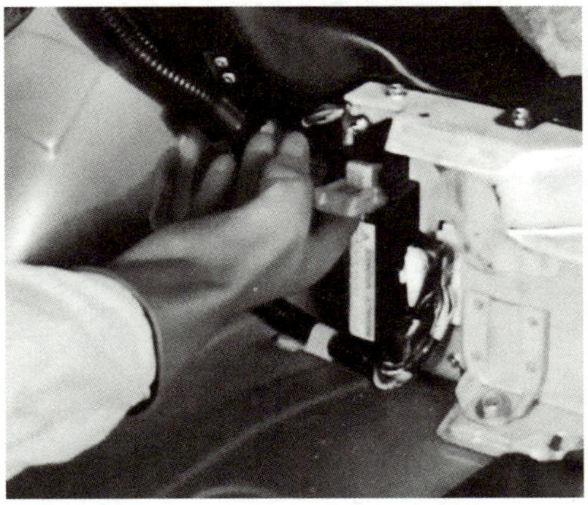 _____ _____ 图1-6　取下维修开关 **小提示:** 使用绝缘手套前,务必执行以下程序检查其是否破裂、磨破和存在其他类型的损坏。 如图1-7所示,检查步骤为: (1)将手套侧放; (2)将开口向上卷2或3次; (3)对折开口以将其封死; (4)确保没有空气泄漏。 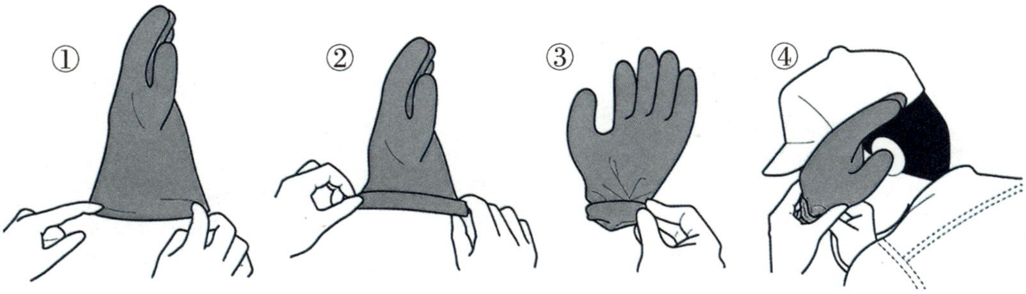 图1-7　绝缘手套检查步骤

学习任务1

步骤	操作记录与思考
5.取□	**思考：** (1)是否可以向绝缘手套吹气进行检查？为什么？ _____ _____ (2)是否可以用普通涂胶手套代替绝缘手套？为什么？ _____ _____ **小提示：** 一些车型没有装配手动维修开关，如吉利帝豪 EV450 车型，其高压系统带有高压互锁功能，断开某一处高压系统的插接器，高压系统会自动断电。为了安全起见，应断开动力蓄电池至车载充电机(集成高压分配盒)的直流母线(图 1-8)，从而起到高压系统断电的目的。 图 1-8　断开直流母线
6.等□	等待 5min，待电机控制器、充电机等内部电容元件充分放电，以保证高压能量全部释放 **小提示：** 等待时间应参见相应的修理手册，由于车型不同，等待的时间也可能不同
7.验□	(1)佩戴个人安全防护设备，拆卸高压连接器，使用绝缘等级大于 1000V 的数字式万用表，开始下一步的电压验证。 (2)在执行高压中止以后，每个端子对车身的电压应小于 3V，正负端子之间的电压应小于 3V **小提示：** 验电时，如果任一处的被测量的电压超过 3V，说明系统内部存在高压黏结情况，需要有经过特殊培训的工程师来进行处理。

步骤	操作记录与思考
7.验□	如图1-9所示,如需拆卸高压线束,应使用绝缘胶带及时包裹高压线束端头,请思考为什么需要这样处理? 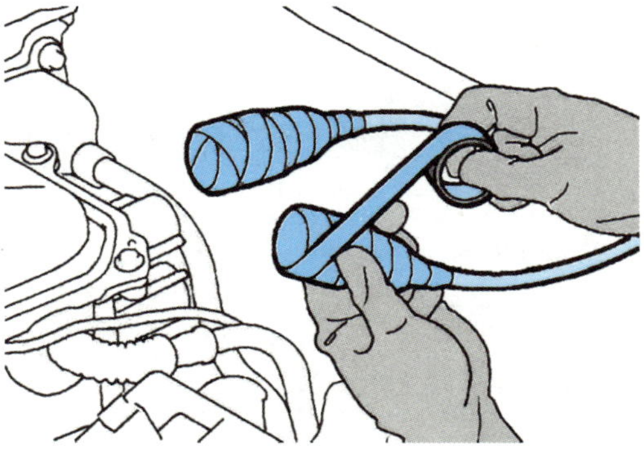 _____ _____ 图1-9　用绝缘胶带包裹高压线束端头

引导文8 查找相关资料,明确汽车定期维护计划。操作检查正常打√,不正常打×。具体任务实施表见表1-7。

任务实施表　　　　　　　　　　　　　　　　　　　　表1-7

步骤	操作记录与思考
1.准备维护手册、维修资料□	准备维修资料,并填写维修资料准备表。 **维修资料准备表** | 车型用户手册	车型维修资料	车辆维护手册 | |---|---|---| | □纸质版 □电子版 □无 | □纸质版 □电子版 □无 | □纸质版 □电子版 □无 |
2.查阅维护计划表□	(1)维护计划表中属于新能源汽车高压及附属系统的维护项目是哪几项: _____ (2)表中符号I、R、C的释义,其中: I =_____ R =_____ C =_____ (3)请列出以下油液、耗材的更换周期分别为: 制动液:_____ 减速器油:_____

步骤	操作记录与思考

维护计划表

维护项目	维护时间间隔（里程表读数或月数，以先到者为准）														
×1000（km）	3	8	13	18	23	28	33	38	43	48	53	58	63	68	73
月数	首次维护	6	9	12	15	18	21	24	27	30	33	36	39	42	45
动力总成															
1.检查冷却水管有无损伤,并确认接管部是否锁紧	I		I		I		I		I		I		I		I
2.检查溢水壶内冷却液液面高度	I		I		I		I		I		I		I		I
3.更换冷却液	每2年或4万km更换一次														
4.检查更换变速器内的齿轮油（一般使用条件）	I	R		R	I		R	I		R	I				
4.检查更换变速器内的齿轮油（严酷使用条件）	R:视需要缩短周期														
底盘和车身															
5.检查紧固底盘固定螺栓	I		I		I		I		I		I		I		I
6.制动踏板和驻车制动器	I		I		I		I		I		I		I		I
7.制动摩擦块和制动盘	I		I		I		I		I		I		I		I
8.制动液	I	I	I	I	I	I	I	R	I	I	I	I	I	I	I
9.更换制动液	每2年或3万km更换一次														
10.制动系统管路和软管	I		I		I		I		I		I		I		I
11.转向盘、拉杆	I		I		I		I		I		I		I		I
12.传动轴防尘罩	I		I		I		I		I		I		I		I
13.球销和防尘罩	I		I		I		I		I		I		I		I
14.前后悬架装置	I		I		I		I		I		I		I		I
15.轮胎和充气压力	I	I	I	I	I	I	I	I	I	I	I	I	I	I	I

学习任务1

2.查阅维护计划表□

续上表

步骤	操作记录与思考
	(见下表及说明)

维护项目	维护时间间隔(里程表读数或月数,以先到者为准)														
×1000(km)	3	8	13	18	23	28	33	38	43	48	53	58	63	68	73
月数	首次维护	6	9	12	15	18	21	24	27	30	33	36	39	42	45
16. 检查前轮定位、后轮定位	I		I		I		I		I		I		I		I
17. 检查车轮轴承有无游隙	I		I		I		I		I		I		I		I
18. 冷气或暖气系统	I		I		I		I		I		I		I		I
19. 空调空气过滤器	I		R		R		R		R		R		R		R
20. 空调装置的制冷剂	I		I		I		I		I		I		I		I
21. 检查空气囊系统	I		I		I		I		I		I		I		I
22. 检查车身损坏情况	每年														

注:(1)表中符号含义:

I = 必要时进行检查、修正或更换;R = 更换、改变或润滑;C = 清洗。

(2)严酷使用条件是指:

- 经常在多尘的地区行驶或经常暴露在含盐分的空气中。
- 经常在颠簸的路面、有积水的路面或山路上行驶。
- 在寒冷地区行驶。
- 频繁地使用制动器、经常急制动。
- 经常作为牵引拖车。
- 作为出租汽车使用。
- 在32℃以上的温度下,在交通拥挤的市区行驶时间超过总行驶时间的50%。
- 在30℃以上的温度下,以120km/h以上的车速行驶时间超过总行驶时间的50%。
- 经常超载行驶。

动力蓄电池冷却液:_____

空调空气滤清器:_____

(4)维护计划表中,维护间隔有里程表或时间间隔两个判断标准,执行时以_____(先到/后到)为准。

(5)某零件的维护计划规定为4万km或24个月,是否需要对车辆进行维护:

如果上次维修后,已行车4万km/12个月: □是 □否

如果上次维修后,已行车5000km/24个月: □是 □否

步骤:2.查阅维护计划表□

— 15 —

步骤	操作记录与思考
2.查阅维护计划表□	(6)汽车在以下行驶条件下,是否需要缩短维护周期: 在崎岖不平路、泥泞、有积水路面或多灰尘路面上行驶　□是　□否 拖曳尾车、使用野营架或车顶置物架者　□是　□否 重复于8km内短途行驶且室外温度低于0℃　□是　□否 经常长时间怠速运转和(或)低速长距离行驶的车辆,如警车、出租汽车或挨家挨户送货的车辆　□是　□否 经常持续高速行驶超过2h的车辆(以最高车速的80%行驶)　□是　□否
3.查阅维护相关操作□	(1)如图1-10所示,在用户手册中提供的"维护"信息,主要供车主在用车时对车辆进行日常维护,以及简单的维护判断。 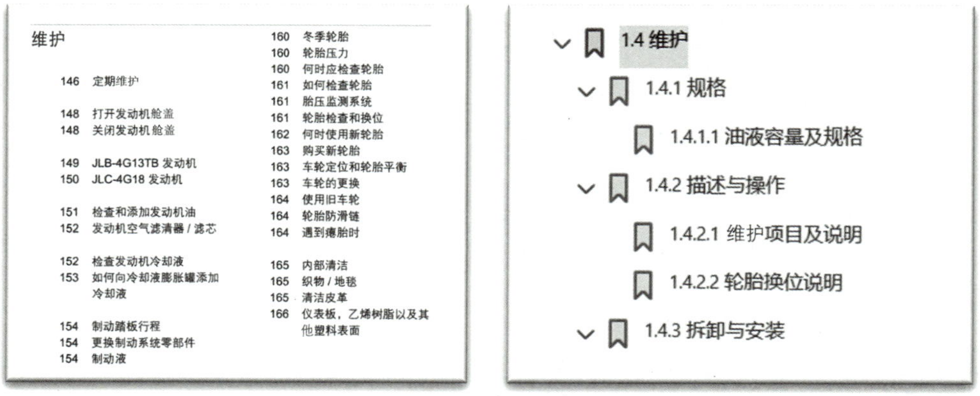 图1-10　用户手册(左)和维修手册(右)中的维护栏目 (2)如图1-10所示,在车型维修手册中查找"维护"信息,主要提供技术员在车辆维护过程中的油液容量规格、操作程序等信息
4.维护工单确认□	查阅4S店维护工单,见下表。 (1)明确5000km维护项目。 (2)明确20000km维护增加项目。 (3)明确40000km维护增加项目。 (4)以一汽丰田为例,将每隔5000km、10000km维护的项目,记为"T51"套餐;与之对应的还有"T26""T35""T48",请予以描述。 "T26":每隔20000km或60000km维护的项目; "T35":_____ "T48":_____ 某车辆行驶至70000km,需执行以下哪项维护套餐? 　□T51　　□T26　　□T35　　□T48 (5)下表为双人维护作业工单,紧固车轮螺母的作业项目属于哪位技师操作? 　□技师A　　□技师B　　□技师A与技师B共同完成　　□无所谓

续上表

某4S店维护作业工单					
作业顺序	作业项目A	检查描述			标准值/极限值	检测值
		检查结果	调整	更换新件		
每间隔5000km维护项目(项目序号:1~63)						
1	检查智能钥匙(部分车型)、钥匙遥控器、转向盘和喇叭					
2	操作刮水器开关					
3	操作车外灯光开关,检查相应仪表盘指示灯					
4	检查燃油管路、炭罐和制动油管					
5	检查底盘后悬架各种接头、球笼					
6	检查排气系统					
7	检查底盘工艺孔橡胶塞和前、后保险杠固定状况					
8	紧固底盘螺栓、制动钳托架安装螺栓					
9	检查左前轮轴承间隙、转向横拉杆球头间隙					
10	检查左前减振器、制动油管和轮速传感器线束					
11	检查、清洁左前制动片,测量厚度,涂上润滑脂				制动片厚度:≥1.6mm	制动片厚度:_____ mm
12	检查左前制动盘、制动活塞及橡胶圈,按规定力矩紧固制动钳销螺栓和分泵螺栓					
13	检查左前轮胎状态、胎压和胎纹深度				胎压:03/08 雅阁:210kPa　05 奥德赛:220kPa　胎纹深度:≥1.6mm	胎压:____ kPa　胎纹深度:____ mm
14	检查左后轮轴承间隙					
15	检查左后减振器、制动油管和轮速传感器线束					

作业顺序	作业项目A	检查描述			标准值/极限值	检测值
		检查结果	调整	更换新件		
16	检查、清洁左后制动片,测量厚度,涂上润滑脂				制动片厚度:≥1.6mm	制动片厚度:_____mm
17	检查左后制动盘、制动活塞及橡胶圈,按规定力矩紧固制动钳销螺栓和分泵螺栓					
18	检查左后轮胎状态、胎压和胎纹深度				胎压:08雅阁/05奥德赛:210kPa 03雅阁:200kPa 胎纹深度:≥1.6mm	胎压:____kPa 胎纹深度:____mm
19	紧固车轮螺母					
20	检查制动助力、驻车制动器操纵杆行程、驻车制动器操纵杆与制动系统指示灯				齿数:5~9	齿数:____
21	检查空调系统各开关按钮、各工作模式状况					
22	操作加速踏板,检查发动机转速表					
23	检查各挡位指示灯、车内前部灯光和遮阳板					
24	检查主电动车窗开关、中控锁、天窗、左右后视镜和车内后视镜					
25	检查全部安全带					
26	检查礼仪灯、车门灯和车内后部灯光					
27	检查其余电动车窗开关					
28	检查空调滤清器滤芯,清洁烟灰缸					
29	润滑各车门、发动机/机舱盖、行李舱及加油口盖铰链,清洁、润滑蓄电池电极					
30	检查机油量					
31	按压车身检查左侧减振器					

学习任务1

续上表

续上表

作业顺序	作业项目B	检查描述			标准值/极限值	检测值
		检查结果	调整	更换新件		
32	检查、清洁刮水片					
33	观察喷水状态、刮水器动作					
34	检查车外灯光、前照灯清洗功能（部分车型）					
35	检查发动机、变速器底部状况及下部橡胶支座,检查各管路及管路接头状况					
36	检查前悬架各种接头、球笼、半轴防尘套和油封					
37	检查转向横拉杆防尘套及球头护罩					
38	放机油,更换机油滤清器					
39	更换放油螺栓垫片,按规定力矩装回放油螺栓					
40	检查右后轮轴承间隙					
41	检查右后减振器、制动油管和轮速传感器线束					
42	检查、清洁右后制动片,测量厚度,涂上润滑脂				制动片厚度:≥1.6mm	制动片厚度:____mm
43	检查右后制动盘、制动活塞及橡胶圈,按规定力矩紧固制动钳销螺栓和分泵螺栓					
44	检查右后轮胎状态、胎压和胎纹深度				胎压:08 雅阁/05 奥德赛:210kPa 03 雅阁:200kPa 胎纹深度:≥1.6mm	胎压:____kPa 胎纹深度:____mm
45	检查右前轮轴承间隙、转向横拉杆球头间隙					

作业顺序	作业项目B	检查描述			标准值/极限值	检测值
		检查结果	调整	更换新件		
46	检查右前减振器、制动油管和轮速传感器线束					
47	检查、清洁右前制动片,测量厚度,涂上润滑脂				制动片厚度:≥1.6mm	制动片厚度:____mm
48	检查右前制动盘、制动活塞及橡胶圈,按规定力矩紧固制动钳销螺栓和分泵螺栓					
49	检查右前轮胎状态、胎压和胎纹深度				胎压:03/08 雅阁:210kPa 05 奥德赛:220kPa 胎纹深度:≥1.6mm	胎压:____kPa 胎纹深度:____mm
50	按规定添加机油					
51	检查离合器液(部分车型)、制动液、转向助力油、玻璃清洗液和冷却液					
52	检查皮带张紧度					
53	检查蓄电池电压				起动电压值:≥9.6V	起动电压值:____V
54	检查制冷剂量、散热器风扇和冷凝器风扇					
55	检查发动机、变速器上部橡胶支座					
56	检查PCV阀					
57	检查发动机舱内各管路及接头					
58	检查变速器油量					
59	清洁空气滤清器滤芯					
60	检查行李舱内部灯光					
61	检查备胎				08 雅阁:210kPa 03 雅阁:270~300kPa 05 奥德赛:420kPa	胎压:____kPa 胎纹深度:____mm

续上表

续上表

作业顺序	作业项目B	检查描述			标准值/极限值	检测值
		检查结果	调整	更换新件		
62	检查机油泄漏					
63	按压车身检查右侧减振器					
每间隔2万km维护增加项目(2万km维护项目序号为:1~66)						
64	更换空调滤清器滤芯					
65	检查火花塞				火花塞间隙:10~11mm	火花塞间隙:____mm
66	更换空气滤清器滤芯					
每间隔4万km维护增加项目(4万km维护项目序号为:1~72)						
67	检查气门间隙					
68	更换手/自动变速器油					
69	更换火花塞(部分车型)					
70	检查传动皮带					
71	检查正时链条(四缸车型)					
72	更换燃油滤清器滤芯					
每间隔6万km维护增加项目(6万km维护项目序号为:1~66、73)						
73	更换制动液					
每间隔10万km维护增加项目(10万km维护项目序号为:1~66、74、75、76)						
74	更换发动机冷却液					
75	更换正时皮带,检查水泵(六缸车型)					
76	更换火花塞(部分车型)					

七　检查控制

引导文9　请对照竣工质检表(表1-8)、过程检验表(表1-9),进行任务实施情况的检查与控制。

竟工质检表(总分16分)   表1-8

项目	质量标准	得分	备注
质检点1	自身工装是否达标	□4 □3 □2 □1 □0	
质检点2	工位6S管理是否达标	□4 □3 □2 □1 □0	
质检点3	是否按规范操作举升机	□4 □3 □2 □1 □0	
质检点4	是否按规范高压下电	□4 □3 □2 □1 □0	
竟工质检得分:	考核员签名:	日期:	

过程检验表(总分100分)   表1-9

项目	质量标准	分值	扣分	备注
工作准备 (4分)	使用个人防护用品或衣着适当,使用车辆防护用品;查阅维修手册;清理整理工作场地,准备工具设备等	1分/项		
工作安全 (6分)	正确操作举升机,安全举升车辆;正确进行高压下电;其他安全注意事项	3分/项		
工单填写 (10分)	正确、完整填写完成作业单	1分/项		
操作规范 (80分)	工具整齐摆放	2分/项		
	工具摆放合理	2分		
	场地、工具清扫清洁到位	2分/项,最多扣8分		
	作业完工将所有设备恢复初始状态	2分/项,最多扣8分		
	正确找出举升机各部件	2分/项,最多扣8分		
	确认举升机举升质量	2分		
	打开举升机压缩空气源	2分		
	每次举升或下降举升机前,大声呼喊"升车(降车)请注意",待小组成员确认后方继续操作	2分/项,最多扣8分		
	确认垫块位置、支撑点正确	2分		
	确认车辆支撑牢靠	2分		
	操作举升机时,目光注意观察举升机左右平台、落锁到位、同步解锁	2分/项,最多扣8分		
	落锁到位后,关闭举升机电源开关	2分		
	举升机完全降至地面后,取出垫块	2分		
过程检验得分:	考核员签名:	日期:		

根据竣工质检表和过程检验表的得分,如有扣分情况,请分析原因并进行改善。

扣分原因为:_____

改善措施为:_____

八 评价与反馈

(一)学习目标达成度自我检查(表1-10)

学习目标达成度自我检查表 　　　　　　表1-10

序号	学习目标	达成情况(在相应的选项后打"√")		
		能	不能	不能是什么原因
1	能够叙述汽车维护分级,明确定期维护计划			
2	能够解释6S现场管理的要点及意义			
3	能够按照标准,对汽车维护工位进行6S管理			
4	能够按照操作规范,正确操作举升机和进行高压下电			
5	通过在维修工位进行6S管理实践,塑造职业形象,践行工匠精神			

(二)学习行为评价(表1-11)

学习行为评价表 　　　　　　表1-11

序号	行为表现	评分(5—4—3—2—1)	
		学生评分	教师评分
1	认真填写行动手册,认真查阅知识手册		
2	主动参与场地整理、整洁、清洁工作		
3	爱护车辆或教学设备、维修资料		
4	积极参与组内活动能进行课前预习和课后复习		
5	能进行课前预习和课后复习		
其他	请列举上述未包含的正面行为: 请列举上述未包含的负面行为: 对负面行为的改进措施:		

(三)课后自测

1. 判断题

(1)二级维护是汽车维护作业的最高级别。　　　　　　　　　　　　(　　)

(2)6S 现场管理法能提高工作效率,减少返工返修。　　　　　　　　(　　)

(3)职业形象属于个人对自我形象的要求,对职业活动影响不大。　　(　　)

2. 选择题

(1)(单选)有关汽车维护的国家标准是(　　　)。

　　A. GB 7258　　　　B. GB/T 18344　　　C. JT/ T 1344　　　D. JT/T 1029

(2)(多选)关于新能源汽车维护作业的准备环节,下列说法正确的是(　　　)。

　　A. 准备工作不要仓促,给自己留有充足的准备时间,才能获得安全

　　B. 举升机上升或下降时,左右平台应同步上升或下降,两侧平台始终处于相同高度

　　C. 每次举升或下降举升机前,应大声呼喊"升车(降车)请注意",待小组成员确认后
　　　　方可继续操作

　　D. 断开 12V 辅助蓄电池负极,并等待 5min,则没有高压

(3)(多选)下列叙述,正确的有(　　　)。

　　A. 用不着的任何东西都可移出现场

　　B. 经常使用的东西应放得近些,不常使用的东西则应放得远些

　　C. 5S 能改善企业的品质,提高生产力,降低成本

　　D. 5S 能确保安全生产,并能保持并不断增强员工们高昂的士气

3. 分析题

作为维修技师,当客户咨询是否需要定期做某项维护时,该如何给客户建议?

学习任务2　车辆室内外维护与操作

一　学习目标

☞ 知识目标

1. 能够叙述车辆室内外维护所包含作业项目；
2. 能够解释车辆室内外维护的意义及操作要点。

☞ 技能目标

1. 能够按工作计划，结合维护工单，规范检查车辆室内外各项目；
2. 能够参考维修资料，正确更换刮水片。

☞ 素养目标

在检查机舱内油液、高压线缆、充电口盖的过程中，树立安全防护意识。

建议完成本学习任务为12学时。

二　内容结构

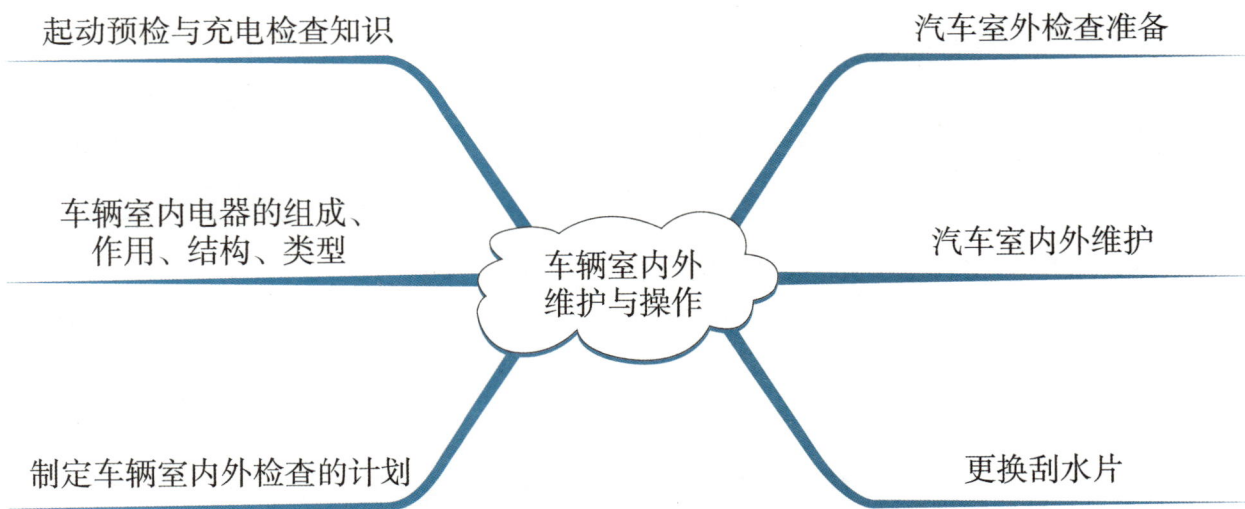

起动预检与充电检查知识

汽车室外检查准备

车辆室内电器的组成、作用、结构、类型

车辆室内外维护与操作

汽车室内外维护

制定车辆室内外检查的计划

更换刮水片

三　明确任务

车辆进厂进行定期维护，需要进行车辆起动预检与充电检查及车辆室内外维护。

为完成本学习任务，需要结合知识手册，先集中学习新能源汽车维护前的防护准备工作，以及有关预检项目、室内电器功能与结构、室外维护项目等知识，然后小组合作讨论制订维护检查计划，接下来参照维护工单、维修手册，在实车上规范进行车辆室内外维护操作。

四 获取信息

> **引导文 1** 新能源汽车与传统汽车有所区别,在进行车辆维护前,应做好车辆哪些安全防护工作?

新能源汽车属于高电压汽车,在进行车辆检查与维护前,提前将车辆停放在工位,提前安装好_____。准备好车辆防护常用工具与设备,放置好_____标志及安全防护设备。

车辆安全防护设备包括以下各项:

A.翼子板布	B.机舱盖布	C.座椅套
D.转向盘套	E.脚垫	F.禁止合闸标志
G.小心滑倒标志	H.剧毒标志	I.高温标志
J.腐蚀性标志	K.防毒面具佩戴标志	
L.高压警告/危险蓄电池	M.通风标志	N.安全通道
O.禁止吸烟标志	P.护目镜	Q.防毒面具
R.防尘面罩	S.灭火器	T.绝缘手套
U.易爆标志	V.禁止心脏起搏器人员靠近标志	

如有其他的安全防护设备及措施,可以添加:

_____

> **引导文 2** 车辆起动预检包括预检油液、仪表指示灯和高压线缆等,新能源汽车油液预检包含哪些项目?仪表故障指示灯有哪些?充电检查应检查哪些内容?

如图 2-1 所示,新能源汽车油液预检包括_____、_____、_____、_____;对机舱内的高压电缆及低压线束,检查线缆是否有_____、_____现象。检查高压电缆务必遵循高压电操作安全规程,佩戴_____,_____(单手/双手)操作。

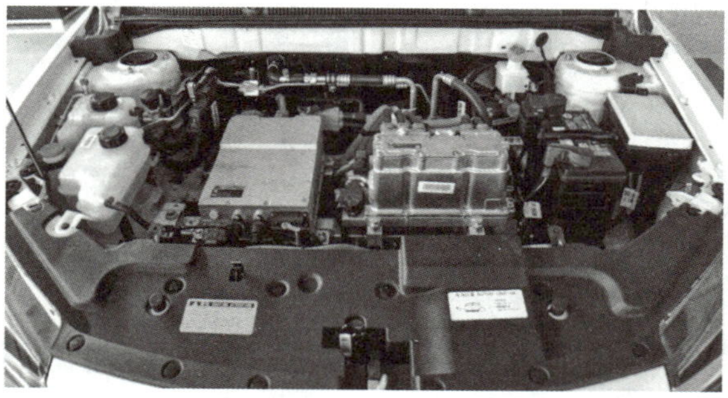

图 2-1 新能源汽车前舱主要部件

　　＿＿＿＿＿＿＿＿只需检查液面高度，＿＿＿＿＿＿＿＿要注意其极易吸湿和吸潮，其具有较强的＿＿＿＿＿＿＿＿，使用不合适或受污染的制动液可能导致系统故障、车辆失控和人身伤害。

　　如图2-2所示，新能源汽车仪表故障指示灯包括：＿＿＿＿＿＿＿＿、＿＿＿＿＿＿＿＿、＿＿＿＿＿＿＿＿、＿＿＿＿＿＿＿＿、＿＿＿＿＿＿＿＿、＿＿＿＿＿＿＿＿。在打开起动开关后，车辆各系统会进行自检，如果系统没有故障，各功能指示灯会自动熄灭，表示系统工作均正常，且＿＿＿＿＿＿＿＿指示灯点亮，表示车辆可以正常安全运行。

图2-2　新能源汽车仪表指示灯

引导文3　车辆室内维护包括对车灯进行检查，应检查哪些灯光？

　　如图2-3所示，车辆灯光检查包括前部灯光、后部灯光和灯光仪表指示灯，其中前部灯光包括：示廓灯、＿＿＿＿＿＿＿＿、＿＿＿＿＿＿＿＿、＿＿＿＿＿＿＿＿、＿＿＿＿＿＿＿＿、＿＿＿＿＿＿＿＿。

　　后部灯光包括：示廓灯、＿＿＿＿＿＿＿＿、＿＿＿＿＿＿＿＿、＿＿＿＿＿＿＿＿、＿＿＿＿＿＿＿＿、＿＿＿＿＿＿＿＿。

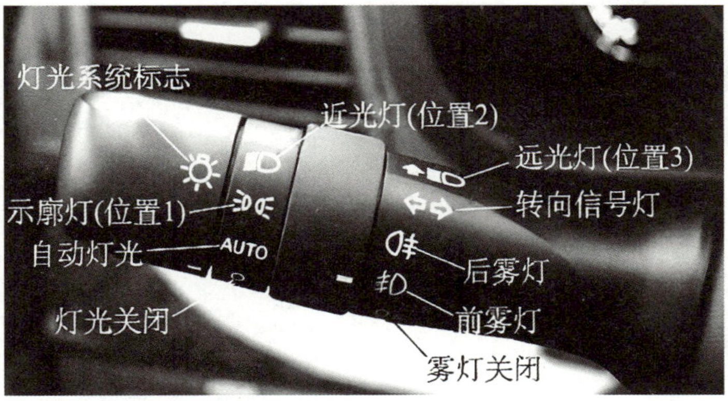

图2-3　拨杆式灯光操作开关

五　计划与决策

引导文4　参考各种学习资料，进行小组讨论，初步制订车辆室内外检查的计划，必要时请求教师帮助。

1.确定室内外检查项目

(1)确定室内检查项目。请从下面提供的待检项目中,选出哪些属于室内检查项目:

_____

学习任务2

A.灯光	B.刮水功能
C.喇叭	D.制动踏板
E.驻车制动	F.信息娱乐系统
G.空调系统	H.内外后视镜
I.安全带	J.转向盘调节
K.电动座椅调节	L.车窗升降功能
M.门锁功能	N.车门铰链
O.车身外观	P.前照灯总成
Q.充电口盖	R.行李舱及随车工具
S.车轮及轮毂	T.刮水片

(2)确定室外检查项目。请从下面提供的待检项目中,选出哪些属于室外检查项目:

_____

A.灯光	B.刮水功能
C.喇叭	D.制动踏板
E.驻车制动	F.信息娱乐系统
G.空调系统	H.内外后视镜
I.安全带	J.转向盘调节
K.电动座椅调节	L.车窗升降功能
M.门锁功能	N.车门铰链
O.车身外观	P.前照灯总成
Q.充电口盖	R.行李舱及随车工具
S.车轮及轮毂	T.刮水片

2.工具和材料准备

工具:_____

材料:_____

3.安全注意事项

(1)车辆应规范停在检修工位,车轮前后方放置车轮挡块,以防止溜车。

(2)检查高电压部分应穿戴好防护用具,遵循高压电操作规范。

(3)车辆起动通电前,应拉起电子驻车制动器,将挡位置于P挡,防止误操作,车辆前行。

(4)正确操作车辆电气设备,检查过后,恢复原位。

4.小组分工

请对小组成员进行分工,比如按组长、操作员、记录员、安全员等角色分工,或者按具体任务分工。

_____

_____

5.明确任务时间

教师发布任务的完成时间：_____ min。

六　任务实施

> **引导文5**　按照制订的工作计划,并结合维护工单,规范地对车辆室内外进行检查维护。操作检查正常打√,不正常打×。具体任务实施表见表2-1。

任务实施表　　　　　　　　　　　　　　　　表 2-1

步骤	操作记录与思考
1.停放车辆□	停放车辆、将车辆挡位置于 P 挡,按下电子驻车制动器,安装车轮挡块,放置高压警示标志
2.车辆防护□	(1)安装车外三件套和车内四件套。车外三件套包括(　　),车内四件套包括(　　)。 　　A.侧翼子板布　　　　　　　B.机舱盖布 　　C.转向盘套　　　　　　　　D.座椅套 　　E.脚垫　　　　　　　　　　F.变速器操纵杆套 (2)如果不安装车轮挡块,结合新能源汽车起动情况,可能会造成什么后果?
3.车辆起动预检与充电检查□	(1)油液预检,填写下表。 油液预检项目表 表见下方

项目	液面高度		
电机控制冷却液	□正常	□偏低	□偏高
动力蓄电池冷却液	□正常	□偏低	□偏高
风窗清洗液	□正常	□偏低	□偏高
制动液	□正常	□偏低	□偏高

(2)检查高压线缆及低压线束,在检查时应注意哪些安全规程?

_____

_____

(3)充电检查。

检查_____是否完好,充电枪及线缆是否良好,连接充电枪,充电枪口应显示_____指示灯,如图 2-4 所示。

步骤	操作记录与思考
3.车辆起动预检与充电检查□	 图 2-4　充电扣盖及充电连接指示灯 检查仪表动力蓄电池充电指示灯:_____箭头表示充电线连接指示灯,_____箭头指示动力蓄电池充电指示灯 **思政小课堂:树立安全防护意识** 新能源汽车使用过程中,可能有一些高压部件损坏,从而导致车辆漏电情况的发生。检查机舱内的油液、高压线缆、充电口盖时,应做好绝缘防护工作,穿戴好绝缘防护用品。安全防护意识是汽车维修最基本的职业道德规范之一,提高维修技师安全防护意识,确保作业安全
4.车辆室内检查□	(1)检查仪表功能指示灯及故障指示灯并填写下表。 **仪表指示灯及故障指示灯检查表**

学习任务 2

项目	检查结果	
充电提示灯	□正常	□不正常
EPS(电动助力转向系统)故障指示灯	□正常	□不正常
ABS(防抱死制动系统)指示灯	□正常	□不正常
车身稳定控制系统指示灯	□正常	□不正常
低压蓄电池充放电指示灯	□正常	□不正常
充电提示灯	□正常	□不正常
系统故障指示灯	□正常	□不正常
驻车制动故障指示灯	□正常	□不正常
SRS(安全气囊)故障指示灯	□正常	□不正常
安全带提示灯	□正常	□不正常
"READY"指示灯	□正常	□不正常
ECO(生态驾驶模式)指示灯	□正常	□不正常

步骤	操作记录与思考
4.车辆室内检查□	（2）完成图2-5所示前照灯灯光识别,并进行灯光检查。检查项目见前部灯光检查表,后部灯光检查表。  图2-5　前照灯灯光识别

前部灯光检查表

项目	检查结果	
示廓灯	□正常	□不正常
近光灯	□正常	□不正常
远光灯	□正常	□不正常
危险报警闪光灯	□正常	□不正常
前雾灯	□正常	□不正常
左/右转向灯	□正常	□不正常
车内阅读灯	□正常	□不正常

后部灯光检查表

项目	检查结果	
示廓灯	□正常	□不正常
后雾灯	□正常	□不正常
制动灯	□正常	□不正常
高位制动灯	□正常	□不正常
左/右转向灯	□正常	□不正常
危险报警闪光灯	□正常	□不正常
倒车灯	□正常	□不正常

学习任务2

步骤	操作记录与思考

（3）喇叭功能检查，检查项目见喇叭功能检查表。

喇叭功能检查表

项目	检查结果
喇叭	□正常　□不正常

（4）刮水功能检查，检查项目见刮水功能检查表。

刮水功能检查表

项目	检查结果
喷水功能	□正常　□不正常
间歇挡	□正常　□不正常
慢速挡	□正常　□不正常
快速挡	□正常　□不正常
刮水效果	□正常　□不正常

为什么要先喷水再检查刮水片刮拭？

_____

4.车辆室内检查□

（5）空调功能检查，检查项目见空调功能检查表。

空调功能检查表

项目	检查结果
制冷效果	□正常　□不正常
暖风功能	□正常　□不正常
空调风速调节	□正常　□不正常
出风口调节	□正常　□不正常
座椅加热	□正常　□不正常

（6）信息娱乐系统检查，检查项目见信息娱乐系统检查表。

信息娱乐系统检查表

项目	检查结果
信息娱乐系统	□正常　□不正常

（7）测量制动踏板行程，检查项目见制动踏板行程检查表。

制动踏板行程检查表

项目	检查结果	标准值
测量制动踏板行程	_____mm	_____mm

续上表

步骤	操作记录与思考
4.车辆室内检查□	（8）驻车制动器操纵杆检查,检查项目见驻车制动器操纵杆检查表。 **驻车拉杆检查表** （9）电动转向盘调节功能检查,检查项目见电动转向盘调节功能检查表。 **电动转向盘调节功能检查表** （10）车窗升降功能检查,检查项目见车窗升降功能检查表。 **车窗升降功能检查表** 检查玻璃升降功能包括哪些车门的玻璃? _____ 除检查玻璃升降功能外,还应检查玻璃升降锁控制功能。玻璃升降锁可以锁止哪些车窗玻璃? _____ （11）电动后视镜调节检查,检查项目见电动后视镜调节检查表。 **电动后视镜调节检查表** （12）主驾驶电动座椅功能检查,检查项目见电动座椅功能检查表。

驻车拉杆检查表

项目	检查结果	
驻车制动器操纵杆	□正常	□不正常

电动转向盘调节功能检查表

项目	检查结果	
转向盘上下调节	□正常	□不正常
转向盘前后调节	□正常	□不正常

车窗升降功能检查表

项目	检查结果	
主驾驶侧玻璃升降功能	□正常	□不正常
副驾驶侧玻璃升降功能	□正常	□不正常
左后车门玻璃升降功能	□正常	□不正常
右后车门玻璃升降功能	□正常	□不正常

电动后视镜调节检查表

项目	检查结果	
左侧电动后视镜调节	□正常	□不正常
右侧电动后视镜调节	□正常	□不正常
后视镜收折功能	□正常	□不正常

学习任务2

步骤	操作记录与思考

4. 车辆室内检查☐

电动座椅功能检查表

项目	检查结果	
靠背调节	☐正常	☐不正常
座椅前后调节	☐正常	☐不正常
座椅上下调节	☐正常	☐不正常
座椅记忆功能	☐正常	☐不正常

5. 车辆室外检查☐

左前车门检查：

(1)安全带检查,检查项目见安全带检查表。

安全带检查表

项目	检查结果	
安全带拉伸功能	☐正常	☐不正常
安全带上下调节功能	☐正常	☐不正常
安全带锁止功能	☐正常	☐不正常
安全带	☐正常	☐不正常

(2)开启门控灯功能的条件包括哪些?

_____

_____

(3)车门检查包括检查(   )。

    A. 车门铰链功能　　　　　　　　B. 车门关闭、开启功能

    C. 车门外观是否刮花、破损、凹坑

(4)六方位环车检查:即汽车舱、门的检查,从_____侧开始至_____车门、_____舱、_____车门、_____车门、_____舱再回到主驾驶位置,以环绕车辆_____周进行全车车身、车门功能性检查

左后车门、座椅检查：

(1)左后车门检查与主驾驶检查内容中有哪些相同的项目?

_____

_____

(2)检查后排座椅中间扶手、杯架。

(3)检查后排座椅打翻开启功能。

(4)儿童安全锁的作用是什么?

_____

_____

应如何开启儿童安全锁?

_____

_____

学习任务2

续上表

步骤	操作记录与思考
5.车辆室外检查□	**行李舱检查：** (1)行李舱检查包括检查(　　)。 　　A.行李舱开启功能　　　B.行李舱内照明灯功能 　　C._____ (2)随车工具包括(　　)。 　　A.三角警示牌　　　　B.家用充电枪　　　　C.随车充气泵 　　D.车轮扳手　　　　　E.千斤顶 (3)左后翼子板充口是(　　)。 　　A.慢充充电口　　　　B.快充充电口 (4)检查充电口时,要注意绝缘防护,应做好哪些防护工作? 　　_____ 　　_____ (5)你是如何区分慢充充电口与快充充电口的? 　　_____ 　　_____ (6)对于车辆备胎,应如何进行检查? 　　_____ 　　_____ (7)检查后左右前照灯总成。 前照灯总成检查哪些内容? 　　_____ 　　_____ **小提示：** 　　充电口盖的检查,主要检查充电口是否有明显的碰撞痕迹,有无变形和破损,不可以直接用手触摸有破损、裂纹的充电口 **右后车门、座椅检查：** (1)右后车门检查内容与左后车门检查内容一致,对于座椅侧都应检查(　　)。 　　A.乘客安全带自动收卷功能 　　B.安全带锁止功能 　　C.安全带卡扣功能 　　D.后排右侧座椅打翻开启功能 (2)右后车门检查包括检查(　　)。 　　A.右后车窗玻璃升降功能 　　B.右后车门儿童锁功能 　　C.右后车门铰链功能 　　D.右后车门外观是否剐花、破损、凹坑 　　E.右后轮胎气压

学习任务2

步骤	操作记录与思考
5.车辆室外检查□	**右前车门、座椅检查：** (1)右前侧座椅检查包括(　　　)。 　　A.右前座椅安全带自动收卷功能　　B.安全带锁止功能 　　C.右前侧乘客安全带卡扣功能　　D.副驾驶侧座椅调整功能 (2)车门检查内容包括(　　　)。 　　A.副驾驶侧玻璃升降功能　　　　B.副驾驶侧门控灯照明功能 　　C.副驾驶侧车门铰链功能　　　　D.右前车门外观是否刮花、破损、凹坑 　　E.检查右前轮胎气压 **前机舱盖、前照灯总成检查：** (1)应如何检查车身高度是否一致？ _____ (2)检查前照灯总成包括(　　　)。 　　A.前照灯总成安装是否牢固　　B.前照灯内是否起雾、发乌、破损 (3)检查前机舱盖开启关闭功能。 (4)检查前机舱盖是否刮花、破损、凹坑,铰链是否牢固,机舱开启关闭是否正常。 (5)检查左前侧充电口,前充电口是_____(快/慢)充电口。应检查充电口盖是否有(　　　)。 　　A.变形　　　　　　　B.破损　　　　　　　C.裂纹
6.车辆复位□	实施驻车制动,挂P挡,安装车轮挡块。清洁和复位车辆、工具、工位

引导文6　参考车辆维修手册等资料,正确更换刮水片。操作检查正常打√,不正常打×。具体任务实施见表2-2。

任务实施表　　　　　　　　　　　　　　　　　　　　　　表2-2

步骤	操作记录与思考
1.拆卸刮水片□	(1)做好车辆防护。 (2)什么情况下需要更换刮水片？ _____ (3)拆卸刮水片的程序为: 　　A._____; 　　B.按住刮水片中间固定卡扣,向_____(上/下)上推动刮水片,从刮水器臂上取下刮水片,如图2-6所示。

步骤	操作记录与思考
1.拆卸刮水片□	图2-6　拆卸刮水片 **小提示：** 　　取出刮水片以后,如果不是立即换用新件,则轻轻放下刮水器臂,防止损伤前风窗玻璃
2.进行刮水片安装□	(1)将刮水片安装到刮水器臂上,往_____(上/下)推动刮水片直到中间卡扣与刮水器臂完全扣合,使刮水片安装牢固。 (2)轻轻放下刮水器臂,如图2-7所示。 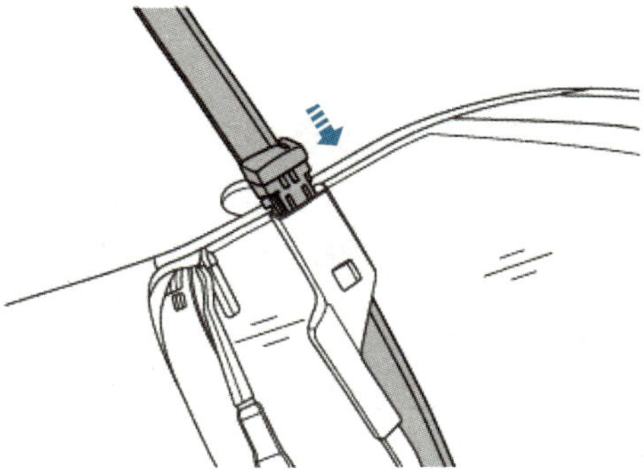 图2-7　安装刮水片
3.检查刮水片安装效果□	(1)刮水片与前风窗玻璃_____是否合适。 (2)开启刮水器喷水功能,查看_____效果,检查刮拭是否有异响
4.车辆复位□	清洁和复位车辆、工具、工位

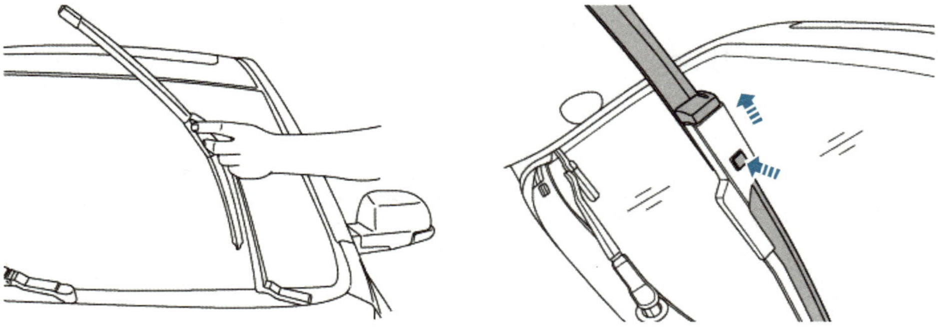

七　检查控制

　　引导文7　请对照竣工质检表(表2-3)、过程检验表(表2-4),进行任务实施情况的检查与控制。

竣工质检表（总分20分） 表2-3

项目	质量标准	得分	备注
质检点1	车辆油液液位是否正常	□4 □3 □2 □1 □0	
质检点2	车内电气功能是否正常	□4 □3 □2 □1 □0	
质检点3	室外检查项目是齐备	□4 □3 □2 □1 □0	
质检点4	行李舱随车工具是否完整	□4 □3 □2 □1 □0	
质检点5	充电口盖检查是否遵循安全规程	□4 □3 □2 □1 □0	
竣工质检得分：	考核员签名：	日期：	

过程检验表（总分100分） 表2-4

项目	质量标准	分值	扣分	备注
工作准备（4分）	使用个人防护用品或衣着适当,使用车辆防护用品;查阅维修手册;清理整理工作场地,准备工具设备等	1分/项		
工作安全（6分）	正确操作车辆电气设备,对电气设备检查完毕后,是否对电气设备复位	2分/项		
	规范停放车辆,挂P挡,拉紧驻车制动器操纵杆			
工单填写（10分）	正确、完整填写完成作业单	1分/项		
操作规范（80分）	能正确、规范地对车辆充电系统进行检查	2分/项,最多扣8分		
	能正确对油液进行预检	2分/项,最多扣8分		
	正确、安全起动车辆,对电气设备进行检查	6分		
	对电气设备恢复原状	2分/项,最多扣8分		
	正确、规范对车门进行检查	2分		
	正确、规范对车外项目进行检查	2分/项,最多扣8分		
	对行李舱设备进行检查	2分/项,最多扣8分		
	正确对充电口盖进行检查	6分		
	正确、规范对刮水片进行检查更换	2分项,最多扣8分		
	正确、规范对新刮水片刮水效果进行检查	6分		
过程检验得分：	考核员签名：	日期：		

根据竣工质检表和过程检验表的得分,如有扣分情况,请分析原因并进行改善。

扣分原因为：_____

改善措施为：_____

八 评价与反馈

(一)学习目标达成度自我检查(表2-5)

学习目标达成度自我检查表　　　　　　　表2-5

序号	学习目标	达成情况(在相应的选项后打"√")		
		能	不能	不能是什么原因
1	能够叙述车辆室内外维护所包含作业项目			
2	能够解释车辆室内外维护的意义和操作要点			
3	能够按工作计划,结合维护工单,规范检查车辆室内外各项目			
4	能够参考维修资料,正确更换刮水片			
5	在检查机舱内油液、高压线缆、充电口盖的过程中,树立安全防护意识			

(二)学习行为评价(表2-6)

学习行为评价表　　　　　　　表2-6

序号	行为表现	评分(5—4—3—2—1)	
		学生评分	教师评分
1	认真填写行动手册,认真查阅知识手册		
2	主动参与场地整理、整洁、清洁工作		
3	爱护车辆或教学设备、维修资料		
4	积极参与组内活动能进行课前预习和课后复习		
5	能进行课前预习和课后复习		
其他	请列举上述未包含的正面行为: 请列举上述未包含的负面行为: 对负面行为的改进措施:		

学习任务2

（三）课后自测

1. 判断题

（1）对车辆电气检查完后,应恢复电气设备原状。　　　　　　　　　（　　）

（2）车辆防护是为了保护车辆的安全。　　　　　　　　　　　　　（　　）

（3）可以通过仪表指示灯识别车辆是否有故障。　　　　　　　　　（　　）

（4）车内电气检查是为了确保车辆内的电气设备是否工作正常。　　（　　）

2. 选择题

（1）（多选）车辆油液检查包括哪些？（　　　）

    A. 制动液　　　　　B. 电机冷却液　　　　C. 蓄电池冷却液　　　D. 风窗玻璃清洗液

（2）（多选）刮水器的挡位主要有（　　　）。

    A. MIST　　　　　B. LO　　　　　C. HI　　　　　D. INT

    E. PULL

（3）（多选）下列叙述中,正确的有（　　　）。

    A. 只要拉起驻车制动器操纵杆,也可以不放置车轮挡块

    B. 检查充电系统时,应穿戴好绝缘防护用具

    C. 车外检查对车辆维护没有什么作用

    D. 不允许双手检查高压电系统

（4）（多选）充电检查应包括（　　　）。

    A. 充电枪及线缆是否完好　　　　　　B. 充电口及充电口盖是否完好

    C. 充电连接及充电指示灯是否正常

（5）（多选）前照灯检查应包括检查（　　　）。

    A. 前照灯外观是否有划痕、破裂　　　　B. 前照灯内部是否发乌、起雾

    C. 前照灯各灯光是否工作正常　　　　　D. 前照灯安装是否牢固、可靠

学习任务3　车辆底部维护与操作

一　学习目标

☞ 知识目标

1. 能够叙述汽车底部零部件组成及作用；
2. 能够解释汽车底部零部件检查、紧固及更换油液维护的重要性及检查要点；

☞ 技能目标

1. 能够规范检查底盘零部件的外观及工作状况；
2. 能够结合查阅各类资料，规范地紧固底盘部件；
3. 能够通过小组合作，按规范正确检查和更换减速器油、动力蓄电池冷却液和机油。

☞ 素养目标

在车辆底部维护操作的实施过程中，树立标准意识与质量意识。

建议完成本学习任务为 12 学时。

二　内容结构

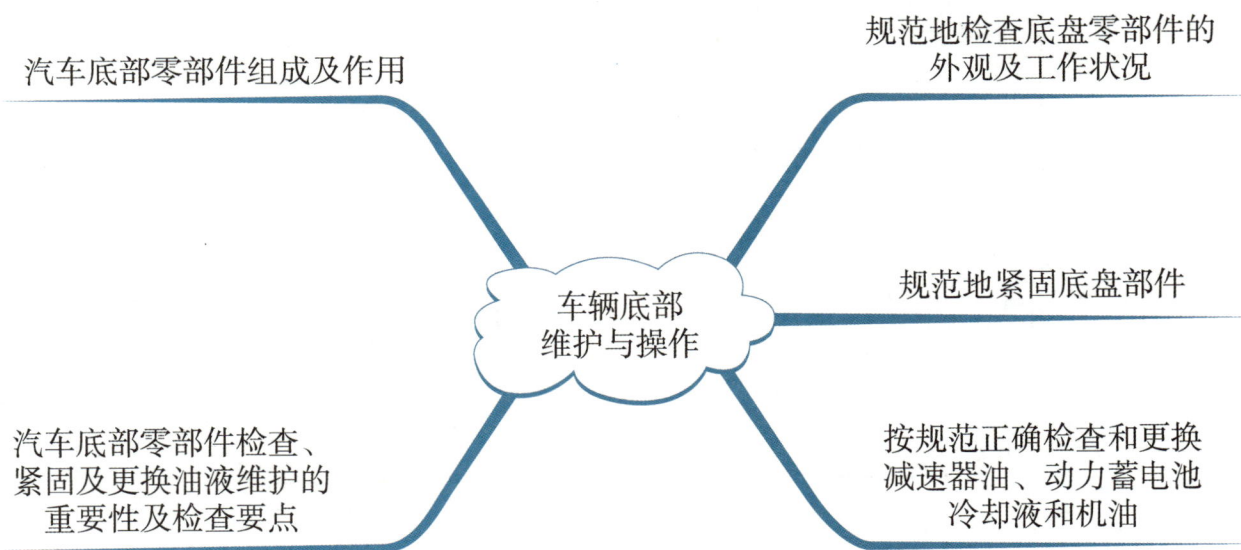

三　明确任务

车辆进厂进行 10000km 的定期维护，需要对车辆底部进行检查，并进行车辆底部主要部件紧固与油液更换。

为完成本学习任务,需要结合知识手册,先集中学习汽车底部零部件组成及作用、拆装螺栓/螺母工具的使用要求,以及几种常见汽车油液特性及其安全使用要求等知识,然后小组合作讨论制订维护计划。接下来参照维护工单、维修手册,在实车上规范进行车辆底部易损部位外观检查,对连接部位进行紧固作业,以及检查各油液是否泄漏、更换各油液等维护操作。

四 获取信息

引导文1 查阅资料,认识汽车的传动系统,纯电动汽车与燃油汽车的传动系统有哪些不同?

(1)燃油汽车传动系统如图3-1所示,图3-1a)为发动机_____置_____驱动汽车;图3-1b)为发动机前置_____驱动汽车。

图3-1a)的传递路线是1_____→2 变速传动桥→6_____→4_____→8 轮毂轴承→9_____。

图3-1b)的传递路线是1 发动机→3_____→5 传动轴→6_____→7_____→8 轮毂轴承→9 驱动轮。

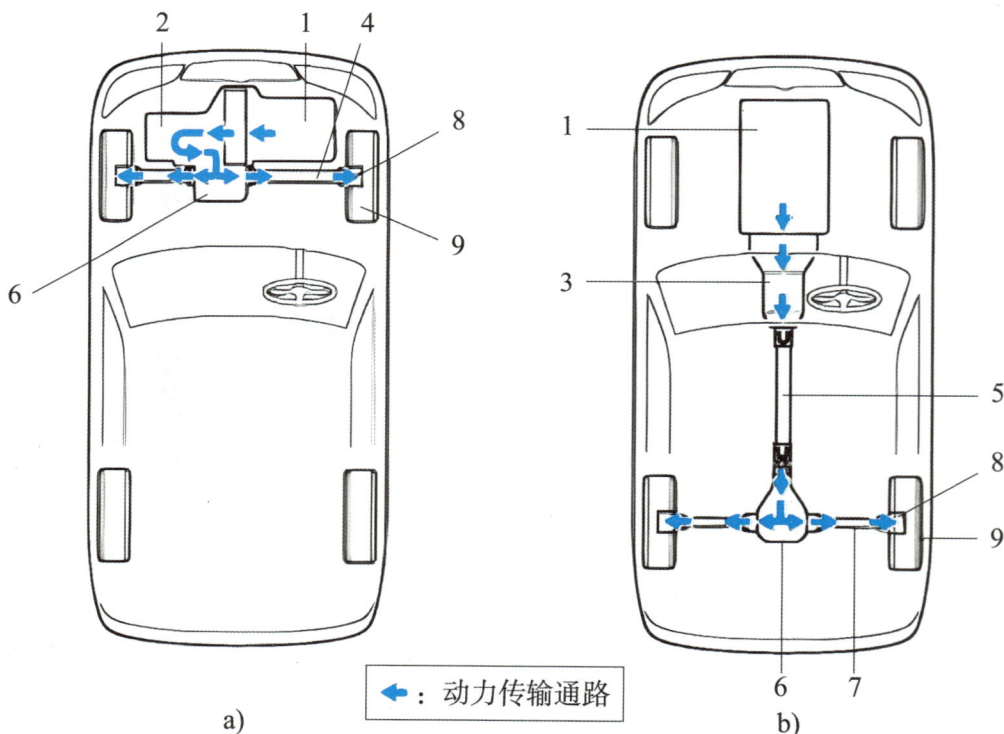

←:动力传输通路

a)　　　　　　　　　　b)

图3-1　燃油汽车传动系统图

(2)结合纯电动汽车的传动系统台架或实车,把正确的零部件名称填入图3-2空格内。其他类型的电动汽车在纯电动模式下,汽车的驱动系统不再需要多挡位的变速器,多采用_____减速器。

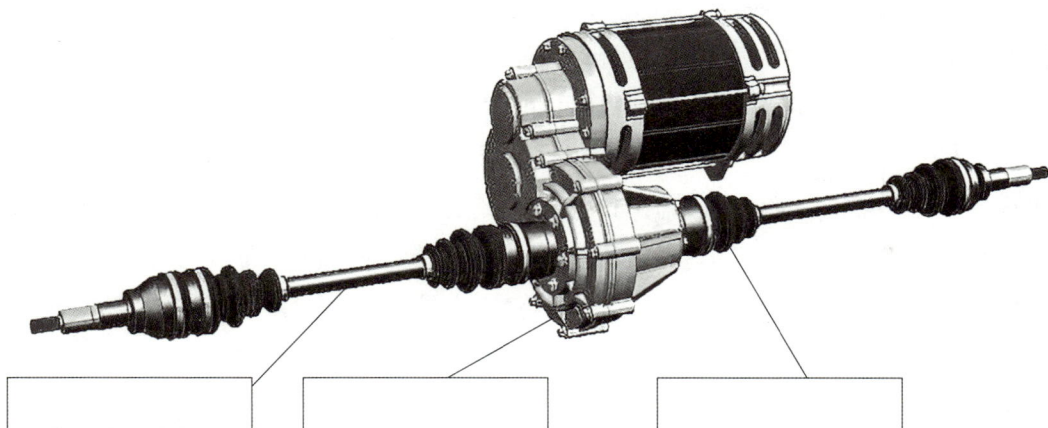

图 3-2　纯电动汽车传动系统图

（3）纯电动汽车的传动系统和燃油汽车的传动系统存在哪些不同？

_____

_____

引导文 2　查阅资料，认识汽车的悬架。

结合汽车悬架台架或实车，如图 3-3 所示，汽车悬架的组成部件主要包括 1 前减振器、2 _____、3 _____、4 后减振器、5 后螺旋弹簧、6 _____、7 后悬架臂、8 _____等。

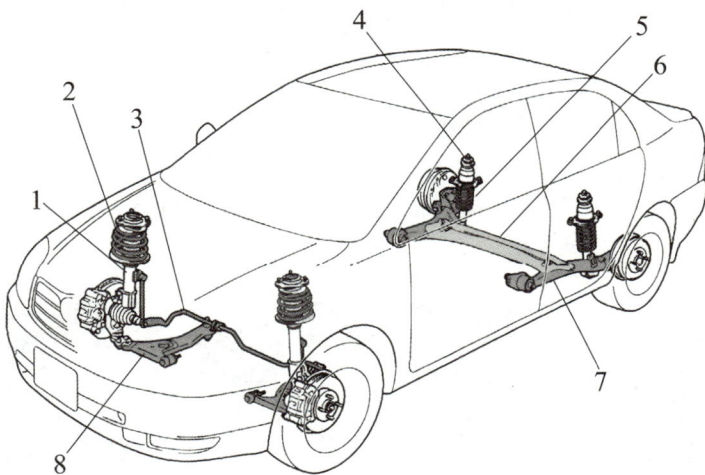

图 3-3　汽车悬架结构图

引导文 3　查阅资料，认识混合动力或燃油汽车底盘部件。

将车辆顶起至高位，在车辆底部，通过小组内进行讨论，找到下列部件，请在找到的部件前打"√"，车辆没有配备的零件请打"×"。

□发动机油底壳　　　　□机油滤清器　　　　□发动机机油放油螺塞
□变速器　　　　　　　□主减速器和差速器　□空调压缩机
□驱动轴（即半轴）　　□驱动轴防尘套　　　□传动轴

□分动器　　　　　　□转向器　　　　　　□转向横拉杆

□转向横拉杆球头　　□转向机防尘套　　　□转向横拉杆端头锁止螺母

□转向节　　　　　　□动力转向油泵　　　□制动主缸

□制动轮缸　　　　　□制动管路　　　　　□制动液排气螺钉

□背板　　　　　　　□制动片　　　　　　□制动盘

□燃油箱　　　　　　□燃油管路　　　　　□燃油滤清器

□氧传感器　　　　　□三元催化转换器　　□排气管消声器

□排气管支架 O 形圈　□减振器　　　　　　□后桥梁

□横梁　　　　　　　□下摆臂　　　　　　□下摆臂球头

□上摆臂　　　　　　□(后)拖臂　　　　　□(前)稳定杆

□稳定杆连接杆　　　□传动轴(后驱)　　　□轮速传感器

引导文 4　认识并使用扭力扳手。

参考图 3-4 中扭力扳手紧固操作的正确方式,请指出图 3-5 扭力扳手使用过程中存在的各种问题。

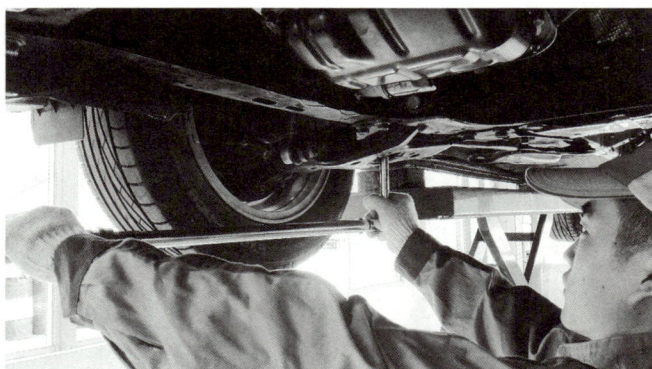

图 3-4　扭力扳手的正确使用

　　　　a)　　　　　　　　　　　b)　　　　　　　　　　　c)

图　3-5

a)_____　　b)_____　　c)_____

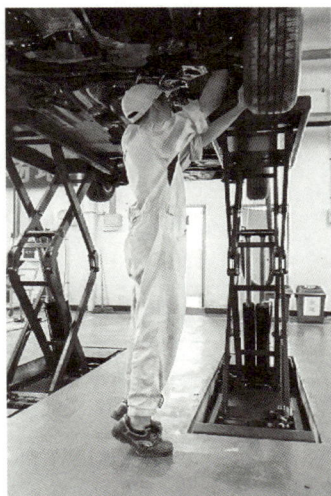  

d)　　　　　　　　　　　e)　　　　　　　　　　　f)

d) _____　e) _____　f) _____

g)　　　　　　　　　　　　　　　h)

g) _____　　　h) _____

图3-5　扭力扳手使用不规范示意图

引导文5　查阅维护资料,选用合适规格的油液。

查阅某品牌纯电动汽车维修手册,阅读维护部分的油液容量及规格表(表3-1),回答问题。

某品牌纯电动汽车维护油液的容量及规格表　　　　　表3-1

序号	油液名称	油液容量	油液规格
1	减速器油	1.7L	Dexron Ⅵ
2	制动液	(445±20)mL	符合DOT4
3	驱动电机散热器冷却液	7.2L	符合SH0521要求的驱动电机用乙二醇型驱动电机冷却液(防冻液),冰点≤ -40℃
4	玻璃清洗剂	2.1L	硬度低于205g/1000kg的水或适量商用添加剂的水溶液
5	空调制冷剂	550g	R134a

序号	油液名称	油液容量	油液规格
6	机舱盖和车门铰链、充电口盖铰链、行李舱门铰链	—	通用锂基脂
7	门窗密封条	—	硅基润滑脂
8	动力蓄电池冷却液	3.5L	电池冷却液,冰点 ≤ −40℃

（1）该品牌车型减速器油的使用规格是_____,油液添加量为_____。

（2）该品牌车型的驱动电机冷却液使用规格是_____,油液添加量为_____。

（3）该车型的电池冷却液使用规格是_____,油液添加量为_____。

五　计划与决策

引导文 6　参考各种学习资料,进行小组讨论,制订车辆底部维护与操作计划,并讨论确定最佳工作流程,必要时请求教师帮助。

1. 操作流程及工具准备

（1）确定汽车底盘部件目视检查的操作步骤。请在下面提供的步骤中选取正确选项并排序,使作业效率提高,有必要时还可以增加步骤。（注意区分纯电动汽车、混合动力电动汽车或燃油汽车的操作步骤不同之处）

_____

_____

A.举升车辆　　　　　　　　B.不举升车辆

C.减速器目视检查　　　　　D.驱动轴护套泄漏的检查

E.减振器检查　　　　　　　F.转向节、下臂与稳定杆检查

G.制动管路的检查　　　　　H.转向系统外观检查

I.发动机油底壳与配合表面的检查　　J.自动变速器油泄漏的检查

K.燃油管路的检查　　　　　L.尾气排放管的检查

M.底盘部件的紧固检查　　　N.车辆、工具复位

所需工具：_____

所需材料：_____

（2）根据车型需要,确定各类油液检查与更换的操作步骤。请在下面提供的步骤中选取正确选项,并排序,有必要时还可以增加步骤。

确定减速器液位检查与更换的操作步骤：_____

_____

确定动力蓄电池冷却液液位检查与更换的操作步骤：_____
_____

确定更换发动机机油的操作步骤：_____
_____

A.举升车辆　　　　　　　　　　B.不举升车辆

C.检查减速器液位　　　　　　　D.拆卸机舱底部护板总成

E.减速器油的更换和加注　　　　F.安装机舱底部护板总成

G.检查减速器液位　　　　　　　H.拆卸机舱底部护板总成

I.排放发动机机油　　　　　　　J.拆卸及安装机油滤清器

K.安装机油排放塞　　　　　　　L.检查高压动力蓄电池冷却液液位

M.动力蓄电池冷却液更换与加注　N.加注发动机机油

O.车辆、工具复位

所需工具：_____

所需材料：_____

2.安全注意事项

（1）当在车架边梁或者其他指定的支撑点举升车辆时，要确保垫块未碰到制动油管或者高压线。

（2）因为电动汽车中含有动力蓄电池总成，如果高电压组件和车辆的处理方式不正确，则存在触电、漏电或类似的事故的风险。在执行检查和维护时，一定要遵循正确的工作程序。

（3）长时间而重复地接触矿物油脂，会引起皮肤自然油脂的丧失，造成干燥、刺激与皮肤炎。此外，使用过的齿轮油含有可导致皮肤癌的有害物质。务必要使用皮肤保护设备，并且配备有适当的冲洗设备。

（4）使用过的废油液，应该通过授权或领有执照的废弃物处理商，或废油液回收商来进行回收处理。将使用过的废弃油液直接倒入地下、下水道或排水设备的行为是违法的。

3.小组分工

请对小组成员进行分工，比如按组长、操作员、记录员、安全员等角色分工，或者按具体任务分工。

_____
_____

4.明确任务时间

教师发布的任务完成时间：_____ min。

六　任务实施

引导文7　按照制订的工作计划，检查汽车底盘部件。操作检查正常打√，不正常打×。具体任务实施见表3-2。

任务实施表   表3-2

步骤	操作记录与思考
1.举升车辆□	执行车辆底盘目视检查,需要举升车辆至高位
2.检查减速器□	检查减速器与驱动电机匹配端面应该是_____,检查减速器油封应无_____,各部位无漏油和渗油的迹象

3.检查驱动轴护套□

填写驱动轴护套检查表。

驱动轴护套检查表

驱动轴护套	驱动轴护套	护套卡箍	护套卡箍安装
□有润滑脂泄漏 □无润滑脂泄漏	□裂纹 □其他损坏 □正常	□损坏 □正常	□安装良好 □安装不正常
维修意见:□正常　　□维修　　□更换_____			

小提示:

进行驱动轴护套泄漏的检查时,需要将前轮分别推到左极限和右极限,边往前面(汽车向前行驶方向)转动车轮边检查;因此,在车辆举升到高位检查车身底盘之前,需要将变速器挂入N挡(空挡),点火钥匙处于"ACC"或"ON"位置

4.检查减振器□

填写减振器外观检查表。

减振器外观检查表

减振器	减振器防尘罩	减振器螺旋弹簧
□凹痕 □泄漏 □正常	□裂纹、裂缝 □其他损坏 □正常	□损坏 □正常

5.检查转向节、下臂与稳定杆□

填写转向节、下臂与稳定杆检查表。

转向节、下臂与稳定杆检查表

转向节	球节	开口销	下臂	稳定杆
□变形 □损坏 □正常	□裂纹 □损坏 □正常	□损坏 □正常	□拖痕 □正常	□撞击变形 □正常
维修意见:□正常　　□维修　　□更换_____				

学习任务3

步骤	操作记录与思考

填写制动管路检查表。

制动管路检查表

制动管路连接处	制动管路软管	制动管路	制动管道和软管,确保车辆运动和转向时,不会因为振动而与车轮或者车身接触
□有渗漏 □无渗漏	□扭曲　□磨损 □开裂　□隆起 □正常	□凹痕 □其他损坏 □正常	□安装良好 □安装不正常
维修意见:□正常　　□维修　　□更换			

（6.检查制动管路□）

填写转向系统外观检查表。

转向系统外观检查表

转向器	防尘罩	转向连接机构
□变形 □裂纹 □有渗漏 □正常	□裂纹、破损 □正常	□变形 □松动 □正常
维修意见:□正常　　□维修　　□更换＿＿＿＿＿＿＿＿＿		

（7.检查转向器□）

填写油底壳与配合表面检查表。

油底壳与配合表面检查表

机油排放塞	机油滤清器	各配合表面、前后油封
□有泄漏 □无泄漏	□有泄漏 □无泄漏	□有泄漏 □无泄漏
维修意见:□正常　　□维修　　□更换＿＿＿＿＿＿＿＿＿		

（8.检查发动机油底壳与配合表面(限混合动力汽车或燃油汽车)□）

填写自动变速器油泄漏检查表。

自动变速器泄漏检查表

自动变速器油底壳、配合表面、前后油封	自动变速器油冷却软管接头、轴和拉索伸出区域
□有泄漏 □无泄漏	□有泄漏 □无泄漏
维修意见:□正常　　□维修　　□更换＿＿＿＿＿＿＿＿＿	

（9.检查自动变速器泄漏(限混合动力电动汽车或燃油汽车)□）

学习任务3

续上表

步骤	操作记录与思考
10. 检查燃油管路(限混合动力电动汽车或燃油汽车)□	填写燃油管路检查表。 **燃油管路检查表** <table><tr><th>燃油管路各连接处</th><th>燃油管路</th></tr><tr><td>□有泄漏 □无泄漏</td><td>□破裂 □其他损坏 □正常</td></tr><tr><td colspan="2">维修意见:□正常　□维修　□更换</td></tr></table>
11. 检查尾气排放管(限混合动力电动汽车或燃油汽车)□	填写尾气排放管损坏和安装状况检查表。 **尾气排放管损坏和安装状况检查** <table><tr><th>排气管</th><th>消声器</th><th>排气管支架O形圈</th><th>排气管垫片</th><th>排气管连接部分</th></tr><tr><td>□存在炭黑 □损坏 □正常</td><td>□损坏 □正常</td><td>□损坏 □脱离 □正常</td><td>□损坏 □正常</td><td>□废气泄漏 □无废气泄漏</td></tr><tr><td colspan="5">维修意见:□正常　□维修　□更换</td></tr></table>

引导文 8　按照制订的工作计划,紧固纯电动汽车底盘部件。操作检查正常打√,不正常打×。具体任务实施见表3-3。

任务实施表　　　　　　　　　　　　　　　　　　　　　　　　　表3-3

步骤	操作记录与思考
底盘部件的紧固检查□	查找维修手册,确认以下螺母、螺栓的规格及力矩要求,填写下表,找到安装位置,选择合适的工具进行紧固作业。 **电动汽车底盘部件紧固力矩** <table><tr><th>紧固部位</th><th>紧固螺母、螺栓</th><th>力矩</th></tr><tr><td rowspan="7">减速器</td><td>驻车电机安装螺栓</td><td>_____N·m</td></tr><tr><td>驻车电机支架螺栓</td><td>_____N·m</td></tr><tr><td>固定后悬置支架与变速器总成</td><td>_____N·m</td></tr><tr><td>固定左悬置支架与变速器总成</td><td>_____N·m</td></tr><tr><td>减速器与驱动电机固定螺栓</td><td>_____N·m</td></tr><tr><td>固定左隔振垫总成与车身托架</td><td>_____N·m</td></tr><tr><td>固定左隔振垫总成与左悬置支架</td><td>_____N·m</td></tr></table>

学习任务3

续上表

步骤	操作记录与思考
底盘部件的紧固检查□	续上表

紧固部位	紧固螺母、螺栓	力矩
驱动轴	驱动轴外固定锁止螺母	______N·m
	前轮速传感器线束固定支架与前减振器固定螺栓	______N·m
前悬架	前悬架左下摆臂总成与副车架前安装螺栓	______N·m
	前悬架右下摆臂总成与副车架后安装螺栓	______N·m
	前悬架左下摆臂总成与副车架后安装螺母	______N·m
	前支柱总成与车身固定螺母	______N·m
	前稳定杆连接杆与前减振器固定螺母	______N·m
	前减振器锁紧螺母	______N·m
	前稳定杆与副车架固定组合件	______N·m
	前稳定杆连接杆与前稳定杆固定螺母	______N·m
	下摆臂球头与下摆臂固定螺栓	______N·m
	下摆臂球头与下摆臂固定螺母	______N·m
	下摆臂球头与转向节的固定螺母	______N·m
	转向节与前减振器连接螺栓	______N·m
	转向节与前减振器连接螺母	______N·m
后悬架	后支柱总成与车身固定螺栓	______N·m
	后支柱总成与车身固定螺母	______N·m
	后减振器与后桥固定螺母	______N·m
	后减振器锁止螺母	______N·m
	后桥总成与车身连接固定螺栓	______N·m
	后桥总成与车身连接固定螺母	______N·m
	后桥总的制动管路及线束固定支架固定螺栓	______N·m
	后轮速传感器固定螺栓	______N·m
	后支柱总成与车身固定螺栓	______N·m
制动器	前、后制动软管接头螺母	______N·m
	前、后制动钳螺栓	______N·m
	制动钳支架安装螺栓	______N·m
	前防尘架安装螺栓	______N·m
	后轮毂固定螺栓	______N·m

续上表

步骤	操作记录与思考

续上表

紧固部位		紧固螺母、螺栓	力矩
底盘部件的紧固检查□	转向器	电动助力转向管柱与横梁支架上安装点	_____ N·m
		电动助力转向管柱与横梁支架下安装点	_____ N·m
		中间轴总成与转向器输入轴	_____ N·m
		机械转向器与副车架左侧装配螺栓	_____ N·m
		机械转向器与副车架右侧装配螺栓	_____ N·m
		横拉杆锁紧螺母	_____ N·m
		横拉杆与转向节装配锁紧螺母	_____ N·m
	动力蓄电池	动力蓄电池总成与车身固定螺栓	_____ N·m
		动力蓄电池总成支架固定螺栓	_____ N·m

引导文9 按照制订的工作计划,检查与更换汽车底盘油液。操作检查正常打√,不正常打×。具体任务实施见表3-4。

任务实施表　　　　　　　　　　　表3-4

步骤	操作记录与思考
1. 检查减速器液位□	(1)车辆水平放置,让_____冷却,拆卸_____,检查液位。 (2)减速器液位达标的要求是:_____
2. 更换减速器油□	(1)举升车辆,拆卸减速器_____螺塞和_____螺塞,用回收容器接收放出的减速器油。 (2)紧固减速器放油螺塞,力矩_____N·m。 (3)查阅维修手册,减速器油牌号_____,参考用量:_____L。 (4)紧固减速器加注孔螺塞,力矩_____N·m
3. 检查高压蓄电池冷却液液位□	(1)查看冷却液储液罐液位,如果冷却液不在规定范围内,应该_____。 (2)拧开加注口盖,查看冷却液颜色,如果颜色混浊,应该_____
4. 更换蓄电池冷却液□	(1)打开冷却液储液罐盖,断开散热器出水管,用_____接收放出的冷却液。 (2)连接散热器出水管,确保冷却管路连接完整。 (3)静态加注:将车辆起动至"ON"挡且非充电状态,连接诊断仪,选择车型→手工选择系统→空调控制器(AC)→特殊功能,选择加注初始化,车辆处于加注初始化状态。

学习任务3

步骤	操作记录与思考
4. 更换蓄电池冷却液□	(4)拧开储液罐盖,缓慢加注冷却液,直至储液罐内冷却液量达到80%左右,且液位不再_____。 (5)动力蓄电池的冷却液选用冰点要求是:_____。 (6)系统排气:控制诊断仪,使车辆处于排气状态,如果液位下降及时补充冷却液,排气过程时长不小于_____ min。 (7)再次检查调整冷却液储液罐液位,拧紧储液罐盖。 (8)控制诊断仪,使车辆恢复默认模式
5. 更换发动机机油(限混合动力电动汽车或燃油汽车)□	(1)排放机油要先准备好_____,确保油桶有足够的空间承接排放的机油。 (2)为了避免热机油烫伤,取下机油排放塞,需要戴好_____。 (3)_____(是/否)需要换用新的排放塞垫片。 (4)紧固机油放油螺塞,力矩_____ N·m。 (5)选择合适的专用工具,拆卸机油滤清器。 (6)_____(是/否)需要换用新的机油滤清器。 (7)安装机油滤清器前,需要在结合表面涂抹一层薄薄的_____。 (8)紧固机油滤清器,力矩_____ N·m。 (9)机油滤清器紧固的要求是用手把机油滤清器与发动机缸体拧贴,再上紧_____圈,或紧固到规定的力矩_____ N·m。 (10)查阅维修手册,查找发动机油牌号_____,参考用量:_____ L。 (11)如何判断加注机油已经达标:_____ _____
	思政小课堂:树立标准意识与质量意识 螺栓螺母紧固一定要执行维修手册的标准要求,否则,可能造成松脱漏油。在向客户交付车辆之前,维修技师或质检员发现维修存在质量问题称为内返;车辆维修完毕并且已经交付,客户在用车过程中发现存在质量问题,此时返修称之为外返。内、外返修率是衡量4S店工作质量的重要指标。维修技师应牢固树立标准意识与质量意识,提高汽车维修质量和服务水平
6. 车辆、工具复位	车辆复位、清洁;工位清洁、复位

七   检查控制

引导文10   请对照竣工质检表(表3-5)、过程检验表(表3-6),进行任务实施情况的检查与控制。

竣工质检表(总分20分)　　表3-5

项目	质量标准	得分	备注
质检点1	汽车底盘部件是否仍有损坏或油液泄漏	□4 □3 □2 □1 □0	
质检点2	汽车底盘部件的紧固是否达到规定力矩	□4 □3 □2 □1 □0	
质检点3	减速器油是否更换,减速器液位是否达标	□4 □3 □2 □1 □0	
质检点4	动力蓄电池冷却液是否更换,动力蓄电池冷却液液位是否达标	□4 □3 □2 □1 □0	
质检点5	发动机机油是否更换,机油液位是否达标,发动机油底壳与配合表面是否漏油(限混合动力电动汽车或燃油汽车)	□4 □3 □2 □1 □0	
竣工质检得分:	考核员签名:	日期:	

过程检验表(总分100分)　　表3-6

项目	质量标准	分值	扣分	备注
工作准备(4分)	使用个人防护用品或衣着适当,使用车辆防护用品;查阅维修手册;清理整理工作场地,准备工具设备等	1分/项		
工作安全(6分)	正确操作举升机,安全举升车辆;给轮胎充气时,不能站立、倚靠在轮胎和车轮总成上;气动冲击扳手配合风动套筒使用;其他安全注意事项	3分/项		
工单填写(10分)	正确、完整填写完成作业单	1分/项		
操作规范(80分)	车辆举升无过高或过低,无明显影响作业效率	1分		
	减速器目视检查到位	2分		
	驱动轴护套泄漏检查到位,无漏项	1分/项,最多扣4分		
	减振器检查到位,无漏项	1分/项,最多扣4分		
	转向节、下臂与稳定杆检查到位	1分/项,最多扣3分		
	制动管路的检查到位,无漏项	1分/项,最多扣4分		

项目	质量标准	分值	扣分	备注
操作规范（80分）	转向系统外观检查到位,无漏项	1分/项,最多扣6分		
	发动机油底壳与配合表面的检查到位,无漏项	1分/项,最多扣3分		
	自动变速器油泄漏的检查到位,无漏项	1分/项,最多扣2分		
	燃油管路的检查到位,无漏项	1分/项,最多扣2分		
	尾气排放管的检查到位,无漏项	1分/项,最多扣5分		
	汽车底盘部件的紧固力矩准确,工具选用正确	1分/项,最多扣10分		
	使用扭力扳手应使用拉力,不得推转扳手	1分/项,最多扣4分		
	冷态下检查减速器油液位	2分		
	减速器油牌号选用和加注量操作准确	2分		
	减速器油加注孔螺塞紧固力矩准确	2分		
	是否观察高压动力蓄电池冷却液液位在规定范围内,留意颜色变化	2分/项,最多扣4分		
	冷却液选用冰点符合要求	2分		
	动力蓄电池冷却液加注操作到位,注意液位注在规定范围内	2分		
	排放发动机机油注意环保要求,防止机油烫伤	2分项,最多扣4分		
	安装机油排放塞有换用新的排放塞垫片,安装力矩准确	2分项,最多扣4分		
	拆卸及安装机油滤清器操作到位,工具选用正确,安装力矩准确	2分项,最多扣4分		

过程检验得分:　　　　　考核员签名:　　　　　日期:

根据竣工质检表和过程检验表的得分,如有扣分情况,请分析原因并进行改善。

扣分原因为:_____

改善措施为:_____

八　评价与反馈

(一)学习目标达成度自我检查(表3-7)

学习目标达成度自我检查表　　　　　　　　　表3-7

序号	学习目标	达成情况(在相应的选项后打"√")		
		能	不能	不能是什么原因
1	能够叙述汽车底部零部件的组成及作用			
2	能够解释汽车底部零部件检查、紧固及更换油液维护的重要性及检查要点			
3	能够规范地检查底盘零部件的外观及工作状况			
4	能够结合查阅各类资料,规范地紧固底盘部件			
5	能够通过小组合作,按规范正确检查和更换减速器油、动力蓄电池冷却液和机油			
6	在车辆底部维护操作的实施过程中,树立标准意识与质量意识			

(二)学习行为评价(表3-8)

学习行为评价表　　　　　　　　　表3-8

序号	行为表现	评分(5—4—3—2—1)	
		学生评分	教师评分
1	认真填写行动手册,认真查阅知识手册		
2	主动参与场地整理、整洁、清洁工作		
3	爱护车辆或教学设备、维修资料		
4	积极参与组内活动能进行课前预习和课后复习		

续上表

序号	行为表现	评分(5—4—3—2—1)	
		学生评分	教师评分
5	能进行课前预习和课后复习		
其他	请列举上述未包含的正面行为： 请列举上述未包含的负面行为： 对负面行为的改进措施：		

(三)课后自测

1. 判断题

(1)汽车底盘部件目视检查过程中,发现有零部件油液泄漏,用抹布擦干即可。（　　）

(2)工具要在使用后立即清洁,并在必要的位置涂油。（　　）

(3)可以使用锤子和管子(用来加长轴)来增大工具力矩。（　　）

(4)如果有汽车油液落到了汽车漆面上,可待它自然干,然后用一块干净的抹布擦掉。
（　　）

(5)为了更快和更彻底地排放动力蓄电池冷却液,可以用风枪从加注口盖处吹压缩空气来操作。（　　）

(6)减速器油指的是减速器齿轮油。85W/90 的齿轮油为四季用齿轮油,在高温和低温环境中都能使用。（　　）

(7)扭力扳手的常见类型包括指针式扭力扳手和预置式扭力扳手。（　　）

2. 选择题

(1)(多选)纯电动汽车底盘包括(　　)等。

　　A. 变速器/驱动桥　　B. 悬架　　　　　　C. 制动系统　　　　D. 转向系统

　　E. 传动系统/轴

(2)(单选)为拆下和更换螺栓/螺母或拆下零件,汽车修理中优先使用(　　)。

　　A. 梅花扳手　　　　B. 开口扳手　　　　C. 可调扳手　　　　D. 成套套筒扳手

(3)(多选)以下关于工具和测量仪器的说法,正确的是(　　)。

　　A. 如果用于规定之外的用途,工具或测量仪器会损坏,而且零件也会损坏或者导致工作质量降低

　　B. 要确保在工作部件上正确使用工具,用在工具上的力要恰当,工作姿势也要正确

　　C. 要根据零件形状和工作场地选择适合的工具

　　D. 工具和测量仪器要放在容易拿到的位置,使用后要放回原来的正确位置

(4)(多选)以下关于冷却液的说法,正确的是(　　)。

A. 冷却液是冷却系统传导热量的媒介

B. 冷却液具有防冻、防沸、防腐、防锈、防垢的特性

C. 防冻冷却液按防冻剂成分不同可分为乙醇(酒精)型、丙三醇型(甘油)、乙二醇型等

D. 目前国内外发动机所使用的和市场上所出售的冷却液大部分为乙二醇型冷却液

3. 分析题

请利用互联网信息、维修手册、车辆使用手册等资源查询各汽车品牌对维护油液容量及规格的规定,对比有哪些异同,完成表3-9。

常见电动汽车品牌维护油液的容量及规格表 表3-9

品牌	维护油液的容量及规格	备注
吉利帝豪		
比亚迪		
丰田		
荣威		

学习任务4 车轮的检查与换位

一 学习目标

☞ 知识目标

1. 能够叙述轮胎规格的含义；
2. 能够解释轮胎检查项目的意义及要点。

☞ 技能目标

1. 能够结合查阅各类资料,规范检查车轮和轮胎；
2. 能够通过小组合作,正确进行轮胎换位。

☞ 素养目标

在调整轮胎气压和拧紧车轮螺母的任务实施过程中,增强安全意识,严守操作规范。
建议完成本学习任务为 8 学时。

二 内容结构

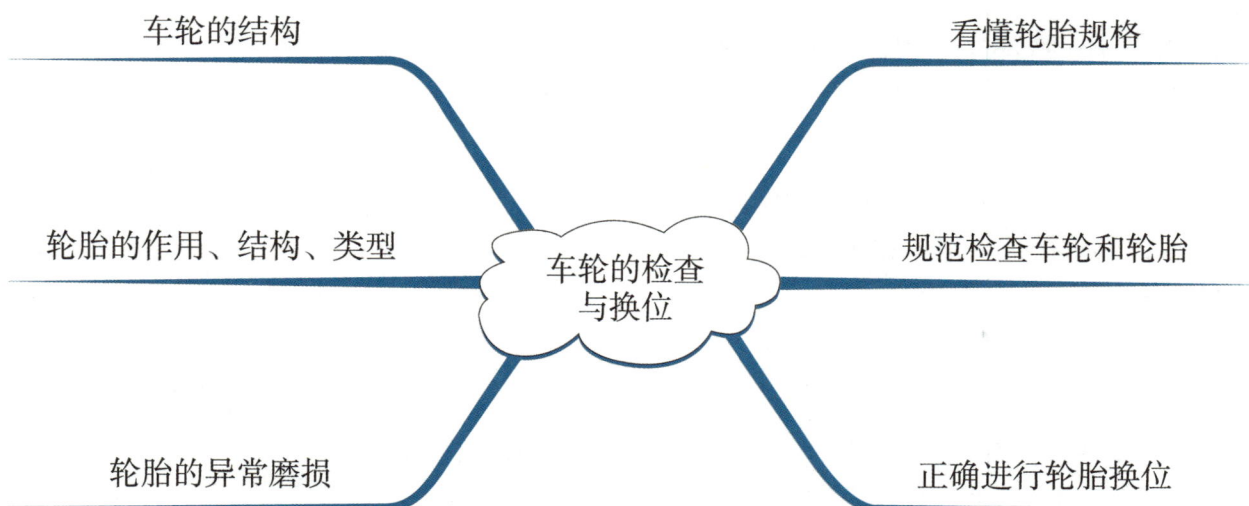

三 明确任务

车辆进厂进行 10000km 的定期维护,需要对车轮和轮胎进行检查,并进行轮胎换位。

为完成本学习任务,需要结合知识手册,先集中学习车轮和轮胎的类型、规格、结构,以及轮胎异常磨损等知识,然后小组合作讨论制订维护计划,接下来参照维护工单、维修手册,在实车上规范进行车轮和轮胎的检查,并进行轮胎换位。

四 获取信息

引导文 1 轮子被视作人类最古老、最重要的发明。车轮的结构必须保证汽车行驶安全,车轮由哪几部分组成?

车轮用于安装轮胎,车轮和轮胎有时统称为_____。车轮承受行驶时产生的各种力,如驱动力、制动力、车轮负载等,车轮的设计和结构必须保证汽车在各种行驶条件下的安全,车轮由_____、_____和_____组成。

引导文 2 轮胎是车辆唯一直接与路面接触的元件,其性能好坏直接影响车辆的安全性,轮胎的作用有哪些?它包含了几层结构?轮胎的花纹为什么很重要?

现代汽车几乎都采用充气轮胎,它和汽车悬架共同来缓和汽车行驶时所受到的冲击,并衰减由此产生的振动,以保证汽车有良好的_____和_____。此外,保证车轮与路面间有良好的_____,并承受汽车的重力,传递各方向的力和力矩。

轮胎表面包含了_____、_____、_____和_____四个组成部分。轮胎内部包含了_____、_____和_____等多层结构。

轮胎按胎体帘线的走向,可分为_____和_____。子午线胎的优点包括( )。

A.胎体柔软,接地面积大,附着性能好

B.帘布层数少,胎侧薄,散热性能好,缓冲性能好

C.滚动阻力小,可降低油耗且轮胎使用寿命长

D.转向行驶和高速行驶时稳定性好

轮胎胎面花纹不仅让轮胎_____,而且增强轮胎与路面的_____,提升车辆的_____,为轮胎散热、_____,降低_____,增加_____。常见的轮胎花纹种类有_____、_____和_____。

引导文 3 车辆使用过程中,轮胎不可避免出现磨损不均匀的情况,需要定期进行轮胎换位。

请观察图4-1,或者教师提供的轮胎照片,判断分别属于哪一种类型的轮胎异常磨损?a)_____;b)_____;c)_____;d)_____;e)_____。

轮胎异常磨损和过早磨损有许多原因,其中包括_____、驾驶习惯不良或车轮定位不正确。此外,车辆前后轮由于运转时所承受的_____各不相同,磨损的情况也会大不相同。轮胎换位有利于延长轮胎的_____,达到四个轮胎同步_____的效果,并提高行车安全性,建议每行驶_____进行一次轮胎换位。

图 4-1 轮胎异常磨损

五 计划与决策

引导文4 参考各种学习资料,进行小组讨论,制订轮胎检查与换位计划,并讨论确定最佳工作流程,必要时请求教师帮助。

1. 操作流程

(1)确定检查车轮和轮胎的操作步骤。请在下面提供的步骤中选取正确选项,并排序,有必要时还可以增加步骤。

_____

_____

_____

(2)确定轮胎换位的操作步骤。请在下面提供的步骤中选取正确选项,并排序,有必要时还可以增加步骤。

_____

_____

_____

A.举升车辆 　　　　　　　B.不举升车辆

C.在本子上记录轮胎规格 　D.用笔在轮胎上做记号

E.轮胎放气 　　　　　　　F.拆卸车轮

G.安装车轮 　　　　　　　H.紧固车轮螺母

I.扒胎装胎 　　　　　　　J.检查车轮轴承

K.检查轮胎 　　　　　　　L.检查轮辋和轮辐

M.检查和调整轮胎气压 　　N.将举升机降至地面

O.进行轮胎换位 　　　　　P.车辆复位

2. 工具和材料准备

工具:_____

材料:_____

3. 安全注意事项

(1)因有汽车打滑或从举升机上掉落而造成人员死亡的风险,故请规范操作举升机。

(2)有搬抬重物引起腰扭伤的风险,请按正确姿势搬运重物。

(3)有轮胎充气爆炸的风险,轮胎充气时身体尽量远离轮胎。

(4)轮胎气压调整不当会严重影响轮胎寿命,会造成严重伤害甚至导致人员死亡。

4. 小组分工

请对小组成员进行分工,比如按组长、操作员、记录员、安全员等角色分工,或者按具体任务分工。

_____

_____

_____

5. 明确任务时间

教师发布的任务完成时间:_____ min。

六 任务实施

> **引导文 5** 从实训车辆中,查找并看懂轮胎规格。

(1)从实训车辆中,查找出轮胎规格为_____。其中,轮胎断面宽度为_____;扁平率为_____;轮胎类型为_____;轮辋直径为_____;负荷指数为_____;速度级别为_____。

(2)请判断下列哪条轮胎用于奔驰 C 级(中级)轿车、哪条用于奔驰 E 级(中高级)轿车?225/50R17 用于_____;245/45R18 用于_____。

> **引导文 6** 按照制订的工作计划,规范地检查车轮和轮胎。操作检查正常打√,不正常打×。具体任务实施见表4-1。

任务实施表   表 4-1

步骤	操作记录与思考
1.举升车辆 □	检查车轮,在举升车辆前,为什么要挂空挡、释放驻车制动器?
2.检查车轮轴承□	(1)检查车轮轴承,正确的做法是哪几项?( ) 　　A.目测检查车轮轴承 　　B.用手晃动车轮,是否有松动 　　C.旋转车轮,转动是否顺畅 　　D.旋转车轮,倾听车轮轴承是否有噪声 (2)如果用手晃动前部车轮,发现有松动,可能是什么原因导致的?请结合悬架结构(图4-2)分析。

续上表

步骤	操作记录与思考
2. 检查车轮轴承□	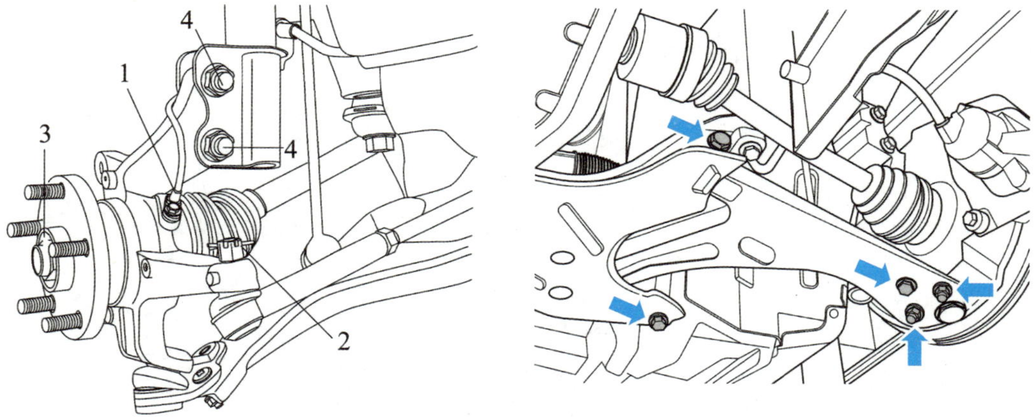 图 4-2　不同视角观察的悬架结构 **小提示：** 在用手旋转车轮时，必须用手扶住轮胎旋转，而不是其他地方。如果位置不正确，很可能会造成人身伤害
3. 检查轮胎□	(1) 填写轮胎胎面检查表。 **轮胎胎面检查表** （见下表） (2) 测量花纹深度，每个轮胎需要测量几个点？（　　　） A. 3　　　　　B. 4　　　　　C. 12　　　　　D. 24
4. 检查轮辋和轮辐□	检查轮辋和轮辐是否_____
5. 将举升机降至地面□	实施驻车制动、挂 P 挡、安装车轮挡块。
6. 检查和调整轮胎气压□	(1) 如图 4-3 所示，从车上哪些地方可以找到标准胎压？ _____ (2) 检查并调整各轮胎气压至_____。 (3) 检查并调整备胎气压至_____。 (4) 请观察气压表并查询资料，进行常用压强单位的换算： 1kgf（公斤力/cm^2）= _____ bar（巴）= _____ kPa（千帕）≈ _____ psi（磅力/in^2）

轮胎胎面检查表

异常磨损	沟槽异物嵌入	裂纹	鼓包	花纹深度
□有 □无	□有 □无	□有 □无	□有 □无	极限值：_____ 实测值：_____
维修意见：□正常　　　□维修　　　□更换				

学习任务4

步骤	操作记录与思考
6. 检查和调整轮胎气压□	（5）装回轮胎气门嘴帽。如果未安装气门嘴帽，_____或_____可能进入气门嘴并导致_____  图 4-3　轮胎胎压标签
	小提示： （1）检测轮胎气压须在轮胎冷态下进行。 （2）如果测出轮胎气压异常低，需要进一步检查故障原因。 （3）给轮胎充气时，切勿站立、倚靠在轮胎和车轮总成上，切勿将手伸向轮胎和车轮总成
7. 车辆复位□	实施驻车制动、挂 P 挡、安装车轮挡块。清洁和复位车辆、工具、工位

引导文 7　按照制订的工作计划,正确进行轮胎换位,操作检查正常打√,不正常打×。具体任务实施见表 4-2。

任务实施表　　　　　　　　　　表 4-2

步骤	操作记录与思考
1. 拆卸车轮□	（1）举升车辆。 （2）拆卸车轮前,用笔在轮胎上做记号: FL 表示_____;FR 表示_____; RL 表示_____;RR 表示_____。 （3）请画出拆卸车轮螺母的顺序。
	小提示： 气动冲击扳手必须配合风动套筒使用,不允许使用普通套筒,否则,有套筒飞脱甚至套筒爆裂的危险

学习任务 4

续上表

步骤	操作记录与思考
2. 进行轮胎换位□	请画出不启用备胎的轮胎换位方法。
	小提示： 有些车装备直接监测式的胎压监测系统(TPMS)，在轮胎内部装有胎压传感器，仪表上会有轮胎气压显示。换位后，需要进行胎压监测系统的学习，让系统重新记录胎压传感器的位置，否则，仪表上显示的胎压位置，与实际的位置不符
3. 安装车轮□	(1)安装车轮之前，去除_____的锈蚀。 (2)用_____旋入车轮螺母。 (3)按_____顺序，预紧车轮螺母
	小提示： (1)安装车轮时，若安装面金属之间接触不紧密，会引起车轮螺母松动，这将导致车辆行驶时车轮脱落，造成车辆失控和人员伤亡。 (2)千万不要润滑车轮螺母、双头螺栓和支座面，或者向其抹油。如果在螺栓或螺母上有润滑油，须将它们清除干净
4. 紧固车轮螺母□	(1)操作举升机，将车辆降至车轮贴地，使车轮处于_____状态。 (2)实施_____。 (3)按_____顺序，查阅维修手册，紧固车轮螺母为_____N·m。 (4)将车辆完全降至_____
	思政小课堂：增强安全意识，严守操作规范 大多数车轮意外脱落都是由轮胎螺母松动导致，而轮胎螺母未按规定力矩拧紧，会造成轮胎螺母松动。一个简单的疏忽，可能会带来车毁人亡！安全意识是汽车维修最基本的职业道德规范之一，维修技师应牢固树立安全意识，严守操作规范，对维修质量严格把关
5. 重新检查和调整轮胎气压□	按照胎压标牌，重新检查和调整轮胎气压
6. 车辆复位□	清洁和复位车辆、工具、工位

学习任务4

七 检查控制

引导文8 请对照竣工质检表(表4-3)、过程检验表(表4-4),进行任务实施情况的检查与控制。

竣工质检表(总分20分) 表4-3

项目	质量标准	得分	备注
质检点1	车轮螺母是否按规定力矩正确拧紧	□4 □3 □2 □1 □0	
质检点2	轮胎气压是否调整正确,误差在10kPa以内	□4 □3 □2 □1 □0	
质检点3	备胎气压是否调整正确,误差在10kPa以内	□4 □3 □2 □1 □0	
质检点4	气门嘴帽有无漏装	□4 □3 □2 □1 □0	
质检点5	在轮胎上所做记号是否清洁	□4 □3 □2 □1 □0	
竣工质检得分:	考核员签名:	日期:	

过程检验表(总分100分) 表4-4

项目	质量标准	分值	扣分	备注
工作准备(4分)	使用个人防护用品或衣着适当,使用车辆防护用品;查阅维修手册;清理整理工作场地,准备工具设备等	1分/项		
工作安全(6分)	正确操作举升机,安全举升车辆;给轮胎充气时,不能站立、倚靠在轮胎和车轮总成上;气动冲击扳手配合风动套筒使用;其他安全注意事项	3分/项		
工单填写(10分)	正确、完整填写完成作业单	1分/项		
操作规范(80分)	举升车辆前挂空挡、释放驻车制动操作手柄	2分/项		
	车辆举升无过高或过低,无明显影响作业效率	2分		
	检查车轮轴承时,用手晃动、旋转、倾听噪声	2分/项,最多扣8分		
	轮胎胎面检查无漏项	2分/项,最多扣8分		
	正确测量轮胎花纹深度,每个轮胎需测量3个位置,每个位置测量4个点	6分		

续上表

项目	质量标准	分值	扣分	备注
操作规范 （80分）	正确检查轮辋和轮辐	2分/项,最多扣8分		
	正确找到胎压标牌	2分		
	拆卸车轮前,用笔在轮胎上做记号	2分/项,最多扣8分		
	拧松、拧紧车轮螺母按对角顺序	2分/项,最多扣8分		
	正确进行轮胎换位	6分		
	使用扭力扳手按规定力矩紧固车轮螺母	6分		
	轮胎换位后重新检查和调整轮胎气压	2分/项,最多扣8分		

过程检验得分：　　　　　　　考核员签名：　　　　　　　　日期：

根据竣工质检表和过程检验表的得分,如有扣分情况,请分析原因并进行改善。

扣分原因为：_____

改善措施为：_____

八　评价与反馈

（一）学习目标达成度自我检查（表4-5）

学习目标达成度自我检查表　　　　　　　　　　表4-5

序号	学习目标	达成情况（在相应的选项后打"√"）		
		能	不能	不能是什么原因
1	能够叙述轮胎规格的含义,正确选用轮胎			
2	能够解释轮胎检查项目的意义及要点			
3	能够结合查阅各类资料,规范检查车轮和轮胎			
4	能够通过小组合作,正确进行轮胎换位			
5	能够正确调整轮胎气压和按力矩拧紧车轮螺母,增强安全意识,严守操作规范			

(二) 学习行为评价 (表 4-6)

学习行为评价表　　　　　　　　　　　表 4-6

序号	行为表现	评分 (5—4—3—2—1)	
		学生评分	教师评分
1	认真填写行动手册,认真查阅知识手册		
2	主动参与场地整理、整洁、清洁工作		
3	爱护车辆或教学设备、维修资料		
4	积极参与组内活动能进行课前预习和课后复习		
5	能进行课前预习和课后复习		
其他	请列举上述未包含的正面行为: 请列举上述未包含的负面行为: 对负面行为的改进措施:		

(三) 课后自测

1. 判断题

(1) 子午线胎胎体柔软,接地面积大,附着性能好。　　　　　　　　　　　(　)

(2) 扁平率越大,表示轮胎越扁。　　　　　　　　　　　　　　　　　　(　)

(3) 轮胎花纹深度极限值为 1mm。　　　　　　　　　　　　　　　　　　(　)

2. 选择题

(1) (多选) 车轮由 (　) 组成。

　　A. 轮毂　　　　　　　　B. 轮辐　　　　　　　C. 轮辋　　　　　　D. 轮边

(2) (多选) 轮胎外表面包含 (　) 等组成部分。

　　A. 胎面　　　　　　　　B. 胎肩　　　　　　　C. 胎侧　　　　　　D. 胎圈

(3) (多选) 下列叙述中正确的有 (　)。

　　A. 轮胎换位后需重新检查和调整轮胎气压

　　B. 轮胎气压不当会严重影响轮胎寿命,甚至导致人员死亡或造成严重的伤害

　　C. 气动冲击扳手必须配合风动套筒使用

　　D. 不允许使用气动冲击扳手来上紧螺母

3. 分析题

作为维修技师,当客户咨询是否需要更换轮胎时,该如何给客户建议?

一 学习目标

☞ **知识目标**

1. 能够叙述制动器的组成；
2. 能够解释制动液的规格和特性。

☞ **技能目标**

1. 能够结合查阅各类资料，规范维护制动器；
2. 能够通过小组合作，正确进行制动液更换和制动系统排气。

☞ **素养目标**

在使用量具检测制动器和制动系统排气的任务实施过程中，树立责任意识。

建议完成本学习任务为 12 学时。

二 内容结构

制动系统的功用、分类　　　　　　　规范维护盘式制动器

制动器的类型、组成　　　　　　　规范维护鼓式制动器

制动器的维护与操作

制动管路的布置　　　　　　　正确更换制动液

制动液的规格和特性　　　　　　　正确进行制动系统排气

三 明确任务

车辆进厂进行二级维护时，需要对制动器进行维护，并需要进行制动液更换和制动系统排气操作。

为完成本学习任务，需要结合知识手册，先集中学习制动系统功用和分类、制动器类型和组成、制动管路布置、制动液的规格和特性、电子驻车系统构成等知识，然后小组合作讨论制订维护计划，接下来参照维护工单、维修手册，在实车上规范进行制动器维护，并进行制动液更换和制动系统排气操作。

四 获取信息

引导文 1 制动系统是汽车重要的安全系统之一,制动器是制动系统中产生阻碍汽车运动或运动趋势的力的装置,它由哪几部分组成?

制动系统的功用是根据行车的要求,实现汽车_____和_____,在停放汽车时可确保_____,包括行车制动系统、_____、_____、和_____等。

制动器有_____和_____两种。盘式制动器制动性能稳定,鼓式制动器_____性能和_____性能较差。根据制动钳的结构形式不同,盘式制动器分为_____和_____。

请在图5-1、图5-2中,将制动器组成部件的名称填写在序号后的横线上。

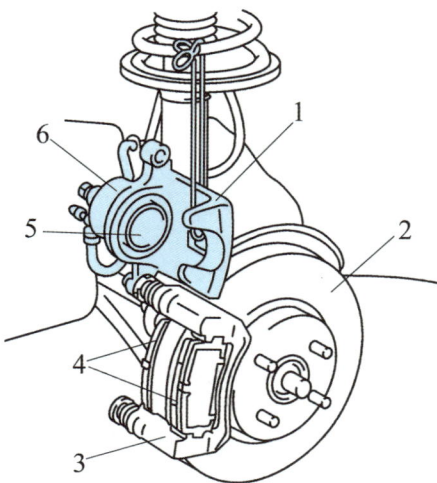

图 5-1　盘式制动器组成

1-_____;2-_____;3-_____;4-_____;5-_____;6-

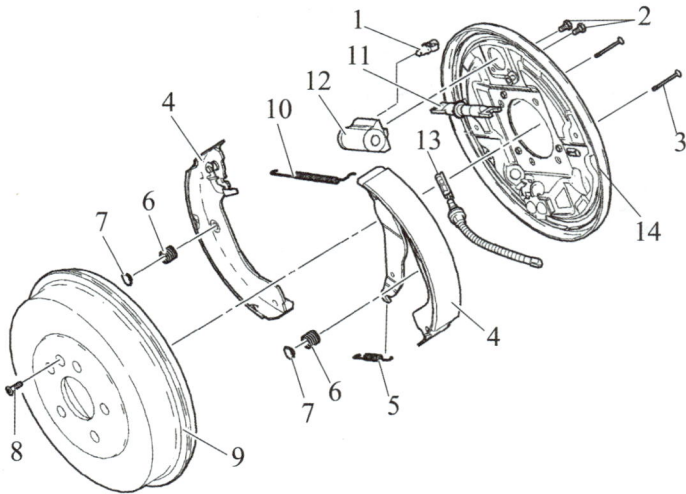

图 5-2　鼓式制动器组成

1-制动轮缸排气阀;2-制动轮缸安装螺栓;3-限位销;4-_____;5-下复位弹簧;6-制动蹄限位弹簧;7-制动蹄限位弹簧帽;8-制动鼓安装螺栓;9-_____;10-_____;11-_____;12-_____;13-驻车拉索;14-_____

引导文2　液压制动系统使用制动液,通过制动管路将驾驶人踩制动踏板的力传导至每一个车轮的制动器。制动管路有哪些布置方式? 制动液有哪些规格和特性?

在图5-3中,制动管路的布置形式是:a) _____、b) _____、c) _____。

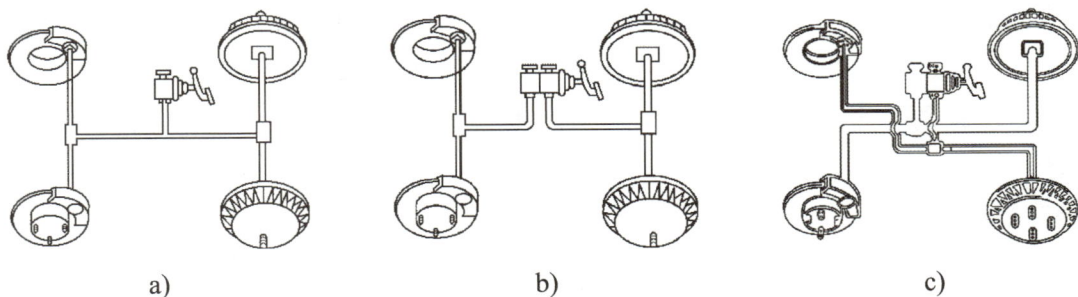

a)　　　　　　　　b)　　　　　　　　c)

图5-3　制动管路布置

目前轿车上推荐较多的制动液规格是_____,与DOT3相比,其_____较高。不同规格的制动液_____(允许/不允许)混用。

制动液具有液体的不可压缩特性。制动液对_____具有侵蚀作用。制动液具有_____,在长时间使用后,会吸收空气中的水分,这将导致制动液沸点_____,在工作过程中容易出现_____,所以制动液须_____。新的制动液开罐后未使用完,须_____,并尽早用完。

引导文3　随着近几年汽车智能化、电子化发展,以及新能源汽车的普及,越来越多的车使用EPB。什么是EPB?

EPB即_____,由_____、_____、_____和_____等组成。EPB由_____直接控制后轮制动钳来实现驻车制动。

五　计划与决策

引导文4　参考各种学习资料,进行小组讨论,制订制动器的维护计划,并讨论确定最佳工作流程,必要时请求教师帮助。

1.操作流程

确定维护前后车轮盘式制动器的操作步骤。请在下面提供的步骤中选取正确选项,并排序,有必要时还可以增加步骤。

A.举升车辆　　　　　　　　　　B.不举升车辆

C.检查制动液液位　　　　　　　D.通过按钮释放电子驻车制动

E.通过诊断仪释放电子驻车制动　I.安装车轮

F.通过诊断仪复位电子驻车制动　G.拆卸车轮

H.不拆卸车轮　　　　　　　　　J.拆卸制动钳

K.安装制动钳　　　　　　　　　L.检查制动钳总成

M.检查制动衬块　　　　　　　　N.检查制动盘

O.复位制动间隙　　　　　　　　P.制动器竣工检验

2.工具和材料准备

工具：_____

材料：_____

3.安全注意事项

(1)防止制动液接触皮肤、腐蚀车辆。

(2)有些车型或售后加装的制动器零件可能含有一定的石棉纤维,可能混在粉尘中。吸入石棉粉尘容易造成肺部的伤害,甚至引发癌症。请用湿抹布清理制动器零件上的任何粉尘。请阅读下列有关制动器粉尘的警告。

警告:切勿用砂纸等打磨制动片;切勿用干刷或压缩空气清理车轮制动器零件。

(3)修理后第一次运行制动器时,制动性能降低,在试运行时有发生事故的风险。

4.小组分工

请对小组成员进行分工,比如按组长、操作员、记录员、安全员等角色分工,或者按具体任务分工。

_____

5.明确任务时间

教师发布的任务完成时间:_____min。

六　任务实施

> **引导文5**　按照制订的工作计划,结合知识手册和维修手册,规范地维护前后车轮的盘式制动器。操作检查正常打√,不正常打×。具体任务实施见表5-1。

任务实施表　　　　　　　　　　表5-1

步骤	操作记录与思考
1.挂空挡、释放电子驻车制动□	连接诊断仪;操作起动开关使电源模式至_____状态;操作诊断仪,选择_____系统,释放电子驻车制动;操作起动开关使电源模式至"OFF"状态

续上表

步骤	操作记录与思考
2.举升车辆与拆卸车轮□	对于盘式制动器,有时(二级维护除外)可以不拆下车轮,使用_____或_____,目视检查内外制动衬块和制动盘表面的磨损情况,并评估制动衬块和制动盘的厚度
3.检查制动衬块□	(1)为了拆下制动衬块,正确的方法是(　　)。 　A.拆卸制动钳上端固定螺栓　　　B.拆卸制动钳下端固定螺栓 　C.拆卸制动钳上端和下端固定螺栓　　D.拆卸制动钳支架固定螺栓 (2)拆卸制动钳时,_____(须/无须)拆卸制动钳制动软管。使用一根挂钩或布条悬挂制动钳,以免损坏_____。 (3)使用钢直尺多点测量制动衬块厚度时,正确的做法是(　　)。 　　　　a)　　　　　　　　　　b) (4)填写制动衬块检查表。 **制动衬块检查表** | 开裂 | 损坏 | 制动衬块厚度 | |---|---|---| | □有 □无 | □有 □无 | 新制动衬块厚度:_____ 极限值:_____ 实测值:_____ | | 维修意见:□正常　　□维修　　□更换_____ |||
4.检查制动钳总成□	(1)填写制动钳检查表。 **制动钳检查表** | 制动钳壳体 | 制动轮缸防尘罩 | 制动轮缸密封圈 | |---|---|---| | □开裂 □严重磨损 □正常 | □开裂 □老化 □未正确安装 □正常 | □泄漏 □正常 | | 维修意见:□正常　　□维修　　□更换_____ ||| (2)填写制动衬块导向片检查表。

步骤	操作记录与思考
4.检查制动钳总成□	**制动衬块导向片检查表** 表格： 缺失 / 断裂 / 严重腐蚀 □有 □无 / □有 □无 / □有 □无 维修意见:□正常　□维修　□更换 (3)判断:制动钳浮动销同时又是制动钳安装螺栓。(　　) (4)填写制动钳浮动销检查表。 **制动钳浮动销检查表** 卡滞或卡死 / 护套开裂破损 / 护套缺失 □有 □无 / □有 □无 / □有 □无 维修意见:□正常　□维修　□更换_____
5.检查制动盘□	(1)下列做法正确的是(　　); 　　A.取下制动盘前,在制动盘和轮毂上须做配合标记 　　B.取下制动盘前,在制动盘和轮毂上无须做配合标记 　　C.检查制动盘前,需用工业酒精或准许的等效制动器清洗剂清洗制动盘摩擦面,这样才能清楚地检查是否存在裂纹等情况 　　D.检查制动盘前,不能用工业酒精或准许的等效制动器清洗剂清洗制动盘摩擦面,以在检查前保留制动盘原本的样貌 (2)填写制动盘表面检查表。 **制动盘表面检查表** 锈蚀 / 开裂 / 深层划痕 / 严重变色发蓝 □严重锈蚀、点蚀 □轻微锈蚀 □无 / □有 □无 / □有 □无 / □有 □无 维修意见:□正常　□对制动盘进行表面修整　□更换 (3)判断:对制动盘进行表面修整或更换后,制动衬块也要更换。(　　) (4)测量制动盘厚度使用的量具是_____,进行_____(1/2/3/4)点测量,并取_____(最小值/最大值/平均值)为测量结果。务必确保在制动衬块_____区域内进行测量,且千分尺与制动盘边缘的距离必须_____。 (5)测量制动盘厚度使用的量具是_____;测量前,需用专用工具和_____拧紧制动盘,测量点距离制动盘边缘的_____需查阅维修手册确定。

续上表

步骤	操作记录与思考
5. 检查制动盘□	(6)填写制动盘厚度与圆跳动检查表。 **制动盘厚度与圆跳动检查表** 制动盘厚度 / 制动盘圆跳动 新制动盘厚度:_____ 极限值:_____ 实测值:_____　　　　极限值:_____ 　　　　　　　　　　　　　　实测值:_____ 维修意见:□正常　　□维修　　□更换 (7)若制动盘圆跳动超过极限值,可能的原因包括(　　　)。 　A.制动盘安装不到位　　B.制动盘平整度异常　　C.轮毂轴承损坏
6. 安装制动衬块□	(1)按要求在特定部位涂抹_____。制动衬块或制动盘的摩擦面上应无_____。 (2)安装前轮制动衬块时,带磨损提示金属片(图5-4)的制动衬块安装在_____侧。 (3)必要时使用专用工具向里推入制动轮缸_____,特别是在安装新制动衬块时,如图5-5所示。 磨损提示金属片 图5-4　磨损提示金属片　　　图5-5　使用专用工具推入分泵活塞
7. 安装制动钳,安装车轮□	安装制动钳下端固定螺栓,力矩为_____ N·m
8. 复位制动间隙□	(1)进入车内,_____踩制动踏板数次,直到制动踏板_____,这将使制动衬块与制动盘之间的间隙复位。 (2)制动轮缸活塞的密封圈除了起_____作用外,还兼起活塞_____作用和_____作用

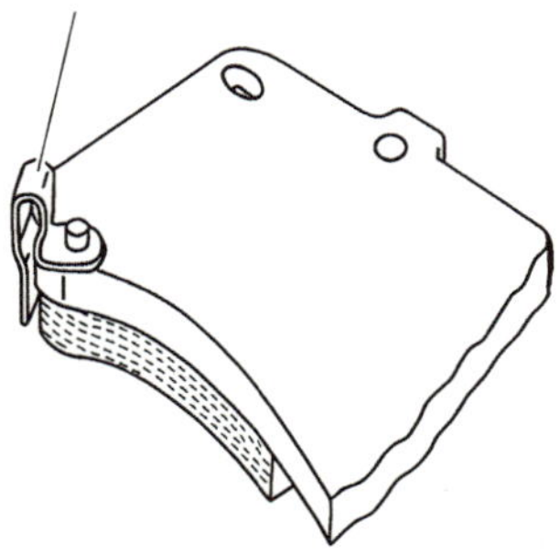

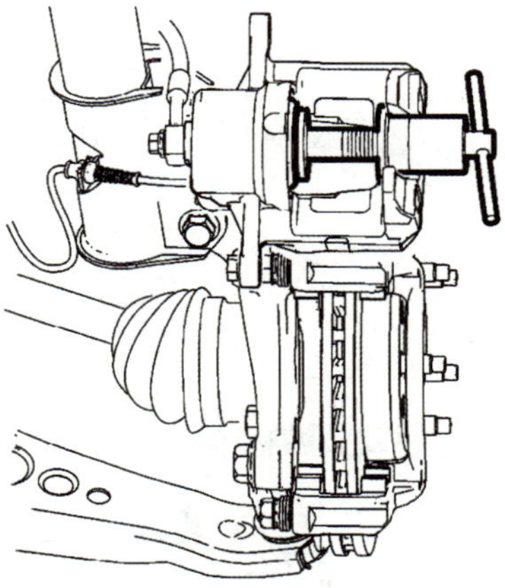

续上表

步骤	操作记录与思考
9. 进行 EPB 复位操作□	使用诊断仪,选择车辆系统管理菜单下的更换模式(更换后)选项,对更换后的 EPB(电子驻车制动)系统进行复位操作,同时清除_____
10. 检查制动液液位□	检查制动液液位,液面位置应在_____和_____之间,否则进行调整
11. 制动器竣工检验□	按照国家标准《机动车运行安全技术条件》(GB 7258—2017)进行制动系统竣工检验 **思政小课堂**:树立责任意识 制动器维护过程中,按要求仔细检查每一部件;制动器装复后,复位制动间隙;制动器完成维护后,进行竣工检验。责任意识要求汽车维修工对自己的工作负责任。维修技师应树立责任意识,承担起质量责任,杜绝质量事故发生,保证车辆维修达标

引导文 6 参照知识手册和维修手册,规范地维护鼓式制动器。操作检查正常打√,不正常打×。具体任务实施见表 5-2。

任务实施表　　　　　　　　　　　　　　　　　　表 5-2

步骤	操作记录与思考
1. 拆卸制动鼓□	如果遇到制动鼓无法拆下的情况,有什么好的解决办法? _____
2. 检查制动鼓□	(1)如图 5-6 所示,测量制动鼓内径,使用_____或_____,共测量_____次。 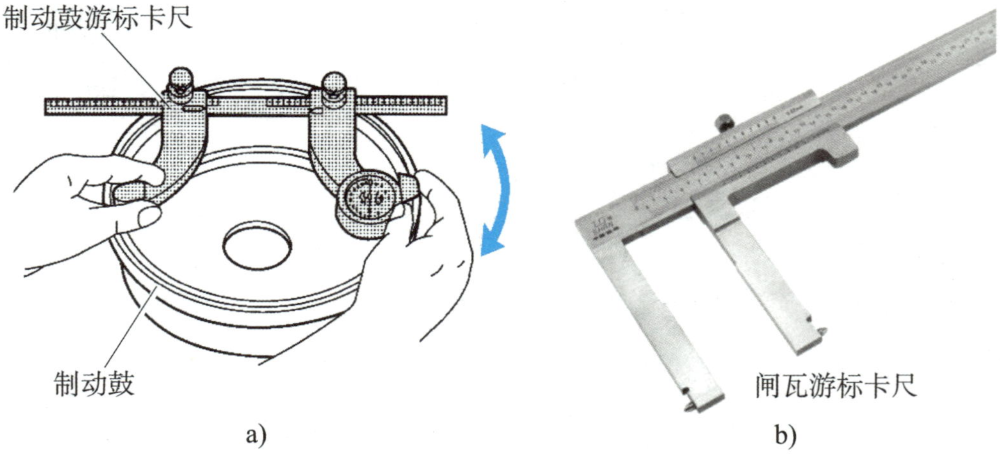 制动鼓游标卡尺 制动鼓 闸瓦游标卡尺 a)　　　　　　　b) 图 5-6　制动鼓游标卡尺和闸瓦游标卡尺 (2)结合图 5-7 分析,为什么不用普通游标卡尺或钢直尺测量制动鼓内径? _____

续上表

步骤	操作记录与思考
2. 检查制动鼓□	 图 5-7　制动鼓磨损特点 （3）填写制动鼓检查表。 **制动鼓检查表** | 锈蚀	裂纹	划痕深度超过1mm	严重变蓝	制动鼓内径
---	---	---	---	---
□严重锈蚀、点蚀 □轻微锈蚀 □无	□有 □无	□有 □无	□有 □无	新制动鼓内径：_____ 极限值：_____ 实测值：_____	 维修意见：□正常　　□维修　　□更换
3. 检查制动蹄□	（1）填写制动蹄检查表。 **制动蹄检查表** 	开裂	脱皮	损坏	摩擦片厚度
---	---	---	---
□有 □无	□有 □无	□有 □无	新摩擦片厚度：_____ 极限值：_____ 实测值：_____	 维修意见：□正常　　□维修　　□更换 （2）如果有一片制动蹄损坏或摩擦片过度磨损，一般更换_____片制动蹄
4. 检查制动轮缸□	填写制动轮缸检查表。 **制动轮缸检查表** 	泄漏	腐蚀	护套损坏
---	---	---
□有 □无	□有 □无	□有 □无	 维修意见：□正常　　□维修　　□更换

步骤	操作记录与思考
5.检查鼓式制动器构件□	(1)填写鼓式制动器构件检查表。 **鼓式制动器构件检查表** <table><tr><td>制动蹄限位弹簧</td><td>复位弹簧</td><td>调节器总成</td><td>其他构件</td></tr><tr><td>□损坏 □正常</td><td>□损坏 □正常</td><td>□螺纹卡滞 □其他损坏 □正常</td><td>□损坏 □正常</td></tr><tr><td colspan="4">维修意见:□正常　　□维修　　□更换_____</td></tr></table> (2)如果出现上述任何状况,则使用_____进行更换
6.必要时,更换制动蹄□	安装前旋转调节器,使缩短调节器,目的是什么? _____
7.调整鼓式制动器间隙□	(1)使用螺丝批,转动调节器螺钉,使调节器_____。 (2)切勿在_____制动鼓的情况下,踩下制动踏板。 (3)踩下制动踏板数次,使制动鼓中的制动蹄_____。 (4)使制动摩擦片至制动鼓间隙为_____。 (5)安装车轮;一人_____,同时另一人踩下制动踏板_____次,确认两个制动鼓中都听不见调节器总成的"咔嗒"声
8.制动器竣工检验□	检查制动液液位。按照国家标准《机动车运行安全技术条件》(GB 7258—2017)进行制动系统竣工检验

引导文7　参照知识手册和维修手册,规范地更换制动液和进行制动系统排气。操作检查正常打√,不正常打×。具体任务实施见表5-3。

任务实施表　　　　　　　　　　　　　　　　　　　　　表5-3

步骤	操作记录与思考
1.检查制动液□	(1)检查制动液液位,如果制动液不在规定范围内,应检查制动系统有无_____或其他故障。制动液储液罐内部有一个_____,将储液罐分成_____。小心检查,如图5-8所示,如只有前半部分有制动液,须作进一步检修。 (2)拧开制动液储液罐盖后,查看制动液颜色,正常制动液为_____透明状。 (3)使用_____,检查制动液含水量

学习任务5

续上表

步骤	操作记录与思考
1.检查制动液□	 图 5-8 制动储液罐有一半无制动液
2.更换制动液□	(1)在操作制动液之前,必须_____以清除手上所有机油和油脂,确保燃油、机油、润滑脂不会进入制动系统。 (2)清理_____部位后,拧下制动液储液罐盖;用吸管清除储液罐中的_____,在制动液储液罐中加注_____至合适液面。 (3)拧排气螺塞时,应使用梅花扳手或_____,不能使用开口扳手。 (4)按照_____车轮的顺序,更换制动液。 (5)在操作过程中要不断往储液罐_____,以确保制动液保持在适当的液位上,避免空气进入制动系统。 (6)制动液更换之后,需执行制动系统_____程序
3.制动系统排气□	(1)保持电源_____状态,踩下制动踏板数次,直到完全消除助力器中的真空。 (2)在排气操作过程中储液罐液面要保持在_____以上。 (3)在排出所有分泵中的空气后,检查_____是否绵软。 (4)在完成所有汽车维护操作的最后,须连续踩下制动踏板,并再次_____,检查四个制动轮缸的排气螺塞处是否有制动液_____

七 检查控制

引导文 8 请对照竣工质检表(表 5-4)、过程检验表(表 5-5),进行任务实施情况的检查与控制。

竣工质检表(总分 20 分)   表 5-4

项目	质量标准	得分	备注
质检点 1	制动踏板坚实、无绵软	□4 □3 □2 □1 □0	
质检点 2	EPB 系统工作正常、无故障码	□4 □3 □2 □1 □0	
质检点 3	制动液液位正常、制动液无溢溅	□4 □3 □2 □1 □0	

续上表

项目	质量标准	得分	备注
质检点4	制动衬块等正确安装到位	□4 □3 □2 □1 □0	
质检点5	制动轮缸排气螺塞处无制动液泄漏	□4 □3 □2 □1 □0	
竣工质检得分：	考核员签名：	日期：	

过程检验表(总分100分)   表5-5

项目	质量标准	分值	扣分	备注
工作准备 (4分)	使用个人防护用品或衣着适当,使用车辆防护用品;查阅维修手册;清理整理工作场地,准备工具设备等	1分/项		
工作安全 (6分)	正确操作举升机,安全举升车辆;防止制动液接触皮肤、腐蚀车辆;勿用砂纸等打磨制动片;勿用干刷或压缩空气清理车轮制动器零件;其他安全注意事项	3分/项		
工单填写 (10分)	正确、完整填写完成作业单	1分/项		
操作规范 (80分)	正确释放、复位电子驻车制动	2分/项		
	制动钳拆卸后使用挂钩或布条悬挂	2分		
	正确检查制动器部件	2分/项,最多扣16分		
	正确测量制动衬块/衬片厚度、制动盘厚度与圆跳动、制动鼓内径	2分/项,最多扣16分		
	正确安装制动衬块,正确安装磨损提示金属片	2分/项,最多扣8分		
	按力矩紧固制动钳固定螺栓	2分/项		
	正确复位盘式制动器制动间隙、调整鼓式制动器间隙	2分/项		
	正确检查制动液液位、制动液颜色、制动液含水量	2分/项		
	正确进行更换制动液操作	2分/项,最多扣8分		
	正确进行制动系统排气操作,两人配合得当	2分/项,最多扣8分		
	再次举升检查四个制动轮缸的排气螺塞处是否有制动液泄漏	2分		
过程检验得分：	考核员签名：	日期：		

根据竣工质检表和过程检验表的得分,如有扣分情况,请分析原因并进行改善。

扣分原因为:_____

改善措施为:_____

八 评价与反馈

(一)学习目标达成度自我检查(表5-6)

学习目标达成度自我检查表 表5-6

序号	学习目标	达成情况(在相应的选项后打"√")		
		能	不能	不能是什么原因
1	能够叙述制动器的组成			
2	能够解释制动液的规格和特性			
3	能够结合查阅各类资料,规范维护制动器			
4	能够通过小组合作,正确进行制动液更换和制动系统排气			
5	在使用量具检测制动器和制动系统排气的任务实施过程中,树立责任意识			

(二)学习行为评价(表5-7)

学习行为评价表 表5-7

序号	行为表现	评分(5—4—3—2—1)	
		学生评分	教师评分
1	认真填写行动手册,认真查阅知识手册		
2	主动参与场地整理、整洁、清洁工作		
3	爱护车辆或教学设备、维修资料		
4	积极参与组内活动能进行课前预习和课后复习		
5	能进行课前预习和课后复习		
其他	请列举上述未包含的正面行为: 请列举上述未包含的负面行为: 对负面行为的改进措施:		

(三)课后自测

1. 判断题

(1)制动系统只包括行车制动系统和驻车制动系统。　　　　　　　　(　　)

(2)为了提高汽车行驶的安全性,目前各国相关法规都规定须采用双管路制动系统。

(　　)

(3)使用 DOT4 制动液的车辆,可以换用 DOT5 制动液。　　　　(　　)

2. 选择题

(1)(多选)目前使用的制动管路布置形式包括(　　　)。

　　A. 单管路　　　　　B. H 形　　　　　C. X 形　　　　　D. Y 形

(2)(单选)应从哪一个车轮开始更换制动液或排气?(　　　)

　　A. 左前　　　　　B. 右前　　　　　C. 左后　　　　　D. 右后

(3)(多选)下列叙述中,正确的有(　　　)。

　　A. 制动液具有液体的不可压缩特性

　　B. 制动液对车身漆面具有腐蚀性

　　C. 制动液沸点很高,所以含一点水分影响不大

　　D. 制动液颜色正常,则无须更换

3. 分析题

作为维修技师,请向客户详细介绍一下制动器有哪些维护项目。

一　学习目标

☞ 知识目标
1. 能够叙述铅酸蓄电池的结构和分类；
2. 能够解释纯电动汽车高压部件的电能输送关系。

☞ 技能目标
1. 能够结合查阅各类资料,规范维护辅助蓄电池和高压部件；
2. 能够结合维护工单,正确维护纯电动汽车冷却系统和空调系统。

☞ 素养目标
检查高压部件前执行高压断电标准流程,树立生命安全意识。

建议完成本学习任务为 12 学时。

二　内容结构

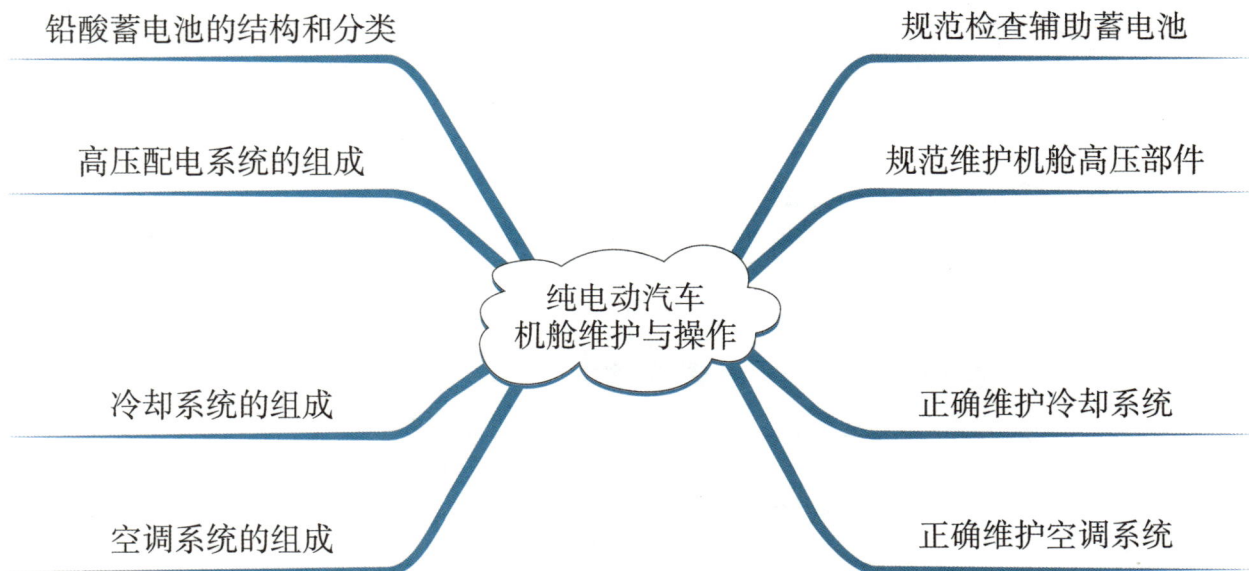

铅酸蓄电池的结构和分类

规范检查辅助蓄电池

高压配电系统的组成

规范维护机舱高压部件

纯电动汽车
机舱维护与操作

冷却系统的组成

正确维护冷却系统

空调系统的组成

正确维护空调系统

三　明确任务

车辆进厂进行定期维护,需要对纯电动汽车机舱各系统包括高压部件进行维护。

为完成本学习任务,需要结合知识手册,先集中学习铅酸蓄电池的结构和分类、高压配电系统的组成和电能输送关系,以及纯电动汽车冷却系统和空调系统等知识,然后小组合作讨论制订维护计划,接下来参照维护工单、维修手册,在实车上规范进行纯电动汽车前机舱维护。

四 获取信息

> **引导文1** 新能源汽车上分别设有高压电源——动力蓄电池包,低压电源——辅助蓄电池,辅助蓄电池通常采用什么电池?

辅助蓄电池为低压系统存储电能,其能量来自_____。辅助蓄电池为车辆车灯、车窗、喇叭等附属电气设备提供电源,同时保障_____的供电。辅助蓄电池通常采用_____,电压为_____,主要由_____、_____、外壳、加注口盖、_____等组成。

铅酸蓄电池主要有普通铅酸蓄电池和_____。起停蓄电池属于免维护蓄电池,其主要满足汽车起停系统的需要,主要包括_____(吸附式玻璃纤维隔板电池)和_____(增强型富液电池)。

> **引导文2** 纯电动汽车机舱布置有哪些高压部件?电能是如何在彼此间输送的?请对照图6-1进行连线。

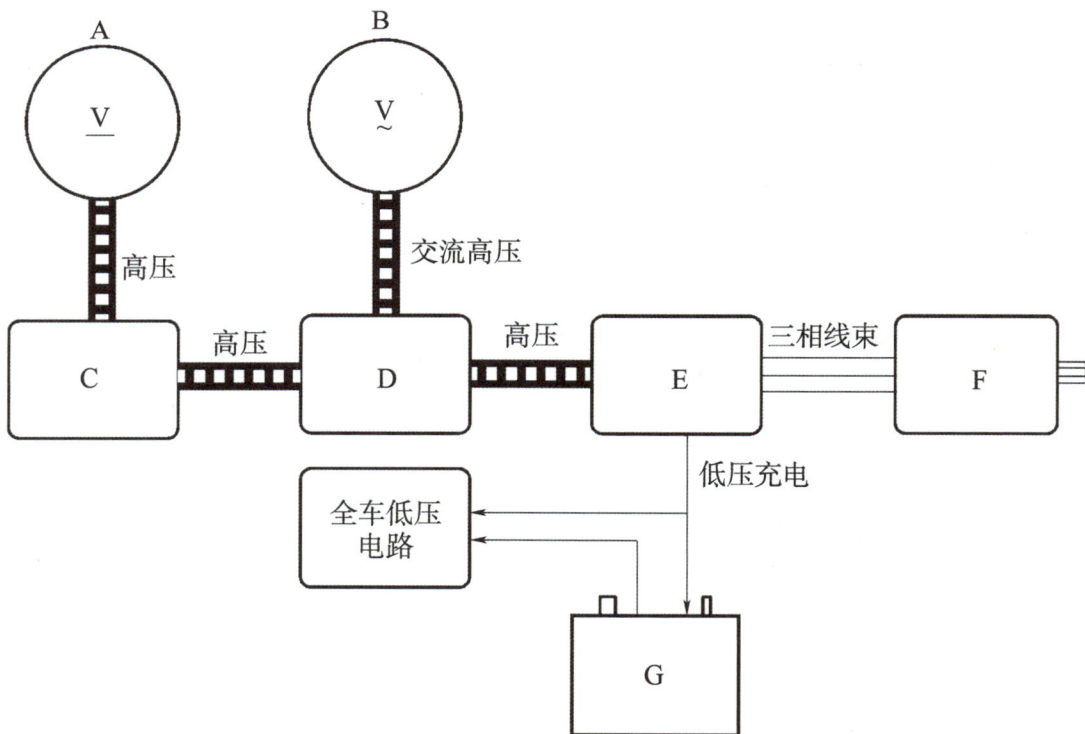

图6-1 吉利帝豪 EV450 车型高压配电系统

A	动力蓄电池
B	辅助蓄电池
C	驱动电机
D	电机控制器
E	交流充电接口
F	直流充电接口
G	车载充电机

> **引导文3** 纯电动汽车的高压部件工作时会产生热量,因此,需配备专门的冷却系统。汽车空调系统保障无论车辆外部天气状况如何都可以给乘客室提供舒适的乘坐环境。

纯电动汽车的高压部件冷却系统通常设计有_____冷却系统和_____冷却系统。混合动力电动汽车的动力部件一般设置三个独立的冷却系统,分别是_____冷却系统、_____冷却系统、_____动力蓄电池冷却系统。

空调系统按工作模式可分为手动空调和_____,主要由_____系统、_____系统、_____系统、模式温度控制系统等组成。新能源汽车空调制冷系统采用_____压缩机,使用具有高水平_____性能的压缩机机油(ND-OIL 11),不可使用其他类型的压缩机机油。

五 计划与决策

> **引导文4** 参考各种学习资料,进行小组讨论,制订纯电动汽车前舱维护计划,并讨论确定最佳工作流程,必要时请求教师帮助。

1.操作流程

确定纯电动汽车前舱的检查项目及其检查内容。请在下面提供的选项中选取正确选项,并排序,有必要时还可以增加步骤。

_____

_____

A.检查辅助蓄电池	B.检查动力蓄电池
C.检查低压线束	D.检查高压线束
E.检查高压总成	F.检查高压系统绝缘性
G.执行高压断电标准流程	H.检查外观
I.检查固定情况	J.检查电压
K.检查电流	L.检查电阻
M.检查性能	N.检查高压管理系统故障码

学习任务 6

2.工具和材料准备

工具：_____

材料：_____

3.安全注意事项

(1)防止电解液接触皮肤、腐蚀车辆;操作电解液、冷却液时须佩戴护目镜。

(2)严禁在未进行高压禁电程序时进行部件开盖、断开高压线束等操作。

(3)机舱内的冷却风扇存在启动伤人风险,保持手、衣服、工具远离电动风扇。

(4)严禁在高温时直接打开散热器盖。

(5)应在通风良好的环境中进行制冷剂相关作业,不要吸入制冷剂蒸气。

(6)检查制冷剂时,佩戴护目镜、涂胶手套防止制冷剂飞溅眼睛、冻伤皮肤。

4.小组分工

请对小组成员进行分工,比如按组长、操作员、记录员、安全员等角色分工,或者按具体任务分工。

_____

_____

5.明确任务时间

教师发布的任务完成时间:_____ min。

六 任务实施

引导文5 按照制订的工作计划,规范地检查辅助蓄电池。操作检查正常打√,不正常打×。具体任务实施见表6-1。

任务实施表 　　　　　　　　　　　　　　　　　　表6-1

步骤	操作记录与思考
1.检查蓄电池外壳□	(1)填写蓄电池外壳检查表。 **蓄电池外壳检查表** （见下表） (2)普通铅酸蓄电池液位偏低,应添加(　　)。 　A.自来水　　B.蒸馏水　　C.稀硫酸　　D.浓硫酸

蓄电池外壳检查表

鼓包	裂纹	电解液渗漏	普通铅酸蓄电池		免维护蓄电池
			液位	加注口塞	观察孔
□有 □无	□有 □无	□有 □无	□某格过低 □全部过低 □正常	□损坏 □阻塞 □正常	颜色:_____ 含义:_____
维修意见:□正常　　□维修　　□更换					

续上表

步骤	操作记录与思考
2. 检查蓄电池极柱及固定支架□	填写蓄电池极柱及固定支架检查表。 **蓄电池极柱及固定支架检查表** 蓄电池极柱：□腐蚀 □损坏 □导线连接松动 □正常 蓄电池固定支架：□松动 □正常 维修意见：□正常　□维修　□更换
3. 检查电量状态及性能□	填写蓄电池电量状态及性能检查表。 **蓄电池电量状态及性能检查表** 蓄电池静态电压（IG-OFF 状态下测量）：标准值:_____ 实测值:_____ 蓄电池充电电压（READY ON 状态下测量）：标准值:_____ 实测值:_____ 蓄电池检测仪测试结果：□GOOD BATTERY □GOOD RECHARGE □CHARGE&RETEST □REPLACE BATTERY □BAD CELL REPLACE 含义:_____ 维修意见：□正常　□维修　□更换
4. 测量电解液密度□	(1) 使用_____测量蓄电池电解液相对密度,填写电解液相对密度检查表。 **电解液相对密度检查表** 充满电时的相对密度:_____ 实测值:_____ 维修意见：□正常　□对辅助蓄电池充电　□更换_____ (2) _____吸管和密度计,擦干后放回;清洁电解液的抹布或纸巾有_____,需及时归类进行丢弃
5. 必要时,更换辅助蓄电池□	(1) 每当连接或断开辅助蓄电池电缆、蓄电池充电器、或跨接电缆时,务必将启动开关电源模式置于_____状态,否则会导致控制模块或其他电气部件损坏。 (2) 断开辅助蓄电池负极端子电缆时,时钟设置、收音机设置、音响系统的存储内容、DTC(故障诊断码)和其他数据都将被_____,应在断开电缆前_____必要的数据。 (3) 在拆卸蓄电池端子时,其顺序为先拆卸负极、再拆卸正极,试着解释其原因:_____

学习任务6

引导文6 查阅资料,从实训车辆中,查找各高压部件及连接关系。

(1)从实训车辆中,查找出以下高压部件,并完成勾选。

□车载充电机　　　□直流母线　　　　□直流充电接口　　　□交流充电接口
□驱动电机　　　　□电机控制器　　　□电动空调压缩机　　□PTC加热器

(2)对照维修手册车载充电机分线盒、电机控制器高压线路连接图,如图6-2、图6-3所示,从实训车辆中正确识别各连接线束、管路,并填写表6-2。

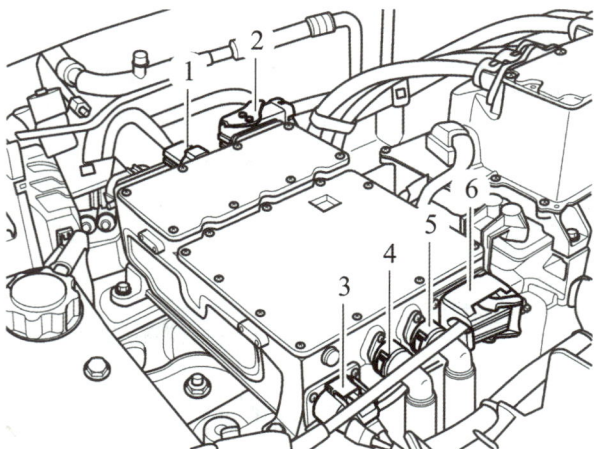

图6-2　车载充电机分线盒高压线路连接

图6-3　电机控制器高压线路连接

车载充电机与电机控制器线束、管路连接确认　　　　　　　　表6-2

部件	编号	名称	所连接部件	分类
车载充电机	1	高压线束	加热器	高压线束
	2			
	3			
	4	水管	驱动电机	冷却管路
	5			
	6	控制线束	整车控制器	低压线束
电机控制器	2	电机三相线束	驱动电机	高压线束
	4			

引导文7 按照制订的工作计划,规范地维护纯电动汽车机舱高压部件。操作检查正常打√,不正常打×。具体任务实施见表6-3。

任务实施表　　　　　　　　　　　　　　　　　　　　　　表6-3

步骤	操作记录与思考
1.查看维修手册,明确"电动车修理安全须知与措施"□	□查阅维修手册,明确警告信息; □明确安全须知; □明确安全措施; □明确纯电动汽车安全操作; □设置隔离栏和警示牌,标明正在维修高压、禁止连接12V蓄电池; □检查绝缘手套、护目镜和安全帽; □穿戴绝缘鞋(进入工位前提前穿戴好)
2.车辆维修安全(标准断电)□	□断开蓄电池负极电缆; □等待5 min; □向上推动直流母线插头卡扣保险; □拆卸直流母线连接充电机端插件; □戴绝缘手套用万用表测量直流母线正负极电压低于1V; □确认高压回路切断: 电机控制器 HV + 与 HV- 之间电压,实测值:_____ **思政小课堂:**树立生命安全意识 　　行业规定,安全电压为直流不高于60V,交流不高于30V,安全电流为不超过10mA。100mA 的电流通过人体时,可使人致死。新能源汽车的电压一般在 300～1000V 之间,远超安全电压。新能源汽车高压断电标准流程,事关生命安全,是维修技师必须遵守的工作准则
3.记录车辆参数□	从车辆铭牌上,查找车辆参数并记录: 车辆型号:_____　　车辆识别码:_____ 电机型号:_____　　蓄电池容量:_____ 工作电压:_____　　里程表读数:_____ 铭牌样例,如图6-4、图6-5所示。  图6-4　铭牌样例一

学习任务6

续上表

步骤	操作记录与思考
3. 记录车辆参数□	图 6-5 铭牌样例二

铭牌内容：

GEELY	精进电动科技股份有限公司	
①	额定功率 42 kW	额定电压 336 V
② TZ220 XS503	额定转矩 105 Nm	峰值功率 120 kW
③ 100802	峰值转速 12000r/min	峰值转矩 250 N·m
④ 06633663	绝缘等级 H	冷却方式 水冷
	相 数 3相	质 量 55 kg
	防护等级 IP67	工作制 S9
	出厂编号	
	永磁同步电机	

4. 检查车载充电机分线盒□

填写车载充电机分线盒检查表。

车载充电机分线盒检查表

变形	水、灰尘等异物	固定支架松动
□有 □无	□有 □无	□有 □无
维修意见：□正常　□维修　□更换　□紧固,力矩_____		

5. 检查电机控制器□

填写电机控制器检查表。

电机控制器检查表

变形	水、灰尘等异物	固定支架松动
□有 □无	□有 □无	□有 □无
维修意见：□正常　□维修　□更换　□紧固,力矩_____		

6. 检查高压线束□

(1)所有高压线缆的颜色均为_____。

(2)车辆上电时不要触碰高压电缆和部件。高压线束插接件拔出后应立即用_____包裹。

(3)填写高压线束检查表。

高压线束检查表

外壳破损	插接件松动	固定卡箍脱落	异物或脏污
□有 □无	□有 □无	□有 □无	□有 □无
维修意见：□正常　□维修　□更换			

(4)是否可以使用高压水枪对机舱进行冲洗？_____

续上表

步骤	操作记录与思考
7.检查低压线束□	填写低压线束检查表。 **低压线束检查表** （见下表）

低压线束检查表

外壳破损	插接件松动	固定卡箍脱落	异物或脏污
□有	□有	□有	□有
□无	□无	□无	□无
维修意见:□正常　　□维修　　□更换			

8.检测高压系统绝缘电阻□

检查整车绝缘电阻监测系统,绝缘电阻系统无报警,如存在异常情况,按高压系统绝缘电阻检测表、三相线束绝缘电阻检测表进行绝缘电阻检测并记录检测结果。

高压系统绝缘电阻检测表

连接器接地端子 导通性检测	车载充电机输出端 绝缘性检测	电机控制器电机输出端 绝缘性检测
车载充电机: 标准值:_____ 实测值:_____ 电机控制器: 标准值:_____ 实测值:_____ 暖风加热器: 标准值:_____ 实测值:_____ 电动压缩机: 标准值:_____ 实测值:_____	HV + 对充电机壳体: 标准值:_____ 实测值:_____ HV − 对充电机壳体: 标准值:_____ 实测值:_____	U 相端子对电机壳体: 标准值:_____ 实测值:_____ V 相端子对电机壳体: 标准值:_____ 实测值:_____ W 相端子对电机壳体: 标准值:_____ 实测值:_____
维修意见:□正常　　□维修_____　　□更换_____		

三相线束绝缘电阻检测表

电机三相线束短路检测	电机三相线束断路检测	三相线束对地短路检测
U 相端子与 V 相端子之间: 标准值:_____ 实测值:_____ U 相端子与 W 相端子之间: 标准值:_____ 实测值:_____ V 相端子与 W 相端子之间: 标准值:_____ 实测值:_____	U 相线束两端之间: 标准值:_____ 实测值:_____ V 相线束两端之间: 标准值:_____ 实测值:_____ W 相线束两端之间: 标准值:_____ 实测值:_____	U 相端子与车身接地之间: 标准值:_____ 实测值:_____ V 相端子与车身接地之间: 标准值:_____ 实测值:_____ W 相端子与车身接地之间: 标准值:_____ 实测值:_____
维修意见:□正常　　□维修_____　　□更换_____ □紧固,力矩_____		

学习任务6

步骤	操作记录与思考
8. 检测高压系统绝缘电阻 □	小提示: 常见的高压插接件有两种类型,如图6-6所示,其都具有双重锁止功能,在插接时应注意"一插、二响、三确认"。 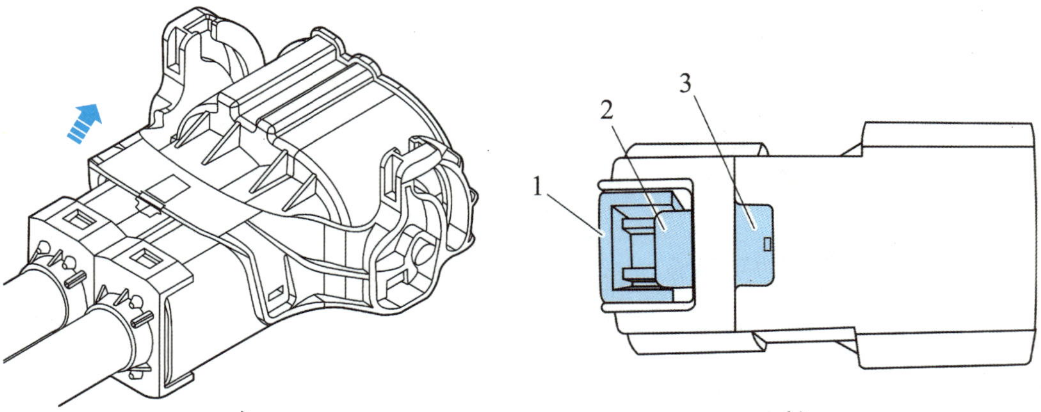 a) b) 图6-6　高压插接件 图6-6a)所示的高压插接件拔出方法:用手或螺丝刀轻撬助力手柄锁扣;将助力手柄脱出锁头,然后缓慢向上抬高助力手柄,接插件会慢慢退出。 图6-6b)所示的高压插接件拔出方法:拔出红色锁扣1;按住橙色锁扣2,向外拔出插头一半;按住绿色锁3,拔出插头
9. 检查高压管理系统(VCU、PEU、BMS)故障码 □	连接维修开关与蓄电池负极,连接诊断仪,读取车辆动力系统故障诊断信息,确认无故障代码

> **引导文8**　查阅资料,对照实车确认冷却系统部件及冷却液管路连接。

(1)对照维修手册确认冷却系统各部件的位置与名称,如图6-7所示,从实训车辆中正确识别各部件位置并完成勾选。

□膨胀罐　□热交换器　□车载充电机　□驱动电机　□驱动水泵(动力蓄电池)
□三通蓄电池阀　□驱动水泵(电机)　□散热器　□散热风扇总成

(2)对照维修手册确认冷却系统各管路的位置与名称,从实训车辆中正确识别各管路位置并完成勾选。

□膨胀罐通气软管　　　□膨胀罐加水软管　　　□车载充电机进水管
□车载充电机出水管　　□驱动电机进水管　　　□驱动电机出水管
□热交换器进水管　　　□热交换器出水管　　　□散热器进水管
□散热器出水管　　　　□驱动水泵(电机)进水管　□驱动水泵(电机)出水管
□驱动水泵(蓄电池)进水管　　□驱动水泵(蓄电池)出水管

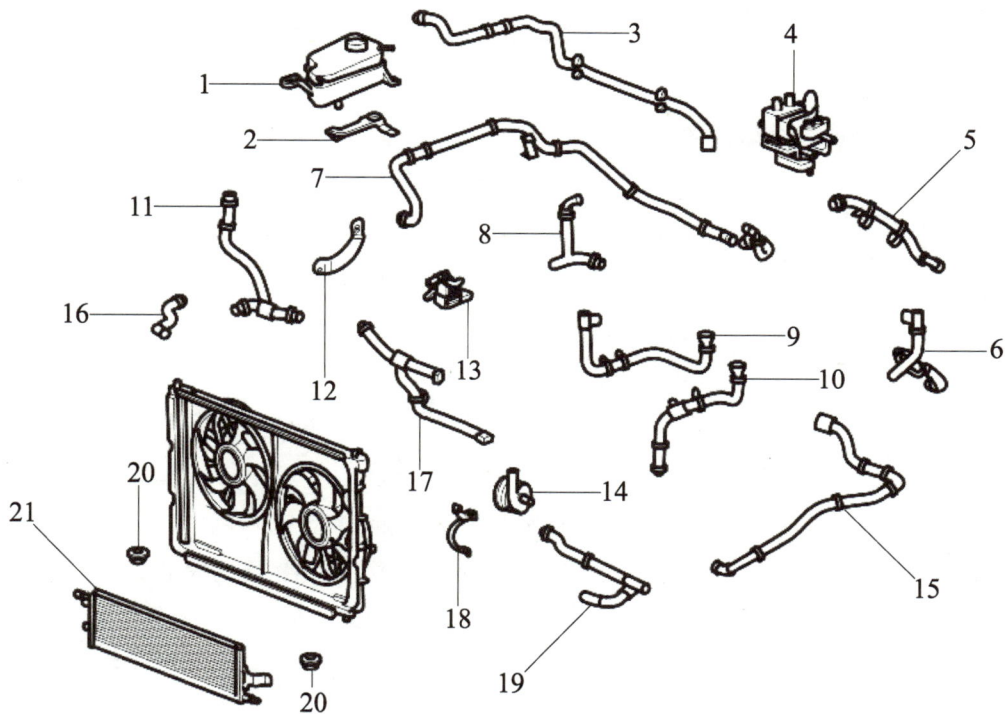

图 6-7 冷却系统部件管路分解图

1-膨胀罐;2-膨胀罐安装支架;3-通气软管;4-热交换器;5-动力蓄电池进水管;6-动力蓄电池出水管;7-热交换器出水管;8-车载充电机进水管;9-驱动电机进水管;10-驱动电机出水管;11-膨胀罐加水软管;12-三通电磁阀支架;13-三通电磁阀;14-水泵;15-热交换器进水管;16-散热器进水管;17-水泵出水管;18-水泵支架;19-散热器出水管;20-风扇总成垫块;21-散热器

（3）进行实训车辆的电机冷却系统、动力蓄电池冷却系统管路统计,并填写表6-4。

电机冷却系统、动力蓄电池冷却系统管路统计　　　　　　　　　表6-4

归属	数量（条）
电机驱动冷却系统	
动力蓄电池冷却系统	
两系统过渡管路	

引导文9 按照维护作业表,正确维护纯电动汽车冷却系统。操作检查正常打√,不正常打×。具体任务实施见表6-5。

任务实施表　　　　　　　　　表6-5

步骤	操作记录与思考
1. 检查冷却系统液位□	（1）冷却液液位须在车辆_____后检查。 （2）使用工作灯或手电筒照明,确认冷却液液位是否在_____和_____刻度之间。 （3）如果冷却液液位过低,可能是什么原因造成的? _____

步骤	操作记录与思考
2.检查冷却管路□	（1）填写冷却管路检查表。 **冷却管路检查表** （2）若冷却液液位下降明显,且无法通过目视检查出有泄漏痕迹,可采用_____对系统进行加压,然后观察是否有泄漏,压力是否_____。包括_____压力测试和_____压力测试 **小提示：** 注意,检查时不要靠近散热风扇,以防风扇意外启动

冷却管路检查表

卡箍安装正确	软管固定夹、扣松动脱落	接头泄漏	水管老化、裂纹	水管硬化、凸起
□是 □否	□有 □无	□有 □无	□有 □无	□有 □无
维修意见:□正常　　□维修　　□更换				

步骤	操作记录与思考
3.检查散热器□	填写散热器检查表。

散热器检查表

散热器脏污	散热器变形	散热器泄漏	散热风扇变形
□有 □无	□有 □无	□有 □无	□有 □无
维修意见:□正常　　□维修　　□清洁散热器　　□更换			

步骤	操作记录与思考
4.检测冷却液冰点□	使用冰点仪检测冷却液冰点为:_____ **小提示：** 注意,严禁在未释放压力时,就即刻打开冷却液储液罐盖,这样可能会被溅出的高温冷却液或高温高压蒸气烫伤
5.视情更换冷却液□	查阅车辆维修手册,更换冷却液的周期为:_____

引导文 10　查阅资料,对照实车确认空调系统组件及管路连接。

（1）对照维修手册确认冷却系统各部件的位置与名称,如图6-8所示,从实训车辆中正确识别各部件位置并完成勾选。

□冷凝器　　□电动压缩机　　□压缩机高压线束　　□压缩机吸气管
□压缩机排气管　　□PTC加热器　　□热交换器高低压管总成　　□热交换集成模块
□空调箱主机　　□膨胀阀　　□空调滤芯　　□电动水泵　　□鼓风机　　□冷却风扇

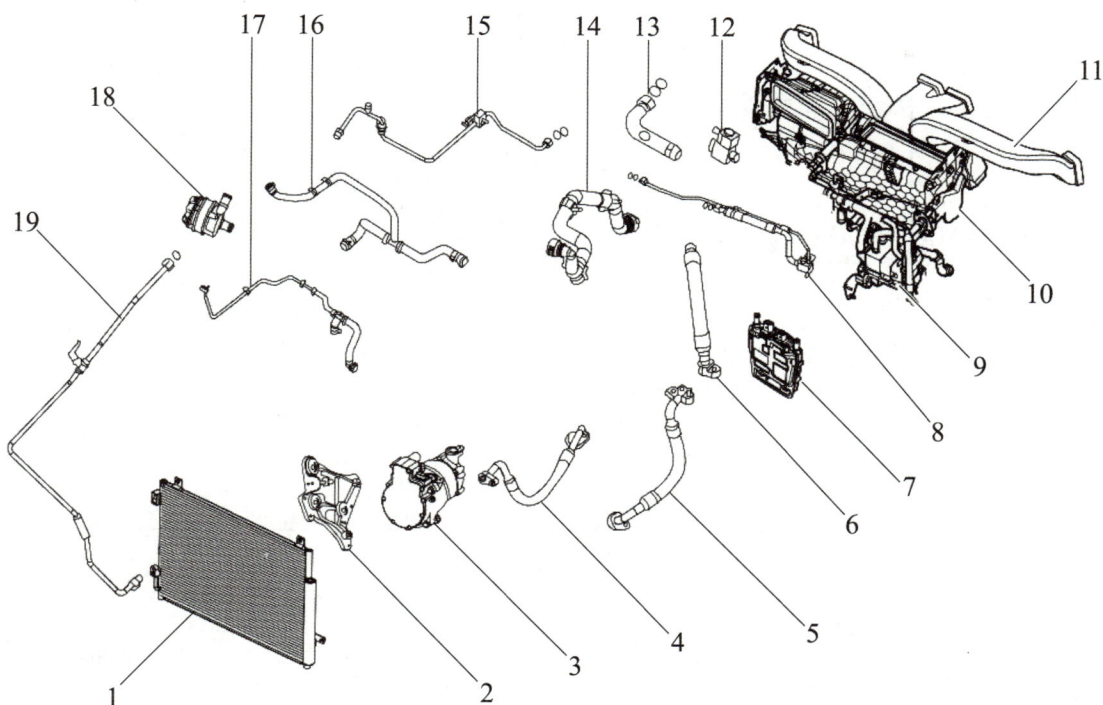

图 6-8 空调系统部件管路分解图

1-冷凝器;2-压缩机;3-空调压缩机安装支架;4-压缩机排气软管总成;5-压缩机吸气软件总成;6-空调连接管(低压);7-PTC 加热器;8-热交换器高低压管总成;9-热交换集成模块;10-空调箱主机总成压缩机吸气管;11-空调上部出风管;12-制冷管路电磁阀;13-空调低压管总成;14-动力蓄电池出水管;15-空调高压管总成;16-热交换器总成出水管(热管理);17-热交换器总成进水管(热管理);18-电动水泵;19-空调高压管总成

(2)对照维修手册确认空调系统各管路的位置与名称,如图 6-8 所示,从实训车辆中正确识别各管路位置并完成勾选。

□空调连接管(低压)　　　□空调连接管(高压)　　　□热交换器出水管
□热交换器进水管　　　　□热交换器制冷低压管路　□热交换器制冷高压管路
□PTC 加热器进水管　　　□PTC 加热器出水管

(3)新能源汽车空调系统可以用以辅助_____的冷却与加热。通过空调制冷系统带走蓄电池冷却液的热量,其中_____用于冷却液散热,其作用类似集成蒸发器的散热器装置;_____对冷却液加热,可以在低温时对动力蓄电池进行加热。

> **引导文 11**　按照维护作业表,正确维护新能源汽车空调系统。操作检查正常打√,不正常打×。具体任务实施见表 6-6。

任务实施表　　　　　　　　　　　　　　　　　　　表 6-6

步骤	操作记录与思考
1.检查空调 AC 运行状况及制冷、暖风效果□	填写空调制冷和加热检查表。

步骤	操作记录与思考
1.检查空调AC运行状况及制冷、暖风效果□	**空调制冷和加热检查表** AC开关指示灯：□正常 □异常　制冷效果：□正常 □异常　暖风指示灯：□正常 □异常　暖风效果：□正常 □异常　暖风调节效果：□正常 □异常 维修意见：□正常　□维修　□更换
2.检查空调送风模式、风速调节□	(1)检查各送风模式所有出风口出风是否正常,并填写空调送风检查表。 **空调送风检查表** 吹面模式：□正常 □异常　脚部模式：□正常 □异常　除霜模式：□正常 □异常　双向模式(吹面和吹脚)：□正常 □异常　混合模式(吹脚和除霜)：□正常 □异常　鼓风机风速调节：□正常 □异常　非正常风噪：□无 □有 维修意见：□正常　□维修　□更换 (2)为什么后除霜功能必须要在车辆上高压电后才能工作? 前、后除霜的方式有何异同? _____ _____
3.检查冷凝器、散热风扇□	(1)填写空调冷凝器检查表。 **空调冷凝器检查表** 冷凝器变形：□有 □无　冷凝器泄漏：□有 □无　冷凝器脏污：□有 □无 维修意见：□正常　□维修　□更换 (2)打开空调AC开关,检查散热风扇是否运转,运转有无异响
4.清洁或更换空调滤清器芯□	(1)根据维护计划,定期检查、更换空调滤清器。如果车辆在多尘地区或交通繁忙地区行驶,建议_____空调滤清器更换周期。 (2)如果出风口的气流明显减弱,可能是空调滤清器被_____。 (3)清洁空调滤芯,需按照_____方向吹风;一些新材料的配件不允许使用高压压缩空气进行清洁,其会破坏滤芯内部结构。 (4)确认空调滤芯方向,如图6-9中箭头所示,按方向正确安装空调滤芯。

续上表

步骤	操作记录与思考
4.清洁或更换空调滤清器芯□	 图6-9　空调滤芯

七　检查控制

引导文 12　请对照竣工质检表(表6-7)、过程检验表(表6-8),进行任务实施情况的检查与控制。

竣工质检表(总分20分)　　　　　　　　　　　　　表6-7

项目	质量标准	得分	备注
质检点 1	辅助蓄电池导线连接无松动,固定支架无松动	□4 □3 □2 □1 □0	
质检点 2	高压绝缘电阻检测表正确记录	□4 □3 □2 □1 □0	
质检点 3	高压线束、低压线束正确插接和固定	□4 □3 □2 □1 □0	
质检点 4	冷却系统液位正常,无泄漏	□4 □3 □2 □1 □0	
质检点 5	空调制冷、加热、送风正常	□4 □3 □2 □1 □0	
竣工质检得分:	考核员签名:	日期:	

过程检验表(总分100分)　　　　　　　　　　　　表6-8

项目	质量标准	分值	扣分	备注
工作准备 (4分)	使用个人防护用品或衣着适当,使用车辆防护用品;查阅维修手册;清理整理工作场地,准备工具设备等	1分/项		
工作安全 (6分)	高压断电标准流程;其他工作安全事项	3分/项		
工单填写 (10分)	正确、完整填写完成作业单	1分/项		

续上表

项目	质量标准	分值	扣分	备注
操作规范（80分）	检查普通铅酸蓄电池液位时使用手电筒	2分		
	检查普通铅酸电池电解液时佩戴护目镜	2分		
	按力矩紧固蓄电池极柱导线、固定支架螺栓	2分/项		
	使用冰点仪时正确调零	2分		
	清洗吸管和比重计,擦干后放回	2分		
	检查纯电动汽车动力舱高压部件无漏项	2分/项,最多扣8分		
	高压线束插接件拔出后立即用绝缘胶布包裹	2分/项,最多扣8分		
	正确插拔高压插接件	2分/项,最多扣8分		
	正确测量绝缘电阻	2分/项,最多扣8分		
	检查冷却液液位时,视线与液面平齐	2分		
	完整检查冷却系统管路,无遗漏	2分/项,最多扣8分		
	完整检查空调系统,无漏项	2分/项,最多扣8分		
	按正确方向安装空调滤芯	2分		

过程检验得分：　　　　考核员签名：　　　　日期：

根据竣工质检表和过程检验表的得分,如有扣分情况,请分析原因并进行改善。

扣分原因为：_____

改善措施为：_____

八 评价与反馈

（一）学习目标达成度自我检查（表6-9）

学习目标达成度自我检查表　　表6-9

序号	学习目标	达成情况（在相应的选项后打"√"）		
		能	不能	不能是什么原因
1	能够叙述铅酸蓄电池的结构和分类			

续上表

序号	学习目标	达成情况(在相应的选项后打"√")		
		能	不能	不能是什么原因
2	能够解释纯电动汽车高压部件的电能输送关系			
3	能够结合查阅各类资料,规范维护辅助蓄电池和高压部件			
4	能够结合维护工单,正确维护纯电动汽车冷却系统和空调系统			
5	检查高压部件前执行高压断电标准流程,树立生命安全意识			

(二)学习行为评价(表6-10)

学习行为评价表　　　　　　　　　　　表6-10

序号	行为表现	评分(5—4—3—2—1)	
		学生评分	教师评分
1	认真填写行动手册,认真查阅知识手册		
2	主动参与场地整理、整洁、清洁工作		
3	爱护车辆或教学设备、维修资料		
4	积极参与组内活动能进行课前预习和课后复习		
5	能进行课前预习和课后复习		
其他	请列举上述未包含的正面行为: 请列举上述未包含的负面行为: 对负面行为的改进措施:		

(三)课后自测

1. 判断题

(1)蓄电池静态电压和充电电压不同。　　　　　　　　　　　　　　　　(　　)

(2)新能源汽车空调系统压缩机及压缩机油与传统动力汽车相同。　　　　(　　)

(3)高压插接件具有双重锁止功能。　　　　　　　　　　　　　　　　　(　　)

2. 选择题

(1)(多选)铅酸蓄电池由(　　　)组成。

学习任务6

A.正负极板　　　　B.电解液　　　　C.外壳　　　　D.加注口盖

E.正负接线柱

(2)(多选)需配备冷却系统进行冷却的高压部件包括(　　　)。

A.动力蓄电池　　　B.驱动电机　　　C.电机控制器　　　D.车载充电机

E.高压电动压缩机

(3)(多选)下列叙述中,正确的有(　　　)。

A.检查铅酸蓄电池电解液或制冷剂时均需佩戴护目镜,后者还需佩戴涂胶手套

B.严禁在未进行高压禁电程序时进行部件开盖、断开高压线束等操作

C.散热风扇可能意外自行启动

D.严禁在未释放压力时,就即刻打开冷却液储液罐盖

3.分析题

空调制冷效果往往为主观判断,当客户反映空调制冷效果不如往常时,作为维修技师应当如何应对?

学习任务7 插电式混合动力电动汽车发动机机舱检查与维护

一 学习目标

☞ **知识目标**

1. 能够解释插电式混合动力电动汽车的工作原理；
2. 能够解释车间维修基本工作程序。

☞ **技能目标**

1. 能够结合查阅各类资料，规范维护插电式混合动力电动汽车发动机；
2. 能够通过小组合作，正确进行节气门清洗、尾气排放测试。

☞ **素养目标**

在清洗节气门过程中，树立起环保意识和节约意识。

建议完成本学习任务为 8 学时。

二 内容结构

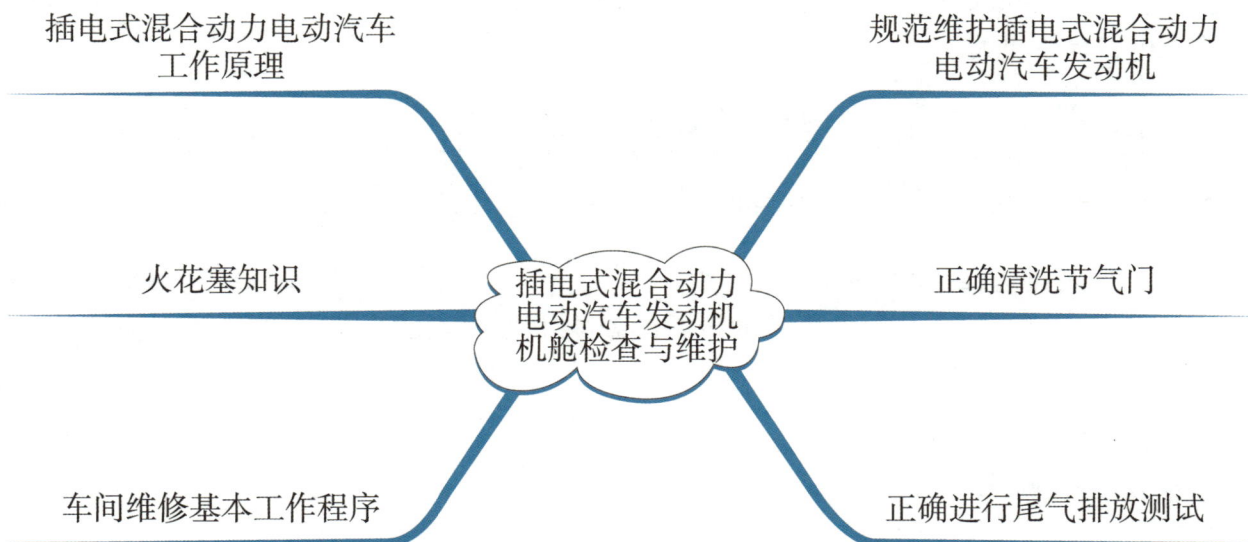

三 明确任务

插电式混合动力电动汽车发动机舱部件的检查维护，如高压部件、空调系统、冷却系统、蓄电池等与纯电动汽车检查维护作业要求一致，因此，本学习任务着重对插电式混合动力电动汽车发动机这一独特系统开展维护与检查。

为完成本学习任务,需要结合知识手册,先集中学习混合动力电动汽车的类型、插电式混合动力电动汽车的工作原理,以及发动机火花塞等知识,然后小组合作讨论制订维护计划,在实车上规范地维护插电式混合动力电动汽车发动机,并正确进行节气门清洗、尾气排放测试。最后进行角色扮演,完成车间维修基本工作程序。

四 获取信息

引导文 1 除了纯电动汽车,新能源汽车还有哪些类型?混合动力汽车的两种动力是怎样搭配组合的?

新能源汽车按动力类型,主要包括_____、_____和_____等类型,其英文简称分别是_____、_____和_____。

混合动力汽车根据两种动力的组合形式往往分为_____、_____和_____三种类型,其中串联式又常称为_____。

引导文 2 插电式混合动力电动汽车配有更大容量的动力蓄电池,并配备外接交流充电系统,其能根据不同工况选择最佳工作模式。

插电式混合动力电动汽车在起步、减速、倒车行驶等工况同_____一致;在定速巡航一般行驶工况,可根据驾驶人模式选择及其动力蓄电池电量状况,控制车辆处于_____行驶或者_____模式行驶状态;急加速状况下,动力蓄电池提供额外电能驱动电机提供更大_____性能。

引导文 3 火花塞是插电式混合动力电动汽车发动机经常需要检查维护的部件,火花塞颜色可以反映发动机工作情况的好坏。

正常的火花塞,绝缘体裙部颜色为_____;火花塞积炭,绝缘体、电极颜色为_____,被_____毛状的炭垢覆盖;被机油污染的火花塞,绝缘体、电极颜色为_____且_____。

五 计划与决策

引导文 4 参考各种学习资料,进行小组讨论,制订维护插电式混合动力电动汽车发动机计划,并讨论确定最佳工作流程,必要时请求教师帮助。

1.操作流程

确定维护插电式混合动力电动汽车发动机的主要操作步骤,通过小组讨论,细化明确这

些操作步骤,并记录:

(1) _____

(2) _____

(3) _____

(4) _____

(5) _____

(6) _____

(7) _____

(8) _____

补充: _____

2.工具和材料准备

工具: _____

材料: _____

3.安全注意事项

(1)禁止在未关闭点火开关、移出车钥匙情况下作业,防止车辆发动机起动。

(2)在清洁、清洗进气系统时,应防止异物掉入、吸入发动机。

(3)防止火花塞等配件掉地、掉落,避免造成损坏。

4.小组分工

请对小组成员进行分工,比如按组长、操作员、记录员、安全员等角色分工,或者按具体任务分工。

_____

_____

5.明确任务时间

教师发布的任务完成时间:_____ min。

六　任务实施

> **引导文5**　参照维修手册,从实训车辆中,查找各发动机机舱部件,并与纯电动车型进行比较。

(1)从实训车辆中,查找出发动机机舱内以下部件,如图7-1所示,并完成勾选。

□发动机　□电动压缩机　□压缩机高压线束　□发动机传动皮带

□发动机电动水泵　□发动机冷却液储液罐　□加热器冷却液储液罐

□带转换器的逆变器总成　□电机冷却系统储液罐　□制动液

□冷却风扇　□空气滤清器　□发动机ECM(电子控制模块)　□起动机　□高压线束

(2)实车确认,对照纯电动车型,列出实训插电式混合动力电动车型发动机机舱部件的增减,完成表7-1的填写。

学习任务7

图 7-1　卡罗拉双擎 E + 车型发动机舱布置

实训纯电动、插电式混合动力电动汽车发动机舱布置对照　　　　表 7-1

序号	相较于纯电动车型增加	相较于纯电动车型减少
1	发动机	车载充电机
2	发动机 ECM	
3	发动机冷却液	
4		
5		

引导文 6　按照制订的工作计划,规范地维护插电式混合动力电动汽车发动机。操作检查正常打√,不正常打×。具体任务实施见表 7-2。

任务实施表　　　　表 7-2

步骤	操作记录与思考
1. 查看维修手册,明确"发动机相关警告与注意事项"□	□查阅维修手册,明确警告信息; □点火开关处于"OFF"状态; □钥匙处于车辆检测区域外; □明确车辆安全操作; □设置隔离栏和警示牌; □检查绝缘手套、护目镜和安全帽; □穿戴绝缘鞋(进入工位前提前穿戴好)
2. 记录车辆参数□	从车辆铭牌上,查找车辆参数并记录: 车辆型号:_____　车辆识别码:_____ 发动机型号:_____　蓄电池容量:_____ 工作电压:_____　里程表读数:_____

续上表

步骤	操作记录与思考
3.检查火花塞□	(1)使用_____拆卸火花塞,拆卸后及时用_____盖住火花塞孔。 (2)使用_____测量火花塞间隙,量规与间隙间应有_____。 (3)填写火花塞检查表。

火花塞检查表

电极	螺纹	绝缘体	火花塞间隙
颜色:_____ □烧蚀 □积炭 □油污 □正常	□损坏 □正常	□破损 □电晕现象 □正常	标准值: 新火花塞_____ 旧火花塞_____ 实测值:_____
维修意见:□正常　□调整火花塞间隙 □更换火花塞,型号_____			

	(4)_____、_____火花塞间隙不能调整
	小提示: 在拆卸火花塞时,避免用手直接接触火花塞,以免烫伤,需佩戴手套。取出火花塞时应小心,防止落地损坏
4.清洁或更换火花塞□	(1)镍合金火花塞更换周期为_____km,铱金火花塞更换周期为_____km。 (2)清洁火花塞使用_____或_____;如果有机油痕迹,使用火花塞清洁剂之前用_____将其清除。 (3)按规定力矩紧固火花塞,紧固力矩:_____。 (4)进入维护模式进行复检,确认发动机运行平稳
5.清洁或更换空气滤清器芯□	(1)清洁空气滤清器壳体内部的正确做法是(　　　),可避免灰尘被吹入进气管。 　　A.用干净抹布擦拭 　　B.用压缩空气直接吹洗 (2)清洁滤芯时,压缩空气按(　　　)方向吹扫滤芯。 　　A.顺着进气方向　　　　　　B.逆着进气方向 (3)安装滤芯时,须确认滤芯的_____。 (4)进入维护模式进行复检,发动机运行平稳,检查进气管、真空管、曲轴通风管路的安装情况及有无破损、漏气
	小提示: 一些新材料的配件不允许使用高压压缩空气进行清洁,其会破坏滤芯内部结构;需遵照车型、配件使用说明予以清洁

学习任务7

引导文7 按照制订的工作计划,正确进行发动机常见的深度维护——节气门清洗、发动机综合性能检查及尾气排放测试。操作检查正常打√,不正常打×。具体任务实施见表7-3。

任务实施表 　　　　　　　　　　　　　　　　　　　表7-3

步骤	操作记录与思考
1.清洗节气门□	(1)用干净的抹布遮住_____。 (2)将化清剂喷在_____上进行清洁;不建议用清洗剂直接喷在节气门体上,这样可能将两端轴承的_____洗掉,造成卡滞或异响;橡胶密封圈禁用化清剂清洗,用_____擦拭。 (3)连接诊断仪,进行_____操作,查看发动机系统是否正常
	思政小课堂: 树立环保意识和节约意识 汽车维修过程中,需要大量使用各种清洁剂。维修技师应树立起环保意识和节约意识,正确选用有环保标志的节气门清洗剂等清洁剂,适量使用,减少资源浪费和环境污染
2.进行尾气排放测试□	(1)进入维护模式,持续运行发动机,使发动机充分_____。 (2)使测试程序进入_____及_____阶段。 (3)取样管插入深度大于_____。 (4)按下尾气分析仪的测量键,当计算机屏幕上的 CO_2 数值大于12%后,开始记录数值: 　CO _____、HC _____、CO_2 _____、O_2 _____、 λ _____ (5)待_____停止工作后,关闭尾气分析仪的电源

引导文8 合理的车间工作程序,是为更好地满足用户需求,超越用户期待。小组成员进行角色扮演,完成以下车间维修基本工作程序。操作检查正常打√,不正常打×。具体任务实施见表7-4。

任务实施表 　　　　　　　　　　　　　　　　　　　表7-4

步骤	操作记录与思考
1.预约□	(1)记录客户信息、车辆信息:_____ _____ (2)记录客户需求:_____ _____ (3)确定客户到店时间:_____ _____

续上表

步骤	操作记录与思考
2. 接待□	(1)准备:工具准备包含板夹、笔、_____。 (2)迎接客户:_____出迎、热情问候、初步了解需求、用语规范。 (3)车辆防护:安装 _____。 (4)环车检查:预检项目、六方位环车、邀请_____一同进行。 (5)问诊:进一步确认维修情况,提高一次性修复率、_____客户陈述、初步判断。 (6)项目确定:确定维修项目、_____维修费用、预计维修时间。 (7)制定工单:客户认可的前提、形成正式的合同、尽可能详细。 (8)签字确认:逐条给客户_____、确保客户理解。 (9)安排客户休息等待:确认客户去留、介绍客户休息区
3. 维修派工□	(1)安排维修技师、工位。 (2)根据_____进行维修
4. 领料□	(1)根据维修项目领取备件。 (2)检查备件_____、_____
5. 质检□	(1)根据维修项目表,_____确认维修项目完成,确保性能完好。 (2)将座椅位置、空调、音响恢复到客户初始设置的舒适状态。 (3)质检确认签字
6. 清洗车辆□	(1)对车辆进行清洗,车内吸尘。 (2)吹干车窗及门窗胶条,锁好门窗。 (3)将钥匙交由_____
7. 结算□	(1)向客户解说 _____。 (2)引导客户到收银台。 (3)客户结算,打印结算单。 (4)开立发票、放行条。 (5)送客户离店
8. 回访□	(1)_____回访客户,了解客户用车情况。 (2)解决客户问题,消除客户情绪。 (3)提醒客户定期到店_____

七　检查控制

引导文 9　请对照竣工质检表(表7-5)、过程检验表(表7-6),进行任务实施情况的检查与控制。

学习任务7

竣工质检表(总分 20 分)　　　　　　　　　　　表 7-5

项目	质量标准	得分	备注
质检点 1	清洁或更换火花塞后,发动机无抖动	□4 □3 □2 □1 □0	
质检点 2	清洁或更换空气滤清器芯后无漏气	□4 □3 □2 □1 □0	
质检点 3	清洗节气门后,完成节气门初始化操作	□4 □3 □2 □1 □0	
质检点 4	尾气排放测试,记录的数据准确可靠	□4 □3 □2 □1 □0	
质检点 5	车间维修基本工作程序熟悉演练	□4 □3 □2 □1 □0	
竣工质检得分:		考核员签名:　　　　　日期:	

过程检验表(总分 100 分)　　　　　　　　　　表 7-6

项目	质量标准	分值	扣分	备注
工作准备 (4 分)	使用个人防护用品或衣着适当,使用车辆防护用品;查阅维修手册;清理整理工作场地,准备工具设备等	1 分/项		
工作安全 (6 分)	正确操作举升机,安全举升车辆;给轮胎充气时,不能站立、倚靠在轮胎和车轮总成上;气动冲击扳手配合风动套筒使用;其他安全注意事项	3 分/项		
工单填写 (10 分)	正确、完整填写完成作业单	1 分/项		
操作规范 (80 分)	发动机舱内部件查找正确	2 分/项		
	拆卸火花塞后,及时用干净抹布盖住火花塞孔	2 分		
	佩戴手套取出火花塞	2 分		
	火花塞颜色正确识别	2 分/项,最多扣 8 分		
	火花塞间隙测量准确	2 分/项,最多扣 8 分		
	正确调整火花塞间隙	2 分/项,最多扣 8 分		
	按规定力矩紧固火花塞	2 分/项,最多扣 8 分		
	正确吹扫空气滤芯	2 分		
	按正确方向安装滤芯	2 分		
	正确使用清洗剂清洗节气门	2 分/项,最多扣 8 分		
	正确进行节气门初始化操作	2 分/项,最多扣 8 分		
	取样管插入深度大于 40cm	2 分		
	正确操作尾气分析仪	2 分/项,最多扣 8 分		
过程检验得分:		考核员签名:　　　　　日期:		

学习任务 7

根据竣工质检表和过程检验表的得分,如有扣分情况,请分析原因并进行改善。

扣分原因为:_____

改善措施为:_____

八　评价与反馈

(一)学习目标达成度自我检查(表7-7)

学习目标达成度自我检查表　　　　　　　　表7-7

序号	学习目标	达成情况(在相应的选项后打"√")		
		能	不能	不能是什么原因
1	能够解释插电式混合动力电动汽车工作原理			
2	能够解释车间维修基本工作程序			
3	能够结合查阅各类资料,规范维护插电式混合动力电动汽车发动机			
4	能够通过小组合作,正确进行节气门清洗、尾气排放测试			
5	在清洗节气门过程中,树立起环保意识和节约意识			

(二)学习行为评价(表7-8)

学习行为评价表　　　　　　　　表7-8

序号	行为表现	评分(5—4—3—2—1)	
		学生评分	教师评分
1	认真填写行动手册,认真查阅知识手册		
2	主动参与场地整理、整洁、清洁工作		
3	爱护车辆或教学设备、维修资料		
4	积极参与组内活动能进行课前预习和课后复习		
5	能进行课前预习和课后复习		
其他	请列举上述未包含的正面行为: 请列举上述未包含的负面行为: 对负面行为的改进措施:		

(三)课后自测

1. 判断题

(1)增程式混合动力电动汽车的发动机可以单独驱动汽车。　　　　　　　　(　　)

(2)在维护过程中若需起动发动机,则需进入维护模式。　　　　　　　　　(　　)

(3)应将大量清洗剂直接喷洗在节气门体上,以取得最佳清洁效果。　　　(　　)

2. 选择题

(1)(多选)插电式混合动力电动汽车可能处于电动行驶模式的是(　　　)。

　　A. 起步　　　　　　B. 减速、倒车　　　　　C. 定速巡航　　　　　D. 急加速

(2)(多选)车间维修基本工作程序是(　　　)。

　　A. 接待—派工—维修—质检—结算—回访

　　B. 接待—质检—派工—维修—结算—回访

　　C. 预约—接待—结算—派工—维修—质检—回访

　　D. 预约—接待—派工—维修—质检—结算—回访

3. 分析题

作为维修技师,当客户咨询纯电动汽车或混合动力电动汽车的维护是否与传统燃油汽车相同时,该如何给客户建议?

责任编辑：李　良
文字编辑：姚　旭
封面设计：诚达誉高

工作页是现代职业教育中学生的主要学习材料，是帮助学生实现有效学习的重要工具，其核心特征是：学会工作。**工作页**呈现源于典型工作任务的学习任务，通过体系化的引导问题，指导学生在完整的行动中进行理论实践一体化的学习，在培养专业能力的同时，帮助学生学习工作过程知识，促进关键能力和综合素质的提高。

　　行动手册是活页式的工作页，是活页式教材的主体，按照完整的行动模式设计的，以引导文为主线，引导学生经历完整的工作过程。**知识手册**是配合行动手册学习而设计的，包含系统性的理论知识和操作要领等内容，用来给学生在行动手册指引下开展学习时，提供学习信息获取支撑。

中等职业学校汽车类专业新课程教学用书

新能源汽车概论

新能源汽车动力总成构造与拆装

新能源汽车维护

新能源汽车驱动系统检修

新能源汽车动力蓄电池系统检修

汽车发动机构造与拆装工作页（第3版）

汽车底盘构造与拆装工作页（第3版）

汽车发动机机械维修工作页（第3版）

汽车发动机控制系统检测与维修工作页（第3版）

汽车发动机电器维修工作页（第3版）

汽车传动系统维修工作页（第3版）

汽车制动系统维修工作页（第3版）

汽车悬架与转向系统维修工作页（第3版）

汽车自动变速器维修工作页（第3版）

汽车车身电器维修工作页（第3版）

汽车空调系统维修工作页（第3版）

为首届全国教材建设奖获奖教材

为"十四五"职业教育国家规划教材

为教育部评定的"中等职业教育改革创新示范教材"

教学资源 & 教学交流

教师欲获取课件等教学资源，了解教材信息及进行教学交流，请加入"汽车中职教学研讨群"

QQ群（教师专用）：111799784
汽车中职教学研讨群

咨询电话：
（010）85285977

ISBN 978-7-114-18961-6

9 787114 189616 >

定价：58.00 元
（含行动手册＋知识手册）

中等职业学校汽车类专业新课程教学用书

Xinnengyuan Qiche Weihu

新能源汽车维护

Zhishi Shouce

（知识手册）

曾晖泽　张　发　主编

人民交通出版社股份有限公司

北　京

内 容 提 要

本书为中等职业学校汽车类专业新课程教学用书。本书分为行动手册与知识手册两部分。其中,行动手册有7个学习任务,包括新能源汽车定期维护准备、车辆室内外维护与操作、车辆底部维护与操作、车轮的检查与换位、制动器的维护与操作、纯电动汽车机舱维护与操作、插电式混合动力电动汽车发动机机舱检查与维护;知识手册有7个单元,包括新能源汽车定期维护准备、车辆室内外维护与操作、车辆底部维护与操作、车轮的检查与换位、制动器的维护与操作、纯电动汽车机舱维护与操作、插电式混合动力电动汽车发动机机舱检查与维护。

本书可作为职业院校汽车类专业的教学用书,也可作为职业技能的岗位培训和其他从事相关专业人员的参考书。

图书在版编目(CIP)数据

新能源汽车维护/曾晖泽,张发主编. —北京:
人民交通出版社股份有限公司,2024.1
　　ISBN 978-7-114-18961-6

　　Ⅰ.①新… Ⅱ.①曾… ②张… Ⅲ.①新能源—汽车
—车辆修理—中等专业学校—教材 Ⅳ.①U469.7

　　中国国家版本馆 CIP 数据核字(2023)第 160273 号

书　　名:**新能源汽车维护(知识手册)**
著 作 者:曾晖泽　张　发
责任编辑:李　良
责任校对:刘　芹
责任印制:刘高彤
出版发行:人民交通出版社股份有限公司
地　　址:(100011)北京市朝阳区安定门外外馆斜街3号
网　　址:http://www.ccpcl.com.cn
销售电话:(010)59757973
总 经 销:人民交通出版社股份有限公司发行部
经　　销:各地新华书店
印　　刷:北京市密东印刷有限公司
开　　本:880×1230　1/16
印　　张:14.5
字　　数:350千
版　　次:2024年1月　第1版
印　　次:2024年1月　第1次印刷
书　　号:ISBN 978-7-114-18961-6
定　　价:58.00元(含行动手册+知识手册)
(有印刷、装订质量问题的图书,由本公司负责调换)

前言

党的二十大报告指出,"推动能源清洁低碳高效利用,推进工业、建筑、交通等领域清洁低碳转型",发展新能源汽车是我国从汽车大国迈向汽车强国的必由之路,是应对气候变化、推动绿色发展的战略举措。我国已成为全球最大的新能源汽车生产和消费国,新能源汽车进入高质量发展的快车道,对技术技能人才的需求在质与量方面越发紧迫。教育部新增了新能源汽车运用与维修专业,并于2022年发布了专业简介。教材编写组依据专业简介关于专业培养目标定位和主要专业能力要求,并参考智能新能源汽车职业技能等级标准,编写了这套"中等职业学校汽车类专业新课程教学用书"。

该套教学用书依据行动导向的教学理念,采用原创的新形态活页式教材的编写体例,以当前主流新能源汽车的检测与维修为工作对象,以由生产任务转化而来的学习任务为教学内容,注重学生学习的主体性,重点培养学生的综合职业能力,是一套符合职业成长规律的工学结合课程教学用书。该套教学用书具有如下特点:

1. 贯彻行动导向的教学思想,结合全国技能大赛的指导思想,将理论教学与实践操作有机地结合起来,按照"简单到复杂,外围到核心,形象到抽象"的认知规律来排列学习内容,充分体现"做中学""做中教"。

2. 原创的新形态活页式教材体例,将教材分为"行动手册"和"知识手册"两部分。这种以"行动手册"为教材主体、"知识手册"辅助学习的新型编写方式,充分发挥了活页式教材灵活性特征:一是各学习任务独立完整,可灵活组合,方便教师依据教学实际情况处理教材;二是"行动手册"按照完整的行动模式设计的,以引导文为主线让学生经历完整的工作过程,给学生提供了主动学习的空间;三是"知识手册"给学生提供了必要的系统性知识和关键技能,帮助解决学习任务知识碎片化问题,还可减轻信息获取带来的学习压力。

3. 教材内容来源于生产实际,以我国新能源汽车销售市场主流轿车的维修技术为主线,涵盖了新能源汽车基本原理、新能源汽车构造与拆装、新能源汽车维护、新能源汽车驱动系统检修、新能源汽车动力蓄电池系统检修等内容,对接行业、企业标准,由浅入深,实用性强,技术先进。

4. 教材图文并茂,文字通俗易懂,学习目标明确,每个学习任务都配有量化的检查表和课后自测题,同时通过二维码配备微课视频,适合中职学生的学习习惯。

　　本书由曾晖泽、张发主编,刘明瑞、林根南、袁思达参编。其中,曾晖泽、张发、刘明瑞、袁思达编写"行动手册"学习任务1和"知识手册"单元1,曾晖泽编写"行动手册"学习任务4、5和"知识手册"单元4、5,张发编写"行动手册"学习任务6、7和"知识手册"单元6、7,刘明瑞编写"行动手册"学习任务2和"知识手册"单元2,林根南编写"行动手册"学习任务3和"知识手册"单元3,全书由曾晖泽、张发统稿。广州鸿用汽车销售服务有限公司袁思达、蔚来汽车销售服务有限公司唐晓聪等企业专家为本书的编写提供了生产案例和技术支持。

　　本书在编写过程中参考了大量的文献资料,在此向文献资料的作者致以诚挚的谢意。

　　由于教材编写组的编写工作是在不断地实践和理论学习过程中进行,书中难免有错误和不妥之处,恳请广大读者批评指正。

编　者

2023 年 8 月

目录

单元1 新能源汽车定期维护准备

1 汽车维护

1.1 汽车维护的意义

汽车由成千上万种零件所组成,使用一段时间后,会存在零件磨损,润滑油(脂)失效或滴漏,零件表面积存污垢,连接件松动,金属零件发生锈蚀、疲劳或变形,橡胶和塑料等非金属制件老化或受损等现象,这些都会使汽车技术状况变坏,工作性能降低。汽车维护的目的在于保持汽车外观整洁,延长零部件使用寿命,减少不应有的损失,如图1-1所示,其目的具体有:

(1)保持汽车性能技术状况良好,能保证随时出车,降低在运行中损坏的概率,提高运行效率和运行安全性。

(2)确保汽车各部件及总成的技术状况尽可能保持均衡,使能源、燃料、零件及轮胎处于最低消耗,延长汽车使用寿命,享受更为经济性用车和更为安全驾驶。

(3)尽可能降低噪声或尾气对环境的污染。

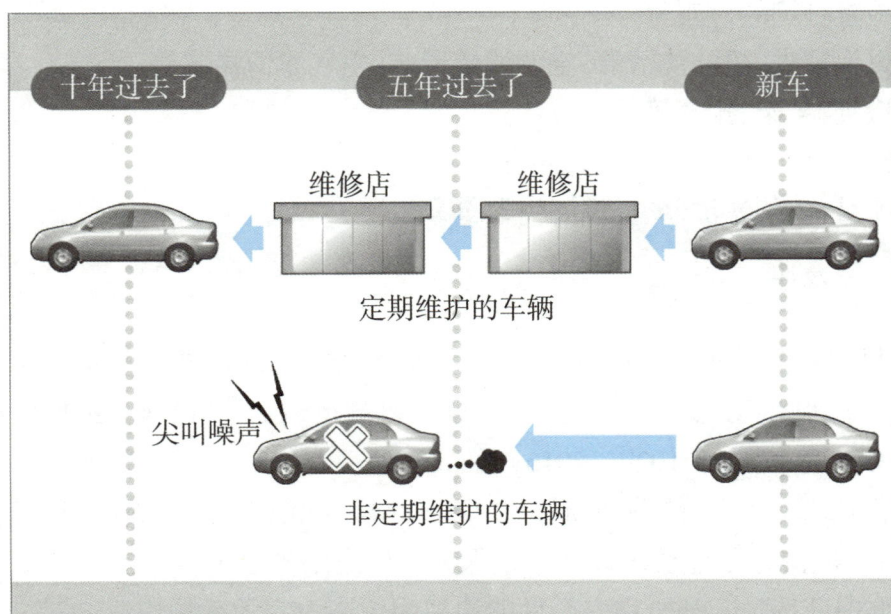

图1-1　汽车定期维护与非定期维护实例对比

我国现行汽车执行"七分养护,三分修理"的理念,汽车维护作业约占汽车维修企业日常工作任务的70%,汽车维护不仅关乎车辆安全、经济、可靠、舒适使用,对延长使用寿命、提高二手车残值、降低能源消耗、减少环境污染均十分必要。

1.2 定期维护的基本作业方法

定期维护时,维修技师主要检查保证车辆安全运行、正常使用、舒适驾乘所需要的功能。如图 1-2 所示,检查按下述方法进行。

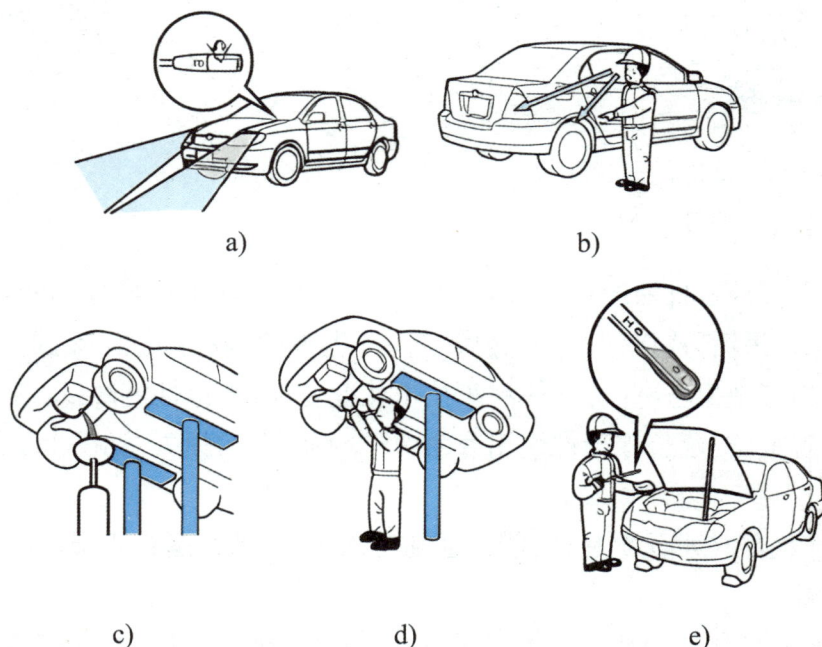

a)　　　　　　　　b)

c)　　　　　　d)　　　　　e)

图 1-2　定期维护基本作业方法

(1)工作检查:照明系统、动力系统、刮水器、转向机构等。

(2)目视检查:轮胎、外观等。

(3)定期更换零件:机油滤清器、空调滤清器芯、空气滤清器芯等。

(4)紧固检查:悬架、排气管等。

(5)液位检查:冷却液、减速器油、润滑油、制动液等。

(6)清洁项目:空气滤清器、空调滤清器等。

1.3 汽车维护的标准

目前汽车维护的标准包括国家标准《汽车维护、检测、诊断技术规范》(GB/T 18344—2016)和行业标准《纯电动汽车维护、检测、诊断技术规范》(JT/T 1344—2020)、《混合动力电动汽车维护技术规范》(JT/T 1029—2016)。

在《汽车维护、检测、诊断技术规范》(GB/T 18344—2016)中,如图 1-3 所示,规定了汽车维护的分级和周期、维护作业要求以及质量保证。汽车维护分为:

(1)日常维护,以清洁、补给和安全性能检视为中心内容的维护作业。

(2)一级维护,除日常维护作业外,以润滑、紧固为作业中心内容,并检查有关制动、操纵等系统中的安全部件的维护作业。

(3)二级维护,除一级维护作业外,以检查、调整制动系统、转向操纵系统、悬架等安全部件,并拆检轮胎,进行轮胎换位,检查调整发动机工作状况和汽车排放相关系统等为主的维护作业。

ICS 43.180
R 16

GB

中华人民共和国国家标准

GB/T 18344—2016
代替 GB/T 18344—2001

汽车维护、检测、诊断技术规范

Specification for the inspection and maintenance of motor vehicle

2016-12-13 发布 2017-07-01 实施

中华人民共和国国家质量监督检验检疫总局
中国国家标准化管理委员会 发布

图1-3 国家标准《汽车维护、检测、诊断技术规范》（GB/T 18344—2016）

汽车维护的周期：日常维护的周期为出车前、行车中和收车后。一级维护和二级维护周期的确定应以行驶里程间隔为基本依据，行驶里程间隔应执行车辆维修资料等有关技术文件的规定。对于不便用行驶里程间隔统计、考核的汽车，可用行驶时间间隔确定一级维护、二级维护的周期。

二级维护作业项目包括基本作业项目和附加作业项目，二级维护作业时一并进行。二级维护前应进行进厂检测，依据进厂检测结果进行故障诊断并确定附加作业项目。二级维护作业过程中发现的维修项目也应作为附加作业项目。二级维护过程中应进行过程检验。二级维护作业完成后应进行竣工检验,竣工检验合格的车辆,由维护企业签发维护竣工出厂合格证。

汽车维护质量保证期,自维护竣工出厂之日起计算,一级维护质量保证期为车辆行驶不少于2000km或者10日,二级维护质量保证期为车辆行驶不少于5000km或者30日,以先达到者为准。

1.4 新能源汽车维护的标准

在行业标准《纯电动汽车维护、检测、诊断技术规范》(JT/T 1344—2020)、《混合动力电动汽车维护技术规范》(JT/T 1029—2016)中,规定新能源汽车维护的分级和周期应符合《汽车维护、检测、诊断技术规范》(GB/T 18344—2016)的要求,并划分为常规维护和电动系统专用装置维护,常规维护按《汽车维护、检测、诊断技术规范》(GB/T 18344—2016)的规定进行。

(1)常规维护,为维持制动系统、转向系统、行驶系统、传动系统等机械系统(部件)及低压电气系统的完好技术状况或工作能力而进行的作业。

(2)电动系统专用装置维护,为维持高压系统及其相关附件的完好技术状况或工作能力而进行的作业。

2 6S 现场管理法

1.5 6S 现场管理法的含义、目的及其意义

6S 现场管理法的
目的和意义

5S起源于日本,是指在生产现场中对人员、机器、材料、方法等生产要素进行有效的管理。5S即整理(SEIRI)、整顿(SEITON)、清扫(SEISO)、清洁(SEIKETSU)、素养(或自律)(SHITSUKE),有时加上安全(SAFETY),称为6S现场管理法。

(1)整理。

含义:如图1-4所示,区分要与不要的物品,现场只保留必需的物品。对于已经损坏的零件或者对于存在严重安全隐患的设备、零件进行清理与报废。

目的和意义:现场无不用之物,增加作业空间;现场无杂物,行道通畅,提高工作效率;减少磕碰的机会;消除管理上的混放、混料等差错事故。

(2)整顿。

含义:如图1-5所示,必需品依规定定位、定方法摆放整齐有序,明确标示。根据物品使用的频率,经常使用的东西应放得近些,不常使用的东西则应放得远些,如对不经常使用工具放置在靠墙边。

目的和意义:不浪费时间寻找物品,提高工作效率。

(3)清扫。

含义:如图1-6所示,清除现场内的脏污、清除作业区域的物料垃圾,使工作场地内所有

物品保持干净的过程。保证在工作前、工作中和工作后场地的清扫,如有油、液等滴落在工作场所应及时清理。

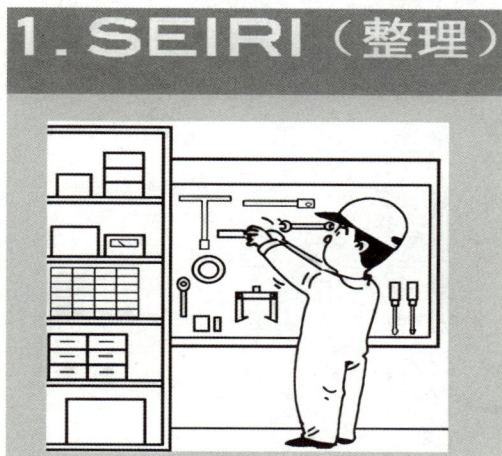

图 1-4 整理

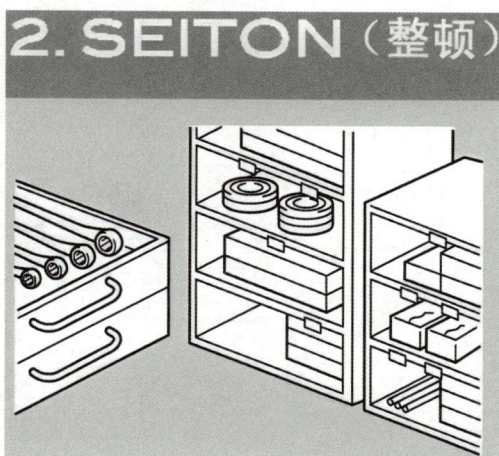

图 1-5 整顿

目的和意义:清除"脏污",保持现场干净、明亮;使设备处于完全正常的状态,以便随时可以使用。

(4)清洁。

含义:如图 1-7 所示,将整理、整顿、清扫实施的做法制度化、规范化,维持其成果。

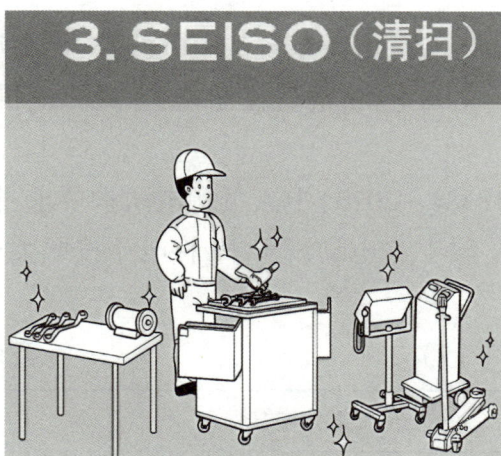

图 1-6 清扫

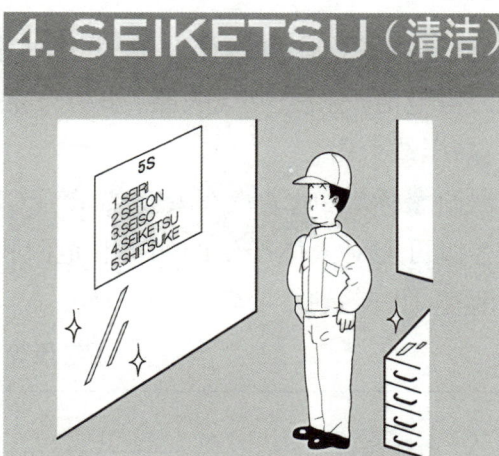

图 1-7 清洁

目的和意义:通过对整理、整顿、清扫活动的坚持与落实,从而消除发生安全事故的根源。创造一个良好的工作环境,使职工能愉快地工作。

(5)素养(或自律)。

含义:如图 1-8 所示,人人按章操作、依规行事,养成良好的习惯,使每个人都成为有教养的人。

目的和意义:努力提高员工的自身修养,使员工养成良好的工作、生活习惯和作风,让员工能通过实践"5S"获得人身境界的提升,与企业共同进步,是"5S"活动的核心。

(6)安全。

导致安全事故的因素可分为两种,由于不正确使用机器或工具、穿着不合

举升机的使用

适的衣物,或由于技术员不小心造成的事故,即人为事故因素;由于机器或工具出现故障、缺少完整的安全装置,或者工作环境不良造成的事故,即自然事故因素。

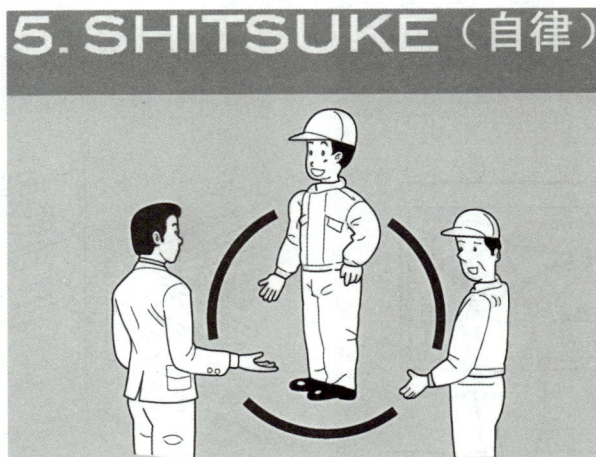

图1-8　素养(或自律)

3 新能源汽车高压安全防护

1.6 新能源汽车中的高压

(1)在新能源汽车维修作业中,低压通常指的指12V电源系统的电气线路,而高压主要是指动力蓄电池及相关电气线路,如动力蓄电池、驱动电机、电机控制器、车载充电机、电源分配盒、高压线束等。

依据国家标准《电动汽车安全要求》(GB/T 18384—2020)中人员触电防护要求,根据不同电压等级可能对人体产生的伤害和危险程度的不同,在电动汽车中,将电压按照类型和数值分为两类,见表1-1。

电压等级(单位:V)　　　　　　　　　　　　　　　　　　　　表1-1

电压等级	最大工作电压	
	直流	交流
A	$0 < U \leqslant 60$	$0 < U \leqslant 30$
B	$60 < U \leqslant 1500$	$30 < U \leqslant 1000$

A级:较为安全的电压等级。直流电电压小于或等于60V;交流电(50~150Hz)电压小于或等于30V。在此电压范围内的维护人员无须采取特殊的保护措施。

B级:对人体会产生伤害,被认为是高压。在该电压下工作必须采取必要的保护设备与措施对维修人员进行保护。

大多数的电动汽车或插电式混合动力电动汽车的动力蓄电池电压设计都为200V以上,如吉利帝豪EV450车型动力蓄电池电压为346V,丰田插电式混合动力卡罗拉E+车型动力蓄电池电压为296V;一些车型在运行时,增压后的工作电压会更高。一些微型电动汽车的动力蓄电池电压通常为 110～200V,如五菱宏光 MINI EV 车型的动力蓄电池电压为 110V。

（2）当通过人体的电流为 20mA 时,人体就很难摆脱带电体;当通过电流达到 50mA 时,对人将是致命的;当通过人体的电流为 100mA 时,短时间内人就会窒息死亡。

如图 1-9 所示,电流通过人体的路径不同,对人体的伤害也不同。若电流通过心脏,会引起心室颤动,进而中断血液循环,导致死亡;若通过中枢神经,会引起中枢神经失调而导致死亡;若通过人的头部,会使人立即昏迷,如果电流过大,就会对人的大脑造成伤害,甚至引起人死亡。人体触电事故的伤害大致分为电击、电伤两类;电击是电流通过人体内部,使人体组织受到伤害,电伤是电流对人体外部造成的伤害,包括灼伤、电烙印和皮肤金属化等,如图 1-10 所示。

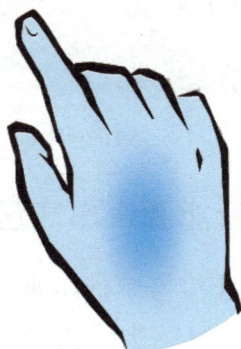

图 1-9　电击伤害　　　　　　　图 1-10　电流灼伤

人体电阻主要是皮肤电阻,人体表皮角质层的电阻很大,在干燥情况下可达到 6～10kΩ,甚至更高,但潮湿情况下可降到 1kΩ。此外,当电压达到 500～1000V 时,人体电阻便下降为 1000Ω。此外,电流流经人体的路径不一样,其电阻也不一样。若以 800～1200Ω 作为人体电阻值,根据欧姆定律（$U = IR$）,40～60V 的电压就可能造成致命危害。

（3）新能源汽车的高压组件的壳体上都带有一个标记,售后服务人员或车主均可通过标记直观看出高电压可能带来的危险,所用警示牌基于国际标准危险电警示标志,如图 1-11 所示。高压警告标识采用黄色底色或红色底色。

图 1-11　高压警告标识

由于高压导线跨度较大,因此,在一两处通过警示牌标记较为不便。汽车制造企业在新能源汽车上所有高压线束和连接器将均设计为橙色,以便于识别与区分,如图 1-12 所示。新能源汽车上的高压电缆需要考虑其绝缘安全性,金属导线缠绕着绝缘材料;同时导线输送大电流,为防止其对外产生磁场与辐射,采用金属网作为屏蔽层,最外层由护套包裹,其结构与普通线束有较大区别,如图1-13所示。

图1-12 新能源汽车高压线束

家用电缆

高压线束的电缆

内导体　绝缘　屏蔽　护套

图1-13 高压线束结构与普通线束对比

1.7　新能源汽车高压防护要求

新能源汽车维修维护作业时,需要采取相应的防护措施,主要包括如下方面。

（1）绝缘护具。维修人员操作前必须穿戴好绝缘防护用品,如图1-14所示,穿好绝缘防护服,穿好绝缘胶鞋,戴好防护眼镜,根据工作情况选择相应的防高压电工手套或防蓄电池电解液酸碱性手套。穿戴绝缘手套前需进行检查的方法见表1-2。

新能源汽车高压防护要求

新能源汽车高压安全防护用品的检查及穿戴

绝缘服

绝缘靴

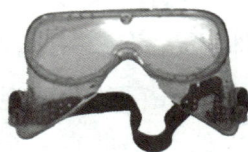
护目镜

绝缘手套

图1-14 绝缘护具

绝缘手套检查方法   表1-2

任务	检查方法
检查绝缘手套	①将手套侧放。 ②将开口向上卷2或3次。 ③对折开口以将其封死。 ④确保没有空气泄漏

（2）绝缘工具。新能源汽车高压系统维修作业时,需在维修区域垫上绝缘胶垫,维修人员操作带电部件时,必须使用绝缘工具,如图 1-15 所示。在断开直流母线后,必须使用动力蓄电池安全堵塞将直流母线两侧端子堵住,检修动力蓄电池和电控元件时,必须使用带绝缘垫的专业工作台。

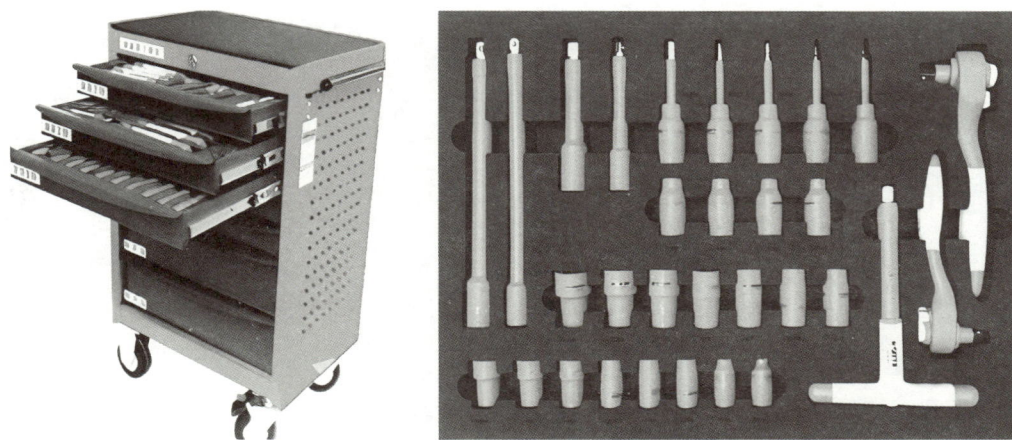

图 1-15　绝缘工具

（3）维修场地。如图 1-16 所示,新能源汽车维修作业前需采用隔离措施,使用警戒栏隔离,并竖立高压警示牌,以警示不相关人员远离该区域,避免发生安全事故。在维修场地指定位置必须配备消防栓,以保障必要时使用清水灭火。在维修高压设备前,将车身用搭铁线连接到新能源汽车专用维修工位的接地线上。维修场地需保持环境干净且通风良好,远离液体和易燃物。

新能源汽车维修工位
要求及基本检查

图 1-16　新能源汽车维修场地

（4）人员要求。维修车辆时,必须设置专职监护人一名,监护人和维修人员必须具备国家认可的《特种作业操作证(低压电工)》与《初级(含)以上电工证》(图 1-17),禁止未经过培训的人员进行高压部分的检修。正确规范完成高压系统下电,并按规定时间等待驱动电机控制器、充电机等内部电容元件充分放电。禁止一切人员带有侥幸心理进行危险操作,避免发生安全事故。

高压下电操作

— 9 —

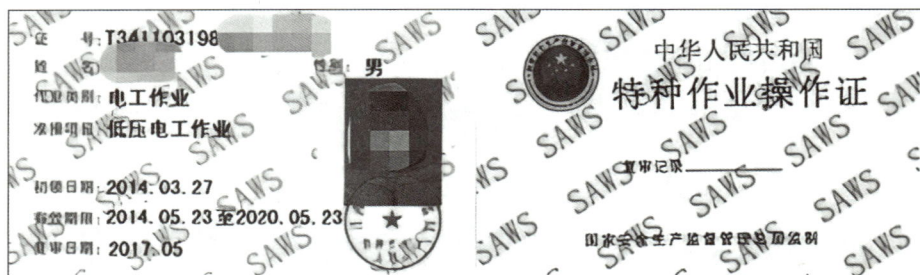

图 1-17 《特种作业操作证(低压电工)》

1.8 新能源汽车高压的存在形式

（1）新能源汽车高压的存在形式。

新能源汽车的高电压系统集中在车辆的驱动系统、空调与暖风系统以及带有插电功能的充电系统。

维修车辆时，需要根据高压电存在的形式来区别对待。例如，在纯电动汽车的动力蓄电池中会一直存在高压，因此无论什么时候进行对动力蓄电池的维修，都需要佩戴个人安全防护设备。但是，当执行了正确的高压中止程序以后，例如逆变器、高压压缩机等系统就不再具有高压电了，此时对这些部件进行维修时，可以不再预防被高压击伤。

根据高电压存在的时间进行分类，新能源汽车高电压系统的高电压主要有持续存在、运行期间存在以及充电期间存在三种存在形式，如图 1-18 所示。

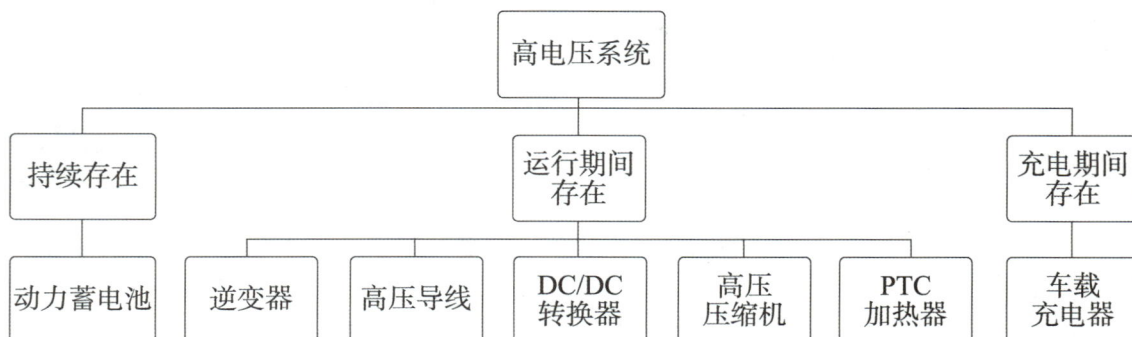

图 1-18 新能源汽车高压的存在形式

（2）新能源汽车高压安全设计。

汽车厂商对新能源汽车高压安全设计十分重视，通常设计有维修开关主动切断功能、碰撞保护、高压互锁、高压电自放电、短路熔断保护电路、绝缘监控、漏电保护、开盖检测保护等功能，以及具有高压系统防辐射、抗干扰功能设计。

单元2 车辆室内外维护与操作

1 汽车起动预检与充电检查

2.1 车辆防护

新能源汽车属于高电压车辆,检查维护车辆前,维修技师应做好防护工作,包括提前将车辆停放在工位,安装车辆四件套,准备好车辆防护常用工具与设备,放置好高压电警示标志及安全防护设备。车辆安全防护设备清单见表2-1。

车辆安全防护设备清单   表2-1

名称	数量	名称	数量
翼子板布	2 套	高压警告/危险蓄电池标志	1 个
前机舱布	1 套	通风标志	1 个
座椅套	1 套	安全通道标志	1 个
转向盘套	1 套	禁止吸烟标志	1 个
脚垫	1 个	护目镜	1 副
禁止合闸标志	1 个	防毒面具	1 副
小心滑倒标志	1 个	防尘口罩	1 副
剧毒标志	1 个	灭火器	1 台
高温标志	1 个	绝缘手套	1 双
腐蚀性标志	1 个	易爆标志	1 个
防毒面具佩戴标志	1 个	禁止心脏起搏器人员靠近标志	1 个
绝缘胶鞋	2 双	绝缘防护服	2 套

将车辆规范停放在工位,将挡位置于P挡,拉起驻车制动器操纵杆,放置新能源汽车防护标志,如图2-1所示。

图2-1 新能源汽车专用工位及放置防护标志

2.2 油液预检

新能源汽车的油液主要有电机冷却液、动力蓄电池冷却液、风窗清洗液和制动液。

电机冷却液如图 2-2 所示。车辆的起步、加速、行驶工作全靠电动机来实现,电动机运转时会产生大量的热。如果电动机在大电流工况下正常运转得不到有效冷却,电动机的内部温度不断升高,会导致电动机效率下降,如果温度过高,就会造成内部烧蚀甚至击穿,导致电动机损坏。

为保证其冷却效果,需要定期检查冷却液液面高度及冰点。电机冷却液需要符合 SH0521 要求的驱动电机用乙二醇型驱动电机冷却液(防冻液),其冰点 ≤ -40℃。

前风窗玻璃清洗剂应使用硬度低于 205g/1000kg 的水或适量商用添加剂的水溶剂,应定期检查液面高度。

制动液应采用符合车辆要求标准(如 DOT4)的制动液。制动液极易吸湿,请勿使用开口容器中可能受水污染的制动液,使用不合适或受污染的制动液可能导致系统故障、车辆失控和人身伤害。制动液还具有较强的腐蚀性,制动液会腐蚀车身漆面。应定期检查制动液液面高度,检测制动液的含水量和沸点,检查储液罐盖上的通气孔,确保无污垢且气道通畅,如图 2-3 所示。

图 2-2 电机冷却液　　　　图 2-3 制动液储油罐

2.3 机舱线缆检查

对于机舱内的高压电缆及低压线束,应检查其是否有脱落、松动现象,如图 2-4 所示。检查高压电缆时,务必遵循高压电操作安全规程,佩戴绝缘手套,并单手操作。

2.4 仪表指示灯和故障警告灯

相比传统汽车,新能源汽车增加的仪表指示灯、故障警告灯主要有:蓄电池充放电指示灯、充电线连接指示灯、动力蓄电池充电指示灯、系统故障警告灯、"READY"指示灯、ECO(经济模式)指示灯、SPORT(运动模式)指示灯、电机及控制器过热指示灯、功率限制指示灯、减速器故障警告灯、动力蓄电池故障灯、维护提示指示灯等。在起动开关打开后,系统进入自检状态,如果车辆系统没有故障,各故障警告灯会自动熄灭,表示系统工作均正常,同时"READY"指示灯点亮。

图2-4 机舱线束电缆(橙色为高压电缆)

(1)充电枪已连接指示灯:在正确连接上充电枪时,该指示灯是红色;当指示灯变为绿色时,表示车辆充电完成,如图2-5所示。

(2)蓄电池充电警告灯:低压12V故障报警,表示充电系统故障,如图2-6所示。

图2-5 充电枪已连接指示灯　图2-6 蓄电池充电警告灯(红色)

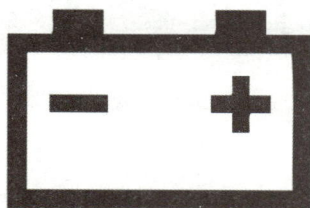

(3)动力蓄电池充电指示灯:当动力蓄电池电量低于30%时,该指示灯点亮,说明车辆动力蓄电池电压过低,应及时给车辆充电,如图2-7所示。

(4)系统故障警告灯:该故障警告灯点亮频率较高,大多数会与其他故障警告灯一同亮起,表示系统故障,如图2-8所示。如果仅这个故障警告灯亮起,则表示系统总线通信出现故障,需要及时维修。

图2-7 动力蓄电池充电指示灯(黄色)　图2-8 系统故障警告灯

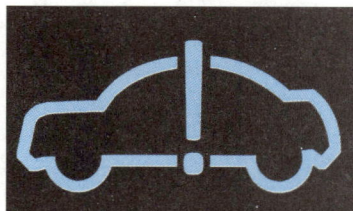

(5)"READY"指示灯:表示系统自检完成,车辆可以依靠电力驱动行驶。否则,车辆不能上电,无法进行行驶,如图2-9所示。

(6)驾驶模式指示灯:表示车辆选择正使用的驱动模式是ECO模式(经济模式)还是SPORT模式(运动模式),如图2-10所示。

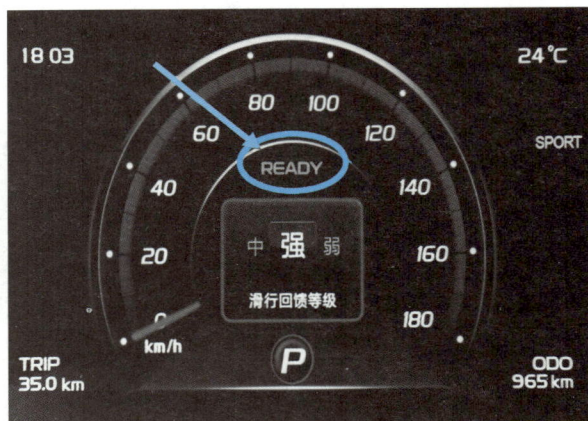

图 2-9　"READY"指示灯

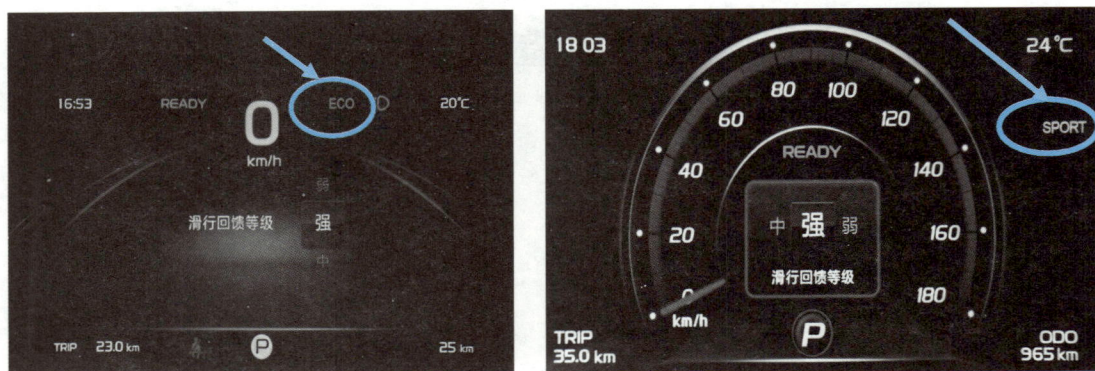

图 2-10　驾驶模式指示灯

(7)电机及控制器过热指示灯:汽车电机及控制器过热时该指示灯点亮,这种情况车辆可以行驶,但部分品牌的电动汽车电机过热报警时会限制车速,导致无法加速,如图 2-11 所示。故障的原因是电机工作时会发热,所以电机需要散热,而绝大部分电动汽车的电机都是通过防冻液循环冷却,因此,该故障一般是由冷却水泵不工作或电机温度传感器信号异常导致的。

(8)功率限制指示灯:当动力蓄电池电量下降到一定程度时,系统会强制经济模式行驶,无法使用运动模式,无法加速,只能慢速行驶,应及时补充充电,如图 2-12 所示。

图 2-11　电机及控制器过热指示灯(红色)

图 2-12　功率限制指示灯(黄色)

(9)减速器故障警告灯:车辆减速器出现故障时点亮,如图 2-13 所示。

(10)动力蓄电池故障警告灯:该指示灯亮起,说明故障点是蓄电池包。对于这种情况,大部分情况下整车高压电断开,车辆无法行驶。少数情况下车辆可以缓慢行驶,但不能加速,如图 2-14 所示。导致这个故障的原因一般是蓄电池包内部单体电池故障、蓄电池被撞、蓄电池包内部线路接触不良。

在仪表系统中,还有一些属于显示系统,主要有时间显示、功率表、车速表、蓄电池电量、小计里程、总计里程、挡位显示、续驶里程、平均电耗、瞬时电耗、室外温度显示。与传统燃油汽车比较,新能源汽车组合仪表的组成部分与传统燃油汽车有所不同,如吉利 EV450 汽车组合仪表从左到右的三个区域依次为动力蓄电池电量表、车速表、功率表,如图 2-15 所示。

图 2-13　减速器故障警告灯(红色)　　图 2-14　动力蓄电池故障警告灯(红色)

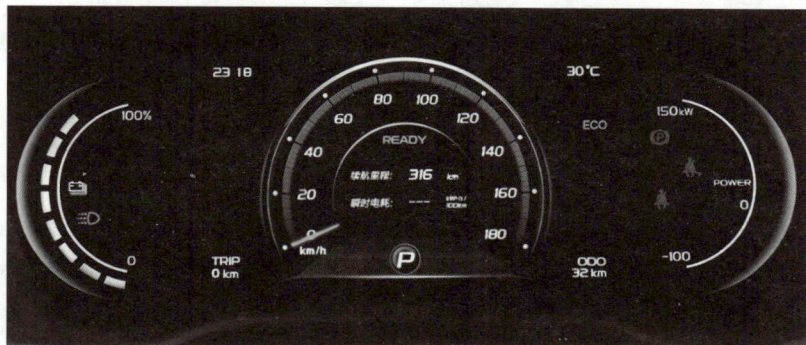

图 2-15　吉利 EV450 仪表显示系统

2.5　充电检查

纯电动汽车
充电步骤

新能源汽车没有燃油加注口,取而代之的是车辆充电口。如吉利 EV450 汽车左前翼子板处有慢充接口,可以通过家用充电器进行慢充充电,充电时间较长,慢充适用交流电,一般充电时长长达 6～9h,可充到约 80% 的电量。左后侧翼子板处有快充接口,采用专用充电桩进行快速充电,一般快充使用大功率直流充电,在较短时间内可以将蓄电池电量从 30% 左右充到 80%,如图 2-16 所示。

图 2-16　吉利 EV450 汽车充电系统结构

1-车载充电机(如配备);2-驱动电机控制器;3-交流充电接口(慢充);4-直流充电接口(快充);5-交流充电接口应急解锁

帝豪 EV 车型慢充接口如图 2-17 所示。一般新能源汽车都配有家用充电设备,如图 2-18 所示。慢充电接口处安装有电枪连接指示灯,也可以通过此处识别充电完成状态,如图 2-19 所示。

图 2-17　吉利 EV450 汽车慢充充电接口

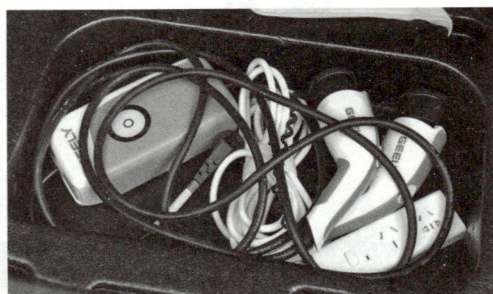

图 2-18　吉利 EV450 汽车配备慢充充电枪

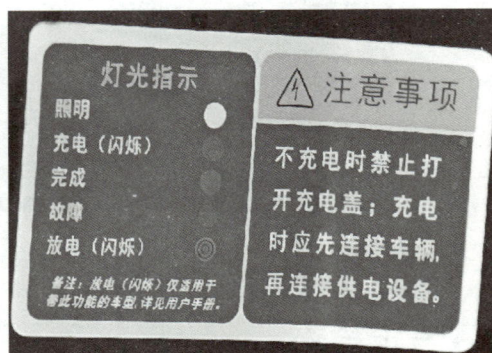

图 2-19　慢充充电接口指示灯及含义

帝豪纯电动汽车快充接口位于车尾处,采用直流电充电,如图 2-20 所示。比亚迪 E5 纯电动汽车的充电接口均位于车头 LOGO 下方,如图 2-21 所示。

图 2-20　帝豪纯电动汽车快充
充电接口(车尾处)

图 2-21　比亚迪 E5 纯电动汽车
快慢充充电接口

充电检查:检查充电接口是否完好、充电枪及线缆是否良好,连接充电枪,充电枪口应显示绿色指示灯。检查仪表动力蓄电池充电指示灯:红色箭头表示充电枪连接指示灯,黄色箭头指示动力蓄电池充电指示灯。

2　汽车室内维护

2.6　车灯

汽车灯光有照明灯光和信号灯光,照明灯光主要是为了夜间行驶照明,保证驾驶人的视

汽车灯光认识及使用

野,从而保证行驶安全。照明灯光主要有示廓灯、近光灯、远光灯、雾灯和车内阅读灯。信号灯光是为了使道路交通参与者能够清晰本车辆的行驶状态,保证本车行驶安全和道路交通参与者的安全。信号灯光主要有转向灯、危险报警闪光灯、制动灯、倒车灯。

灯光检查操作要领:两人合作,一人在外观察,一人在车内按指令操作对应灯光。注意驻车制动器操纵杆一定要拉起,注意车辆安全。前部灯光检查包括示廓灯、近光灯、远光灯、闪光灯、前雾灯、左/右转向灯、危险报警闪光灯;后部灯光包括示廓灯、制动灯、高位制动灯、左右转向灯、危险报警闪光灯、倒车灯、后雾灯。

新能源汽车灯光
系统检查

不同车系的灯光操作开关略有不同,日系车型多采用拨杆式车灯开关,如图2-22所示。德系车型多采用旋钮式灯光开关加拨杆组合,如图2-23所示。

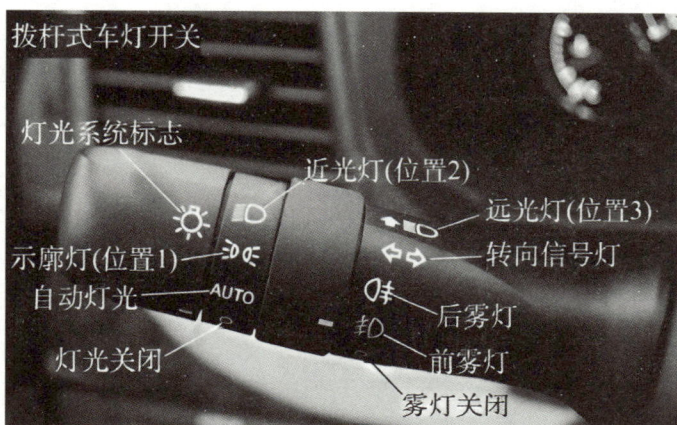

图2-22　拨杆式灯光操作开关

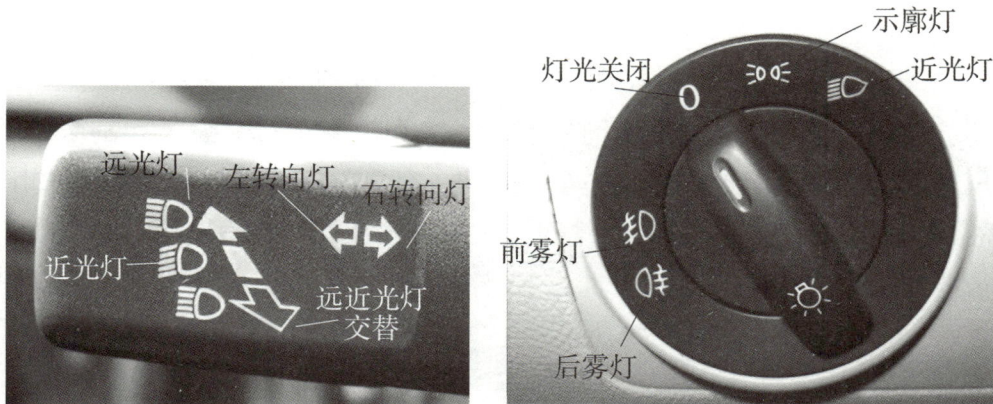

图2-23　旋钮式灯光操作开关

2.7 刮水器和玻璃喷洗器

刮水系统由刮水器、洗涤器开关、刮水器电动机、连杆、刮水臂及刮水片组成,如图2-24所示。刮水器电动机是永磁电动机,安装在前围板上,与前刮水器连杆直接相连,如图2-25所示。前刮水器电路中有一个自停装置,该装置由一个蜗杆齿轮和一个凸轮盘组成,目的是在刮水器、洗涤开关断开后还能短暂保持电路完整,直到刮水器臂完全回到初始位置时才断开电路。刮水器开关是刮水器、洗涤器系统的组成部分。

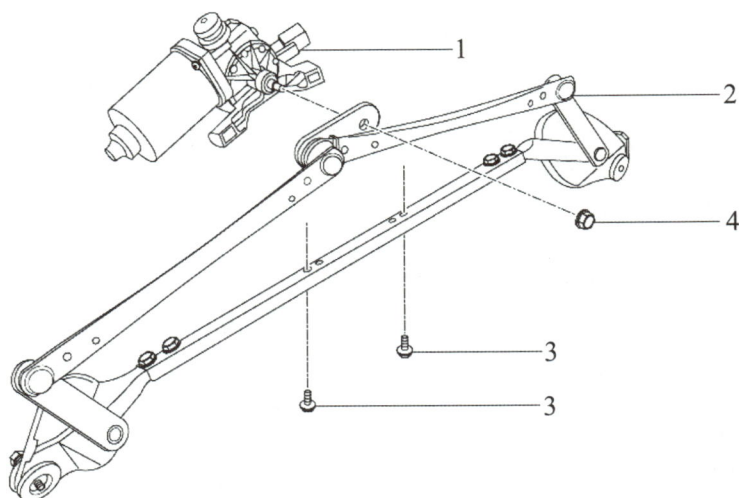

图 2-24　刮水系统的组成

1-刮水器电动机;2-刮水器连动杆;3-刮水器电动机固定螺栓;4-刮水器连动杆故障螺母

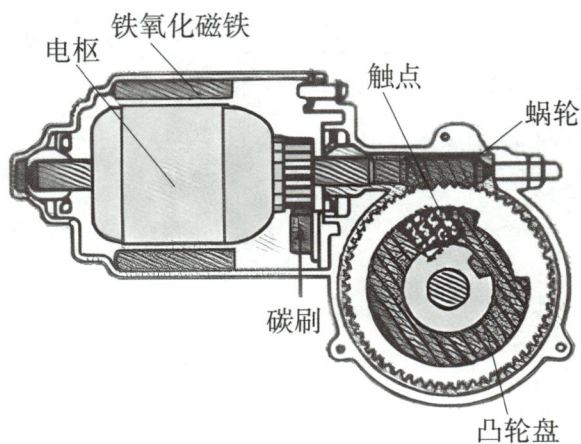

图 2-25　刮水器电动机的结构

前风窗玻璃洗涤系统由玻璃清洗剂、储液罐、洗涤液泵、软管、喷嘴和刮水器、洗涤开关组成。前风窗玻璃洗涤储液罐安装在右前照灯总成下、右前翼子板衬板前部,如图 2-26 所示。洗涤液泵固定在洗涤液储液罐上,洗涤液泵使洗涤液通过软管输送至两个喷嘴。

玻璃清洗器用于清洗玻璃上的灰尘。主要由微型永磁直流电动机、离心式水泵、喷嘴、储液罐及水管五部分组成,如图 2-27 所示。

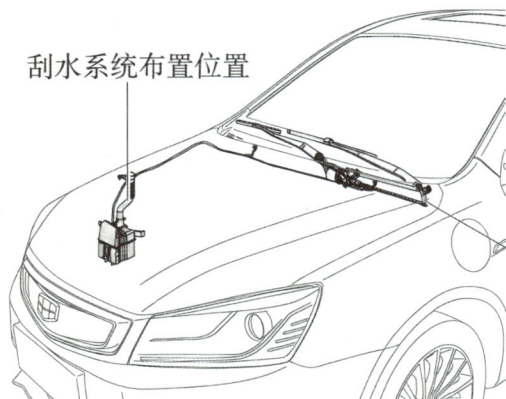

图 2-26　刮水系统布置位置

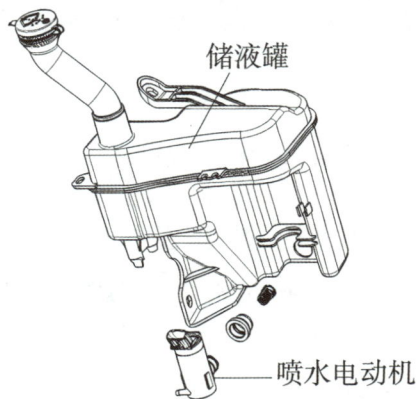

图 2-27　洗涤泵的结构

如图2-28所示,先喷水再进行刮水片刮拭,如果每次都不喷水而直接开启刮水器刮风窗玻璃,时间久了会缩短刮水片的使用寿命,另外也有可能对风窗玻璃造成损伤。

如图2-29所示,汽车刮水器有三种工作方式:

(1)间歇刮水:每隔约4s刮一次,用于蒙蒙细雨天气;

(2)低速刮水:用于中、小雨雪天气;

(3)高速刮水:用于大雨、大雪天气。

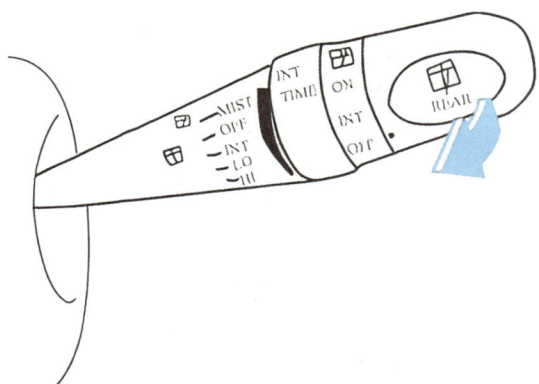

图2-28　刮水器喷水操作

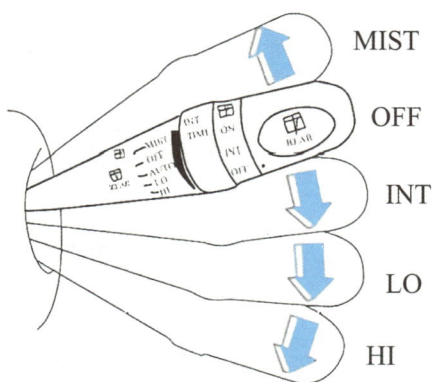

图2-29　刮水控制开关

MIST-手动挡;OFF-前刮水器停止工作;INT-自动间隙挡;LO-连续低速工作;HI-连续高速工作

根据结构形式的不同,刮水器臂可分为有骨刮水器臂和无骨刮水器臂。有骨刮水器臂是依靠骨架上若干支撑点把刮水片压在玻璃上的,在使用过程中,刮水片各个支撑点受力平均,磨损程度也平均,但刮水片与玻璃之间容易出现噪声,不易刮干净杂质,如图2-30所示。

无骨刮水器臂是靠一整根导力条来分散压力,使得刮水片各部分的受力均匀,可以减少水痕、擦痕的产生,获得更好的刮水效果。无骨刮水器可大大减少抖动磨损,加之具有受力均匀、结构简单、质量轻等优点,刮水电动机和刮片寿命比传统型刮水器更长,更加经济、可靠,如图2-31所示。

图2-30　有骨刮水器臂

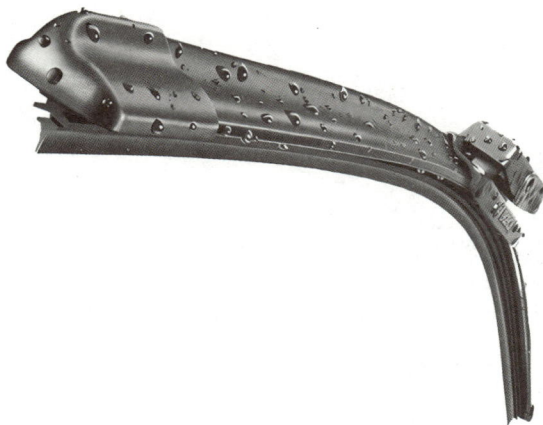

图2-31　无骨刮水器臂

刮水器片由于暴露于太阳下暴晒,刮水片会老化、开裂,当使用刮水时发现玻璃上有残存的污渍、痕迹、抖动或异响时,就需要更换刮水片。磨损或受到污染的车窗刮水片会导致出现条纹,可能影响刮水效果,从而影响驾驶视野。为安全起见,每年应更换车窗玻璃刮水片一次到两次。

2.8 无骨刮水片更换

刮水器检查与
刮水器片更换操作

拆卸程序:①抬起刮水器臂。②按住刮水片中间固定卡扣,向上推动刮水片,从刮水器臂上取下刮水片,如图 2-32 所示。

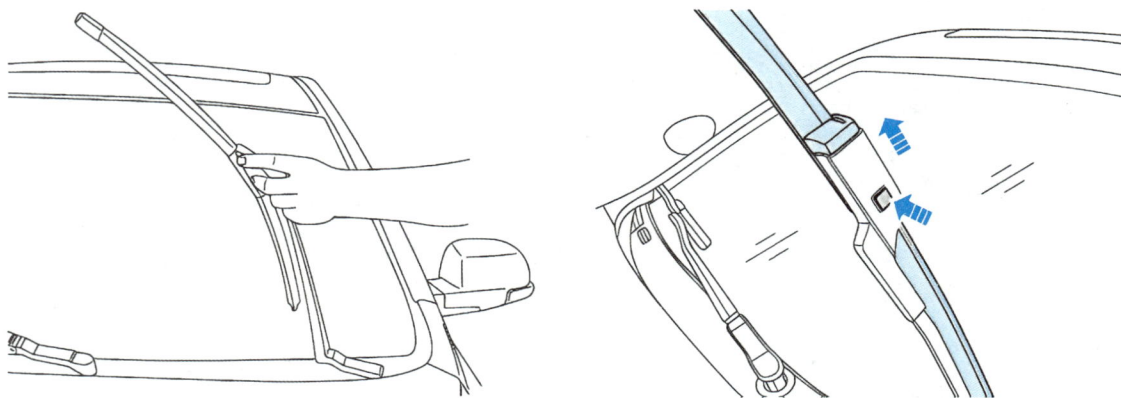

图 2-32 拆卸刮水器臂

安装程序:①将刮水片安装到刮水器臂上,往下推动刮水片直到中间卡扣与刮水器臂完全扣合,使刮水片安装牢固。②轻轻放下刮水器臂,如图 2-33 所示。

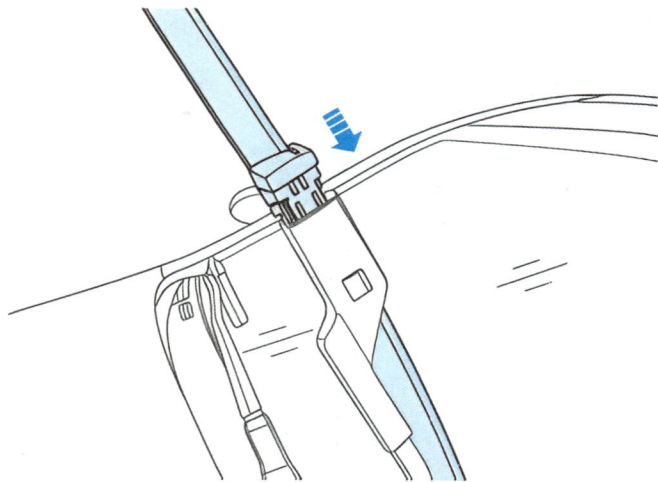

图 2-33 安装刮水器臂

2.9 喇叭

喇叭用于发出声音,警示车辆和行人注意安全,提高驾驶安全性。应偶尔按动喇叭,确保喇叭正常工作,检查所有按钮位置是否正常,如图 2-34 所示。

根据喇叭发声频率的不同,喇叭分高音喇叭和低音喇叭两种,如图 2-35 所示。音量系统要求能播放 20 ～ 20000 Hz 的人耳可听音域,高音喇叭负责声音的高频部分,从分频器输出的高频信号(其波段一般在 2000 ～ 20000 Hz 之间)重放,低音喇叭是将从分频器输出的长波信号(一般在 20 ～ 2000 Hz 之间)重放。

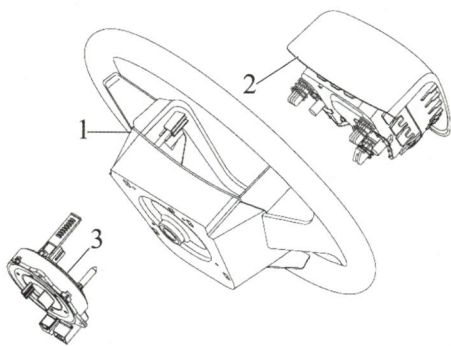

图 2-34　喇叭开关位置

1-转向盘;2-喇叭开关;3-时钟弹簧

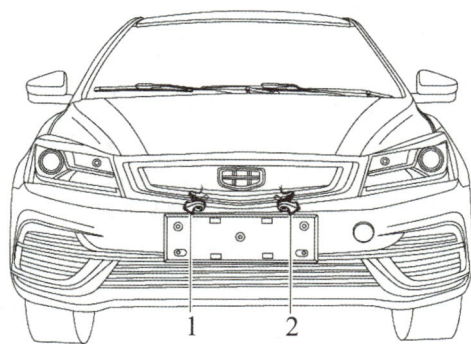

图 2-35　喇叭安装位置

1-低音喇叭;2-高音喇叭

2.10　车内电器检查

车内电器主要包括信息娱乐系统、空调系统、电动后视镜调节、电动转向盘调节、电动座椅调节、电动车窗调节及门锁控制。

传统汽车的信息娱乐系统是车载信息处理中心,是实现导航设置、辅助驾驶、车辆信息、车身控制、移动办公、通信、基于在线的娱乐功能及服务灯一系列应用平台,如图 2-36 所示。

图 2-36　奥迪 Q5 e-tron 信息娱乐系统

与传统汽车不同的是,新能源汽车具有集成强度高的车机系统,如图 2-37 所示。车机是指安装在汽车里面的车载信息娱乐系统,车机在功能上能够实现人与车、车与外界、车与车的信息通信。其功能除传统的收音机、音乐视频播放、导航功能外,已经带有 3G 及远程信息处理功能,能结合汽车的 CAN-BUS(串行总线系统)技术,实现人与车、车与外界的信息通信,增强用户体验及服务、安全相关的功能。

图 2-37　新能源汽车车机系统

空调系统调节车厢或驾驶室内的空气温度、湿度、气流速度、流量、洁净度、污浊度、噪声等参数指标,从而为人们创造清新舒适的车内环境。空调系统由空调压缩机、冷凝器、储液罐、高低压空调管、蒸发器、鼓风机等组成,如图 2-38 所示。空调操作面板如图 2-39 所示。

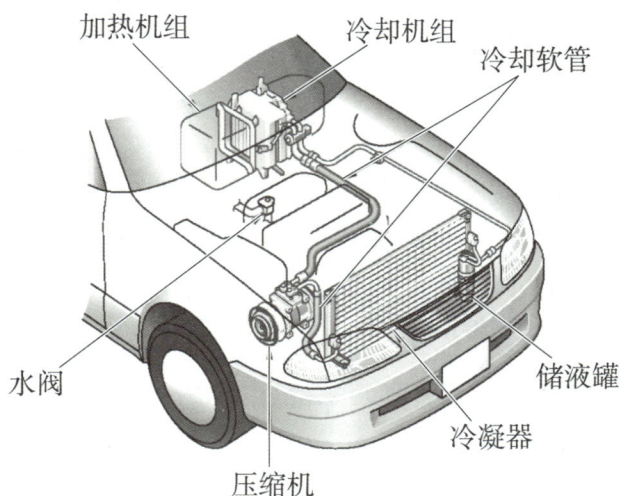

加热机组 冷却机组 冷却软管
水阀 储液罐
压缩机 冷凝器

图 2-38 汽车空调的组成

图 2-39 空调操作面板

电动后视镜调节用于调节车外后视镜的角度,方便驾驶人观察车后情况,提高行驶安全性,如图 2-40 所示。

电动车窗调节用于调节各车窗玻璃升降功能,如图 2-41 所示。

窄道会车时 按这里可收折后视镜
角度调节
左右切换

图 2-40 后视镜调节按钮

图 2-41 车窗、门锁按钮

转向盘调节用于调节转向盘的前后角度和转向盘高度。图 2-42 所示为电动转向盘调节,图 2-43 所示为手动转向盘调节开关。

对于电动座椅调节,应检查调节电动座椅前后位置及靠背位置及功能是否正常,如

图 2-44 所示。

对于车内阅读灯及天窗,应检查车内阅读灯及天窗开启关闭功能,如图 2-45 所示。

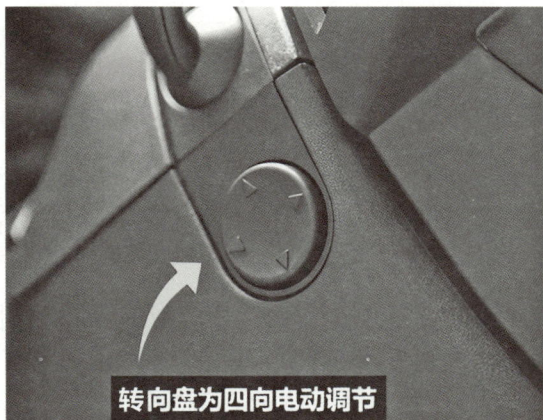

图 2-42　电动转向盘调节按钮

图 2-43　手动转向盘调节开关

图 2-44　主驾驶电动座椅调节按钮

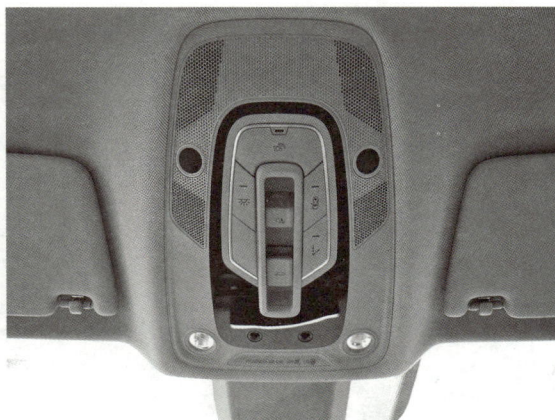

图 2-45　车顶操作模块

3　汽车室外维护

2.11　汽车室外检查与维护

进行新能源汽车室外检查与维护,是为了保证车辆使用安全和舒适性,包括车身外观、座椅、安全带、车门功能及车窗、行李舱功能及备胎、随车工具、车外前照灯总成、充电接口盖等的检查与维护。

检查车身外观是否有划痕、破损、变形,前照灯是否完好。检查行李舱内备胎、随车工具是否齐全,随车工具包括警示三脚架、电动充气泵、家用慢充充电枪等。

乘客舱检查以从主驾驶座椅、左前侧车门、左后侧车门、左后排座椅、充电口盖、行李舱(含随车设备)、右后车门、右后排座椅、右前车门、副驾座椅、机舱盖、左前侧充电口盖,以这样一个环形路线对车辆进行检查。

如果主驾驶座椅是具有带记忆功能的电动调节座椅,可以调整座椅的前后位置、靠背调节及座椅记忆位置功能。驾驶人可以根据自己的身高特点,调整合适的座椅位置和头枕高度、找到舒适的驾驶姿态,合适的驾驶位置可以最大限度地减轻驾驶人驾驶的疲劳程度,以保证行驶安全,如图2-46所示。

汽车安全带是当汽车遇到意外情况紧急制动时,它可以将驾驶人和乘客束缚在座椅上,以免前冲,从而保护驾驶人和乘客免受二次冲撞造成伤害。应定期检查安全带系统,包括编织带、锁扣、锁板、卷收器、导向环和固定装置,如图2-47所示。

主驾驶侧车门还包括门控锁、玻璃升降功能、玻璃升降锁、后视镜调节功能、门控灯等。驾驶人可以控制所有车门

图2-46　主驾驶座椅及调节按钮

锁及车窗玻璃升降功能,玻璃升降锁可以锁止除驾驶人外的其他车窗玻璃升降功能。同时,可以通过后视镜调节旋钮,调节左右后视镜的位置,以此获得最佳的视觉效果,提高驾驶安全性,如图2-48所示。

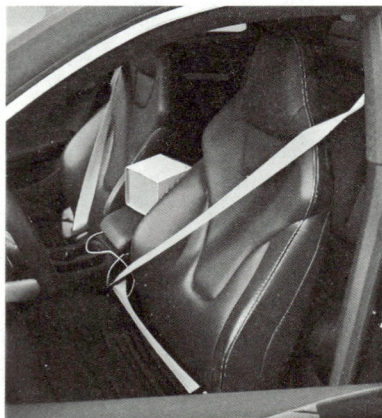

图2-47　安全带

图2-48　主驾驶侧车门功能

除驾驶人侧,驾驶人可以控制四个车门玻璃升降器外,在每个车门上均有单独控制各自车门侧玻璃升降器的按钮,如图2-49所示。

儿童安全锁是为了防止儿童打开车门,该装置一旦处于开启状态,车门只能从车外打开,即使通过中控锁解锁,仍然会保持锁止状态。在需要使用儿童安全锁时,先打开后车门,把门锁下方的小拨杆轻轻拨到有儿童图标或锁止的方向,再关闭车门,如图2-50所示。

图2-49　其他车门玻璃升降功能

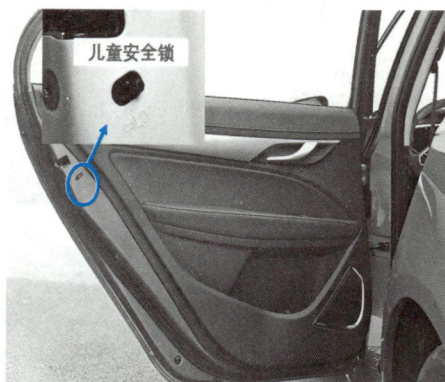

图2-50　儿童安全锁

　　汽车检查包括检查门上的各功能及车门铰链功能,车门铰链应顺滑、无异响。车门门控灯是为乘客在夜晚提供下车时车门口的照明,夜晚开车门后,可被后面的车辆可以看到,防止碰撞。开启门控灯时,需将车顶模块门控灯按钮按下;打开车门时,车门下方门控灯会自动点亮,如图2-51所示。

　　充电口盖检查:检查快、慢充电口、盖是否完好,充电指示灯是否正常,检查充电口是否有明显的碰撞痕迹,有无变形和破损。不可以直接用手触摸有破损、裂纹的充电口,如图2-52所示。

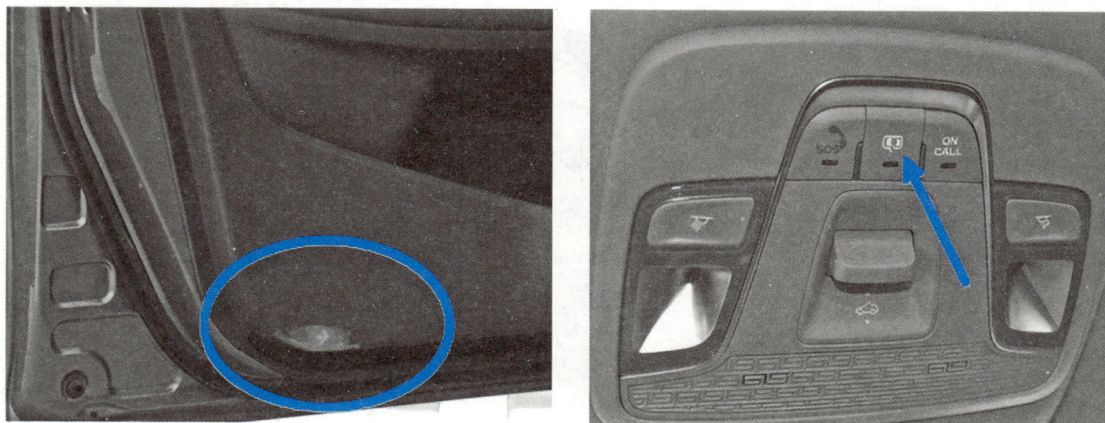

图2-51　门控灯及门控灯开关

图2-52　慢、快充电接口

　　检查行李舱内随车工具是否齐全,包括电动充气泵、家用慢充充电器、三角警示牌灯,如图2-53所示。检查备用轮胎是否有划痕、老化及气压是否充足,并检查备用轮胎轮毂情况。

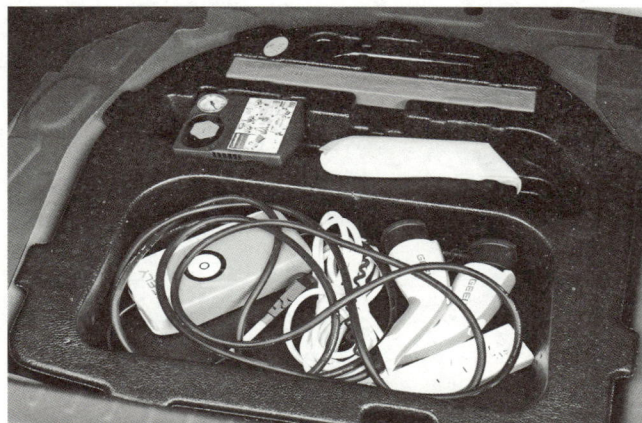

图2-53　行李舱内随车工具

应检查灯光总成安装是否牢固,灯内是否有起雾、发乌、破损等情况,如图 2-54 所示。

a) 前部

b) 后部

图 2-54 灯光总成

1　纯电动汽车传动系统

3.1　纯电动汽车的传动系统

电动机的速度-转矩特性非常适合汽车驱动的需求,因此,电动汽车在纯电动模式下,汽车的驱动系统不再需要多挡位的变速器,驱动系统结构得以大幅简化,一般由变速器/驱动桥(减速器)、传动轴等组成。

(1)减速器功能。

如图3-1所示,减速器介于驱动电机和驱动半轴之间,驱动电机的动力输出轴通过花键直接与减速器输入轴齿轮连接。一方面减速器将驱动电机的动力传给驱动半轴,起到降低转速增大转矩的作用;另一方面满足汽车在转弯及在不平路面上行驶时,左右驱动轮以不同的转速旋转,保证车辆的平稳运行。

(2)减速器与P挡电子驻车。

一般地,新能源汽车比较多地采用单速比减速器,只有一个前进挡、一个倒车挡、一个空挡和一个驻车挡。当车辆挡位处在驻车挡时,减速器会通过一套锁止装置锁止减速器。

(3)传动系统。

新能源汽车传动系统主要包括减速器和驱动轴,驱动轴由左、右等速驱动轴总成组成,如图3-2所示。

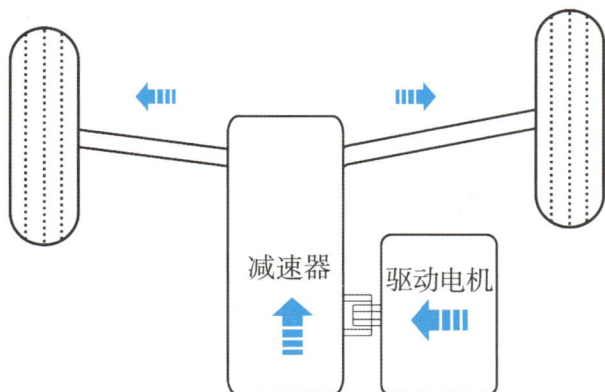

图3-1　纯电动汽车动力传递路线图

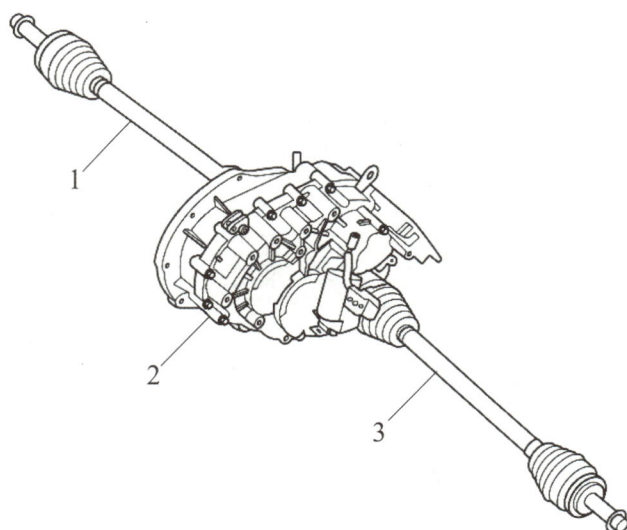

图3-2　新能源汽车传动系统的组成

1-左等速驱动轴总成;2-减速器总成;3-右等速驱动轴总成

部分纯电动汽车采用轮毂电机直接驱动车轮,如图 3-3 所示,轮毂内集成了电动机、电子控制器、制动装置和轮毂轴承等,这样省去了减速器和驱动轴等传动系统部件,节省了空间和成本,提高了驱动效率。轮毂电机的缺点是增大了汽车簧下质量,对汽车平顺性和操纵稳定性有一定影响,且轮毂电机工作环境恶劣,其可靠性有待验证。

图 3-3　轮毂电机的组成

3.2　燃油汽车的传动系统

燃油汽车的传动系统主要由离合器、变速器、传动轴和驱动桥等组成,它的主要作用是将发动机产生的动力传递给驱动车轮。

传动系统常见的布置方式有发动前置前轮驱动(FF)和发动机前置后轮驱动(FR)两种类型,如图 3-4 所示。

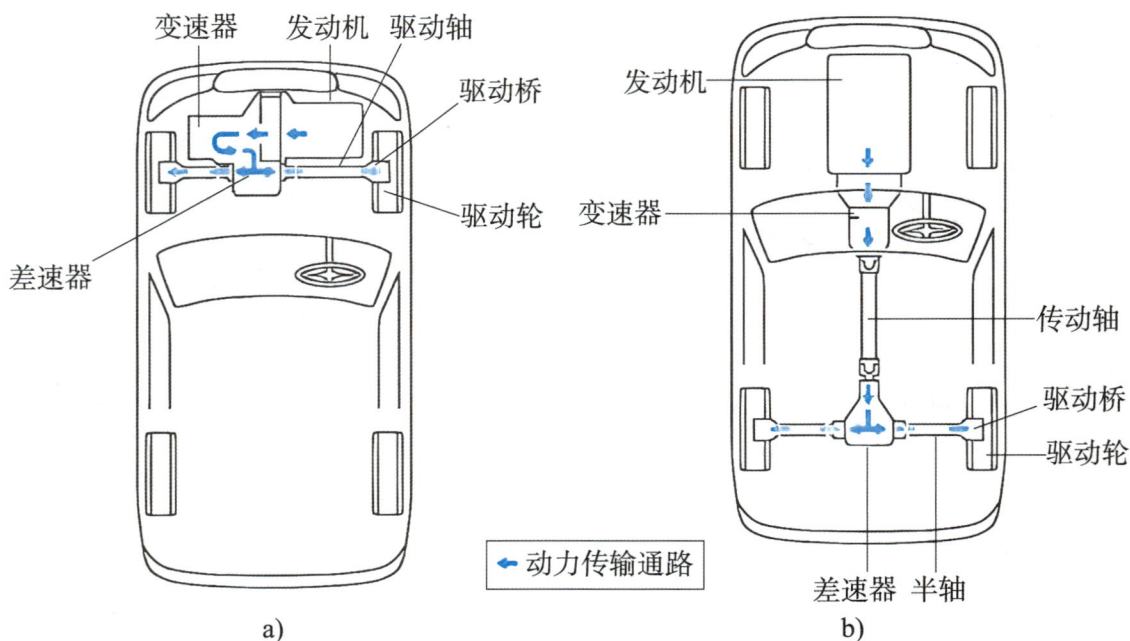

图 3-4　燃油汽车的传动系统图

四轮驱动系统(4WD)是指具有独立分动器的传动系统,发动机动力通过分动器传递给前后驱动轮,驾驶人可通过变速器操纵杆或换挡按钮选择以四轮驱动还是两轮驱动车辆行驶,如图3-5所示。

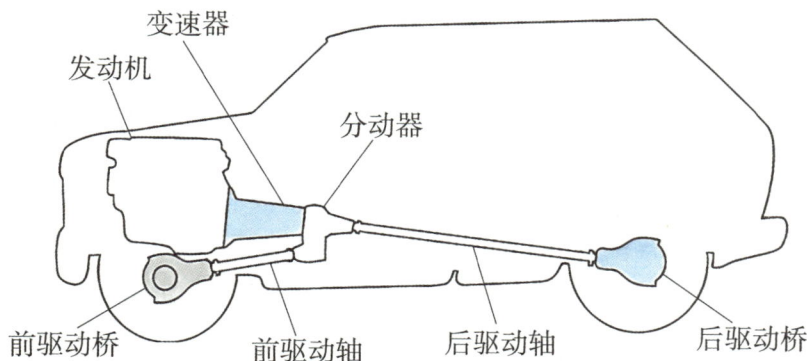

图3-5　四轮驱动系统

2　汽车底盘维护常用工具

3.3　套筒扳手

为拆下螺栓/螺母,汽车修理中优先使用成套套筒扳手。如果因为工作空间限制不能使用套筒扳手,可以依次选用梅花扳手和开口扳手,如图3-6所示。

套筒扳手的用处在于它能旋转螺栓/螺母而不需要重新调整,这就可以迅速转动螺栓/螺母。套筒扳手可以根据所装的手柄以各种方式工作,如图3-7所示。

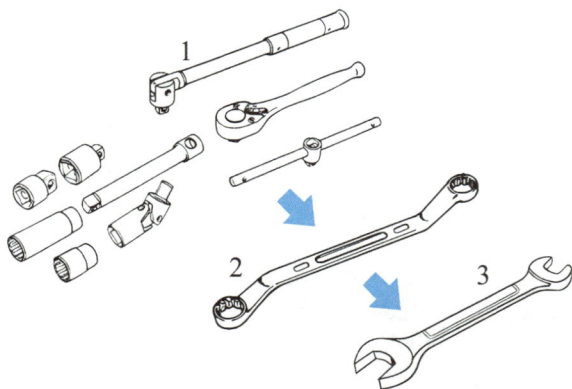

图3-6　扳手选用优先顺序图
1-成套套筒扳手;2-梅花扳手;3-开口扳手

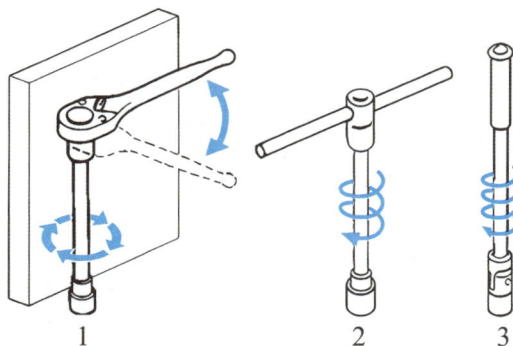

图3-7　套筒扳手可装不同手柄

如果最后拧紧或开始拧松螺栓/螺母需要大力矩,那么使用允许施加大力的扳手,如图3-8所示。可以施加的力的大小取决于扳手柄的长度。手柄越长,用较小的力得到的力矩越大。如果使用了超长手柄,就有力矩过大的危险,螺栓有可能折断。

加长杆可用于拆下和更换装得太深而不易接触的螺栓/螺母,也用于将工具抬离平面一定高度,便于使用,如图3-9所示。

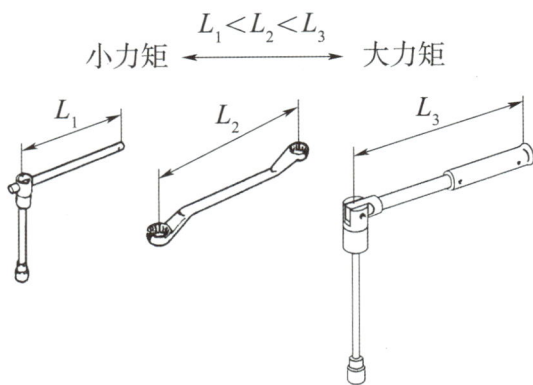

图3-8 扳手柄越长,力矩越大

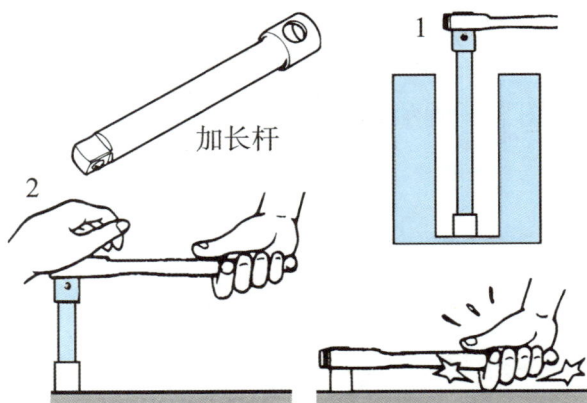

图3-9 加长杆配合套筒使用

3.4 力矩扳手

常见的力矩扳手包括指针式力矩扳手和预置式力矩扳手,如图3-10所示。

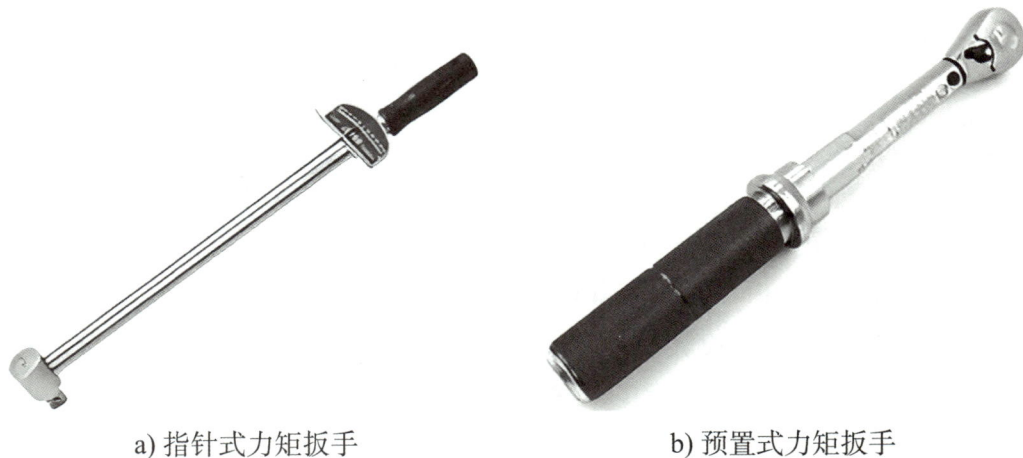

a) 指针式力矩扳手

b) 预置式力矩扳手

图3-10 力矩扳手的类型

力矩扳手的规格,按力矩大小可分为 $0 \sim 25 N \cdot m$、$10 \sim 100 N \cdot m$、$25 \sim 340 N \cdot m$ 等,如图3-11所示。力矩扳手使用过程中应掌握的方法:根据上紧部件力矩的大小来选择合适的力矩扳手,注意力矩扳手的上紧与拧松按钮、力矩大小的调整与读数。

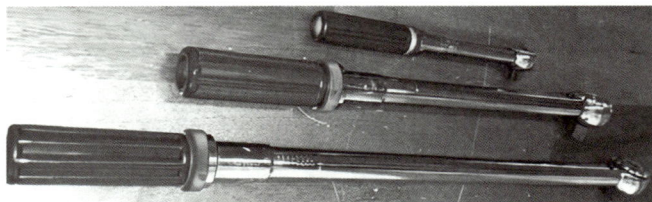

图3-11 不同规格的力矩扳手

3.5 滤清器扳手

滤清器扳手的常见类型为帽式、三爪式和手铐式滤清器扳手,如图3-12所示。帽式、手铐式滤清器扳手配合力矩扳手使用。三爪式和手铐式滤清器扳手,适用于不同大小的机油滤清器。

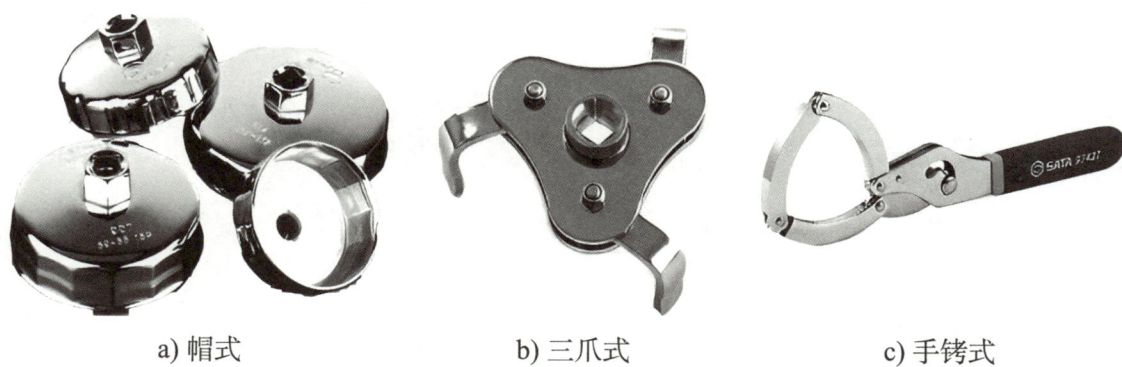

a) 帽式　　　　　　　b) 三爪式　　　　　　　c) 手铐式

图 3-12　滤清器扳手类型

3.6　机油回收器

机油回收器如图 3-13 所示。对更换下来的废机油进行回收处理,不仅可以充分利用资源,带来可观的经济效益,也可避免随意丢弃造成的环境污染。

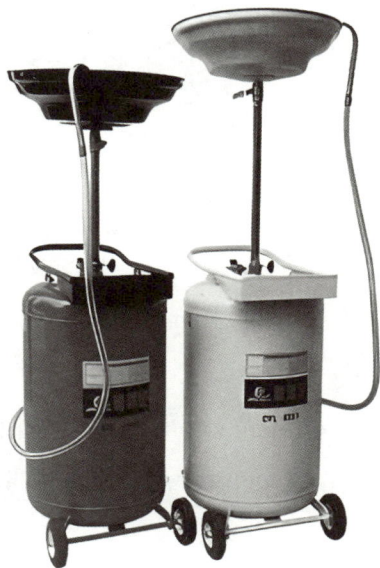

图 3-13　机油回收器

3　汽车底盘维护常用油液

3.7　发动机机油

(1)发动机机油的作用。

发动机机油具有以下主要作用:

①润滑:发动机机油在各个发动机部件上形成油膜润滑金属表面,减少金属表面的摩擦。

②冷却:发动机机油吸收那些不容易被冷却系统冷却的区域(如活塞及其他相互接触的表面)上的热,从而冷却发动机。

③清洗:发动机机油使燃烧产生的污物和油中金属颗粒悬浮而不允许其在内部零件上形成沉积物。

④密封:发动机机油在活塞和汽缸之间形成油膜,减少混合气的流失。

(2)发动机机油的等级。

①SAE:SAE(Society of Automotive Engineers,美国汽车工程师学会)将发动机机油按黏度分类(图3-14)。

SAE的黏度分类反映油料可使用的环境温度,如"10W-30"和"5W-40",数字大小表示黏度高低,"W"表示冬季。前一个数字越小,如"5",油在低温时变稠的可能越小。第二个数字越大,如"40",油在高温下变稀的可能越小。不同规格机油的适用温度范围如图3-15所示。

图3-14 按黏度和质量分类的发动机机油

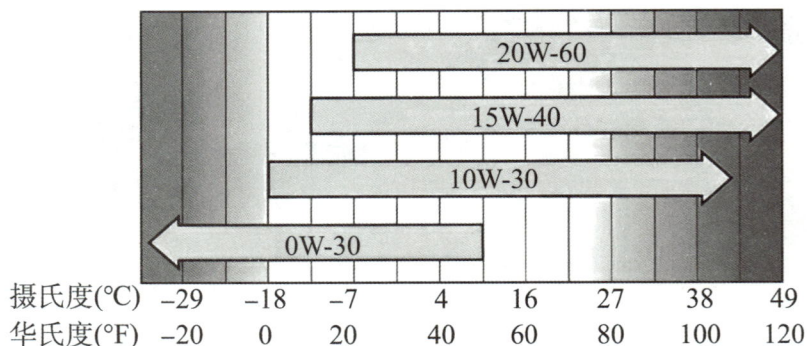

图3-15 SAE划分和适用的温度范围举例

②API/ILSAC:API(American Petroleum Institute,美国石油协会)/ILSAC(International Lubricant Standardization and Approval Committee,国际润滑油标准化及认证委员会)按发动机机油质量分类。

API机油质量等级表示机油能承受的行驶条件范围。汽油发动机机油是SA~SP等级,S后面的英文字母越靠后,机油的质量等级就越高。对于柴油机,机油划分从CA~CF-4的等级,CF-4为最高质量等级。

③ACEA:ACEA(the European Automobile Manufacture's Association,欧洲汽车制造商协会)经"欧洲油料协会"批准的发动机机油标准。

3.8 减速器油

减速器油指的是减速器齿轮油,由于齿轮传动时表面压力高,齿轮油有高的黏性指标和质量。齿轮油按其用途分为变速器、差速器或手动转向机构等的齿轮油。齿轮油有以下作用:减少器件内部齿轮和其他部件的磨损;提高传动效率;分散热量;防止内部零部件锈蚀;降低运动部件工作噪声和冲击等。下面介绍几种齿轮油的分级标准,便于汽车维护时选用正确的油品。

美国石油学会(API)将车用齿轮油的性能进行了分级,见表3-1。

美国石油学会(API)齿轮油分级　　　　　　表 3-1

API 等级	应用条件
API GL-1	纯矿物油,无添加剂。用于低齿面压力和低滑动速度条件下的摩擦副,例如转向机构及变速器内传动齿轮的润滑
API GL-2	用于高齿面压力和高滑动速度条件下的摩擦副,例如变速器内部的齿轮润滑
API GL-3	用于在较为苛刻的情况下运行的手动变速器及驱动桥内部齿轮的润滑,负荷能力介于 API GL-2 和 API GL-4 之间。不能用于准双曲面齿轮
API GL-4	用于高速低转矩及低速高转矩条件下的齿轮传动,尤其是准双曲面齿轮,但不适合于重负荷齿轮
API GL-5	用于高速及冲击负荷,高速低转矩及低速高转矩条件下的齿轮传动

　　美国汽车工程师学会(SAE)规定了齿轮油的黏度等级(图3-16)。齿轮油按黏度等级一般分为70W、75W、80W、90、140 和 250 七种。如 85W/90 的齿轮油为四季用齿轮油,在高温和低温环境中都能使用。

　　DEXRON 标准是根据美国通用汽车公司(GM)于 1967 年制定的自动变速器油标准(图3-17),也是全球最具影响力标准。自动变速器油的主要作用是传动液压力,使变速器内的制动器和离合器工作。新的自动变速器油颜色一般为透明的红色,其标准型号划分为DEXRON Ⅰ、DEXRON Ⅱ、DEXRON Ⅲ、DEXRON Ⅳ、DEXRON Ⅴ 和 DEXRON Ⅵ等,越往后质量等级越高。DEXRON 标准是应用最广泛的标准,性能要求包括:低温流动性、高温氧化性、抗泡和气体释放性、橡胶密封相容性等。

图 3-16　按 SAE、API 分级的齿轮油

图 3-17　按通用公司 DEXRON
　　　　　标准分级的齿轮油

3.9　蓄电池冷却液

　　无论是混合动力汽车的发动机,还是纯电动汽车(燃料电池汽车)的驱动电机、电机控制器、车载充电机和高压蓄电池等,在工作过程中会产生大量的热量,如果热量得不到释放,将无法正常工作并造成损坏,冷却系统的作用就是通过冷却液循环对发热部件进行散热,确保

系统正常工作。

冷却液是冷却系统传导热量的媒介,要求其具有防冻、防沸、防腐、防锈、防垢的特性。冷却液是在除离子(软化)水中按比例添加防冻剂,配以适量的金属缓蚀剂、阻垢剂等添加剂进行科学调和,达到低温时防冻、高温时防沸、防腐蚀、防水垢等作用。图 3-18 所示为防冻冷却液。

图 3-18 防冻冷却液

冷却液按防冻剂成分不同,可分为乙二醇型、丙三醇型(甘油)等类型,目前国内外发动机所使用的和市场上所出售的冷却液大部分为乙二醇型冷却液。使用不恰当的冷却液将损坏发动机冷却系统,如丰田卡罗拉需使用"Toyota Super Long Life Coolant(TSLLC-丰田超级长效冷却液)",或类似地采用混合有机酸技术的优质乙二醇基无硅酸盐、无胺、无亚硝酸盐和无硼酸冷却液。TSLLC 由50% 冷却液和 50% 除离子水混合而成,其能在气温低至 −35℃ 左右时提供保护。

一般普通冷却液的维护周期为 4 万 km 更换,长效冷却液为 10 万 ~ 16 万 km 更换,甚至终身免更换,如无水防冻液。

4 汽车底部维护操作要领

底盘部件检查

3.10 底盘部件检查操作要领

(1)减速器目视检查。

检查减速器与电机匹配端面清洁无杂物,无明显损坏、瑕疵;检查减速器油封应无损坏,各部位无漏油和渗油的迹象。

(2)驱动轴护套泄漏的检查。

如图 3-19 所示,手动转动轮胎以便它们被完全转向一侧,然后检查左右驱动轴护套(内、外侧)有无润滑脂泄漏,检查驱动轴护套裂纹或其他损坏。如图 3-20 所示,检查护套卡箍状况,确保其已经正确安装并且没有损坏。

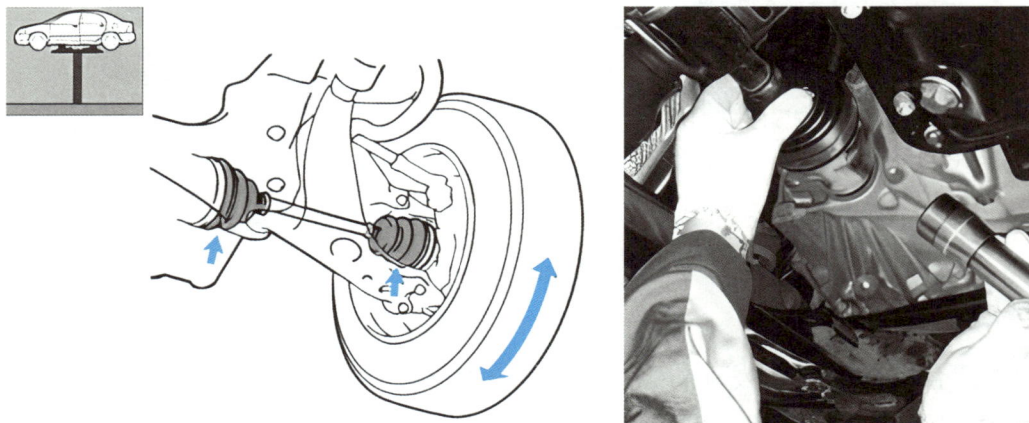

图 3-19 驱动轴护套外观及润滑脂泄漏检查

（3）悬架部件的外观检查。

如图3-21所示，检查悬架各组件是否损坏；如图3-22所示，检查减振器上是否有凹痕，检查防尘罩上是否有裂纹、裂缝或者其他损坏，检查减振器有无油泄漏；晃动和目测减振器螺旋弹簧是否损坏。如图3-23所示，晃动和目测转向节是否变形、损伤，检查球节是否有裂纹、损坏，查看开口销是否损坏。如图3-24所示，晃动和目测下臂是否有拖痕，晃动和目测检查稳定杆是否有撞击变形。

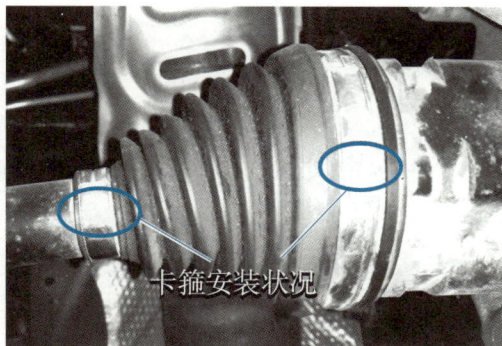

图3-20　护套卡箍状况检查

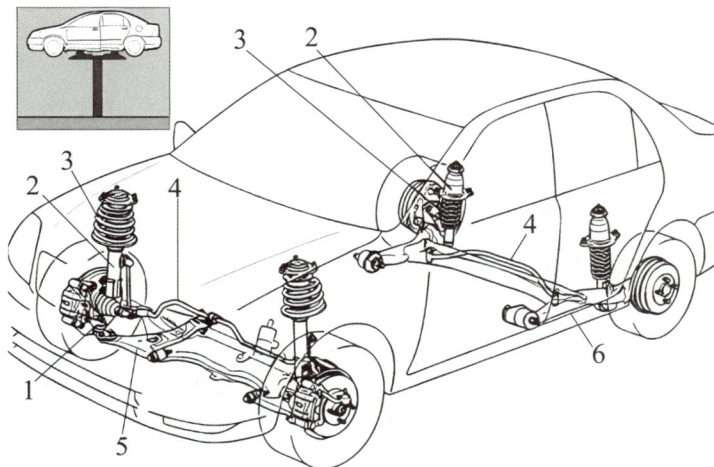

图3-21　悬架装置各部件整体外观检查
1-转向节；2-减振器；3-螺旋弹簧；4-稳定杆；5-下臂；6-拖臂和桥梁

图3-22　减振器检查

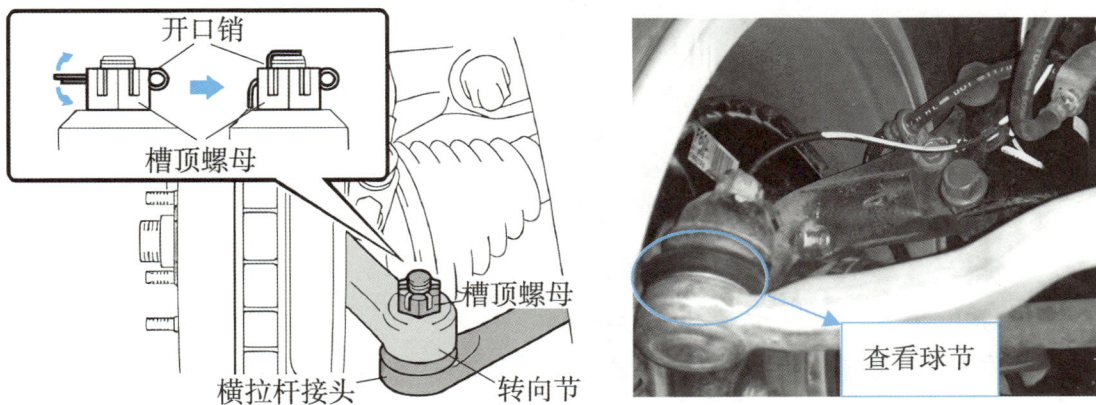

图3-23　转向节检查

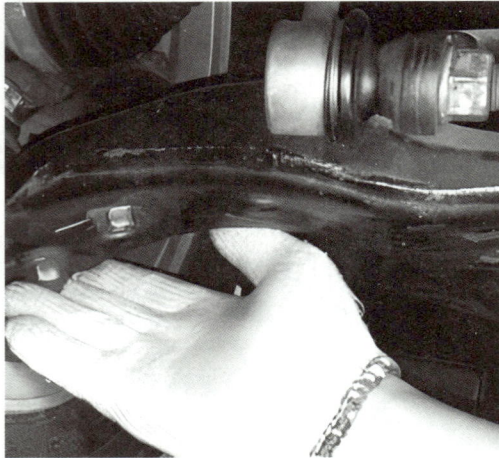

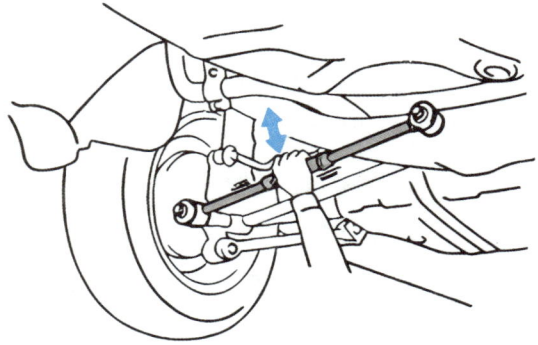

图 3-24　下臂与稳定杆检查

（4）制动管路的检查。

如图 3-25 所示，检查制动管路连接部分是否有液体渗漏。如图 3-26 所示，检查制动管路软管是否扭曲、磨损、开裂、隆起等。如图 3-27 所示，检查制动管路是否有凹痕或者其他损坏。如图 3-28 所示，检查制动管路和软管，确保车辆运动和转向时，不会因为振动而与车轮或者车身接触。

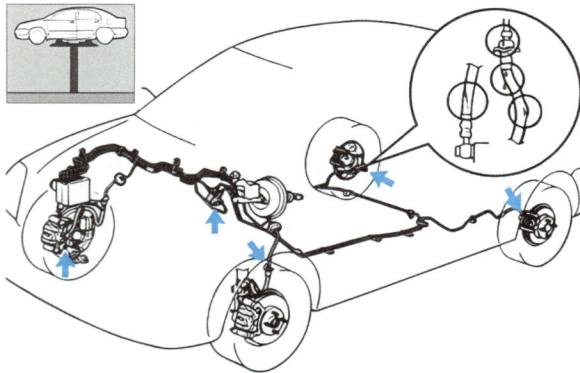

图 3-25　制动管路连接部分渗漏检查

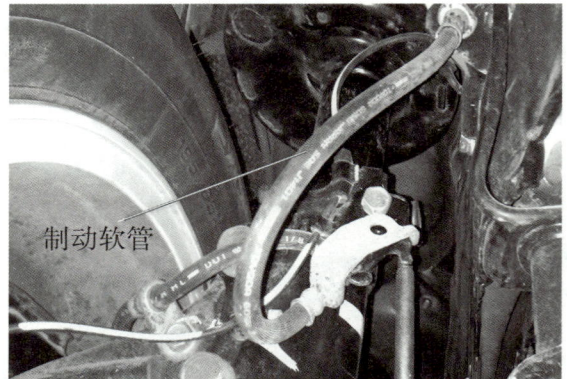

制动软管

图 3-26　制动软管检查

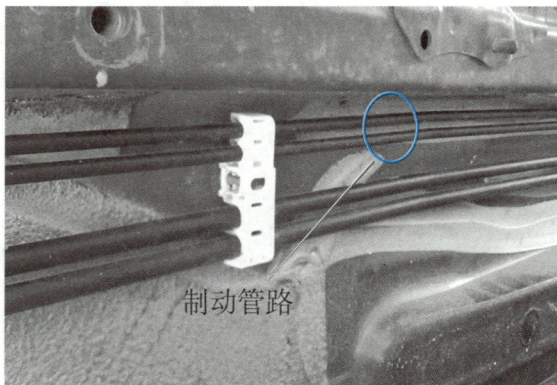

制动管路

图 3-27　制动管路凹痕或损坏检查

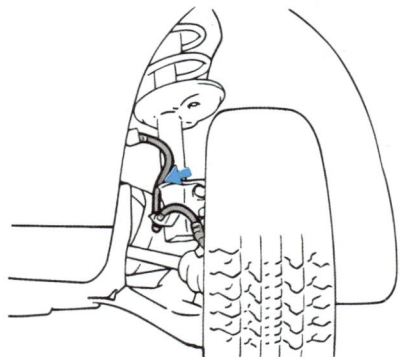

图 3-28　制动管路和软管安装检查

（5）转向系统外观检查。

如图 3-29 所示，检查转向器是否有变形或裂纹，是否有润滑脂或者机油渗漏（或者浸润）；检查防尘罩是否有裂纹或者破损。如图 3-30 所示，用手摇晃转向连接机构检查是否松动或者摆动,检查转向连接机构是否弯曲或者损坏。如图3-31所示,检查电动助力转向管柱总成轴活动联接头的加紧螺栓是否松动,总成安装支架上固定螺栓是否松动。

(6)发动机油底壳与配合表面的检查。

如图3-32所示,检查机油排放塞有无泄漏。如图3-33所示,检查机油滤清器有无泄漏。如图3-34所示,检查发动机油底壳配合表面、前后油封各配合表面有无泄漏。

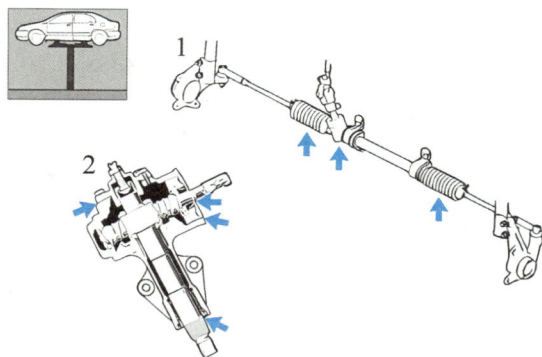

图3-29 齿轮箱渗漏和防尘罩检查
1-齿条和小齿轮类型;2-循环球类型

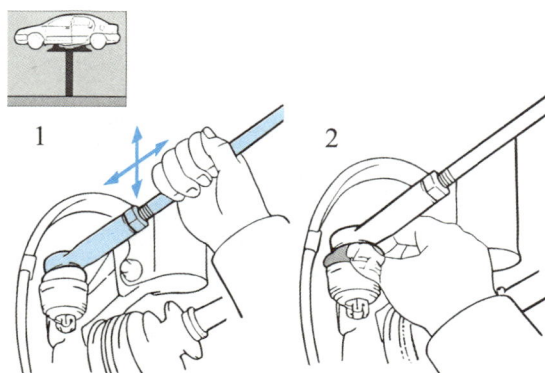

图3-30 转向连接机构检查

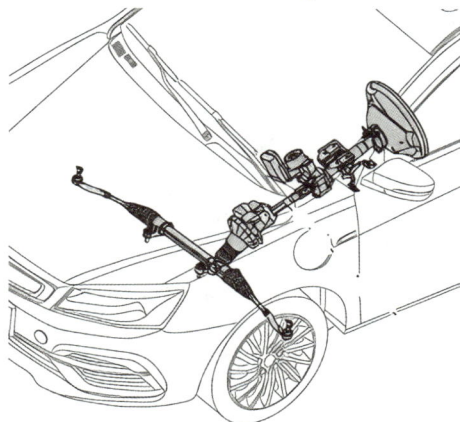

图3-31 电动助力转向管柱总成检查

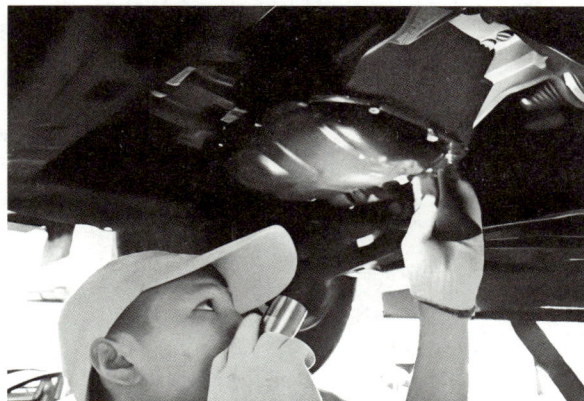

图3-32 机油排放塞泄漏检查

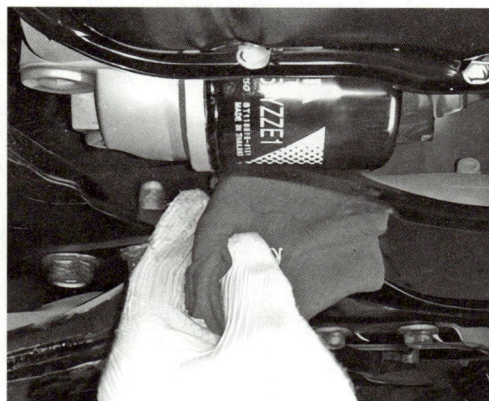

图3-33 机油滤清器泄漏检查

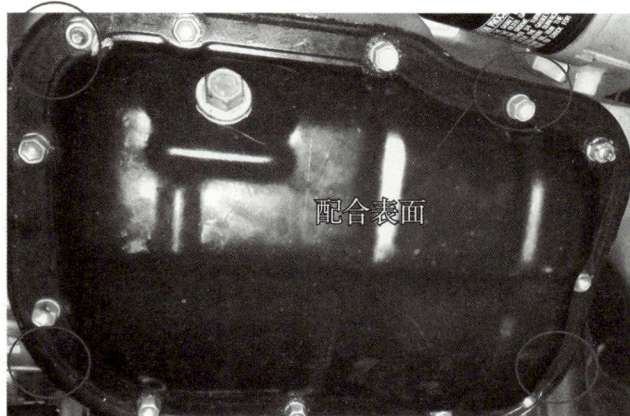

配合表面

图3-34 发动机油底壳配合表面

部分车型发动机下部安装了防护板,需要先拆御防护板后再进行检查;在检查过程中要借助手电筒或维修工作灯来进行,同时用一块干净的抹布擦拭各工作面、配合表面,从而通过观察抹布油迹情况来判断有无泄漏。

(7)自动变速器油泄漏的检查。

如图3-35所示,检查自动变速器油底壳配合表面,前后油封配合表面有无泄漏。如图3-36所示,检查自动变速器油冷却软管接头、轴和拉索伸出区域有无泄漏。如图3-37所示,若实训用车型装配的是手动变速器,除需检查离合器工作缸、手动变速器各配合表面、轴和拉索伸出区域有无泄漏以外,还需从变速器上拆卸油加注塞,将手指插入塞孔,并且检查油与手提接触的位置。

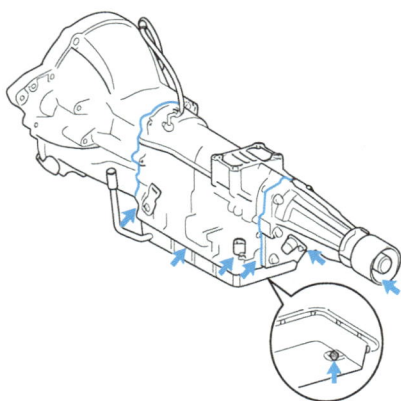

图3-35　自动变速器油底壳配合表面、油封配合表面检查

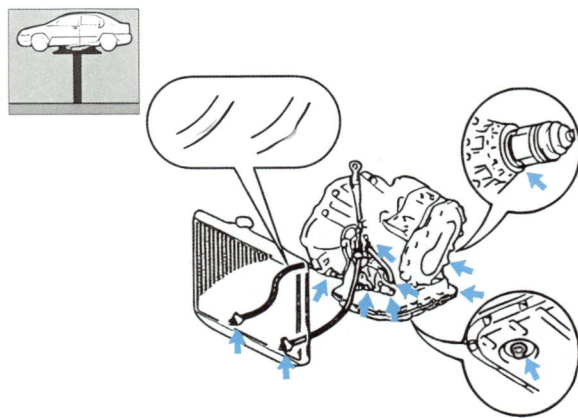

图3-36　自动变速器油冷却软管接头、轴和拉索伸出区域检查

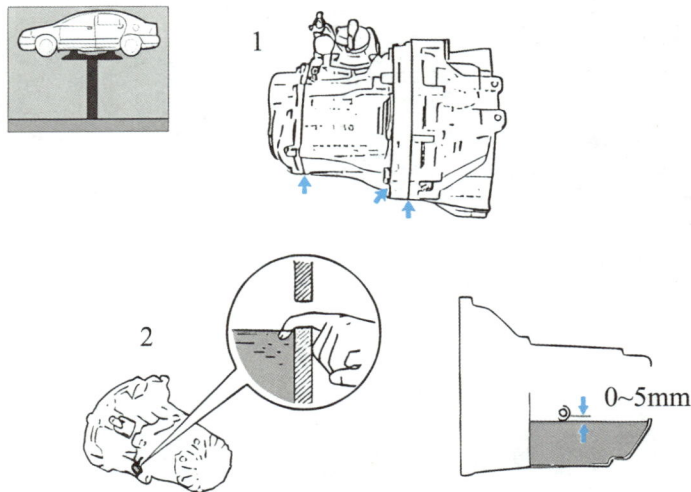

图3-37　手动变速器配合表面、轴和拉索伸出区域检查

(8)燃油管路的检查。

如图3-38所示,检查燃油管路有无泄漏;检查燃油管路各连接处有无泄漏;检查燃油管路有无破裂和其他损坏。注意:制动管路和燃油管路因为有保护盖在外面进行保护,如果保护盖上有飞石撞击的痕迹,制动管路和燃油管路就很可能有损坏;燃油管路检查过程中还需要注意检查燃油加注管与油箱连接的各连接处有无泄漏。

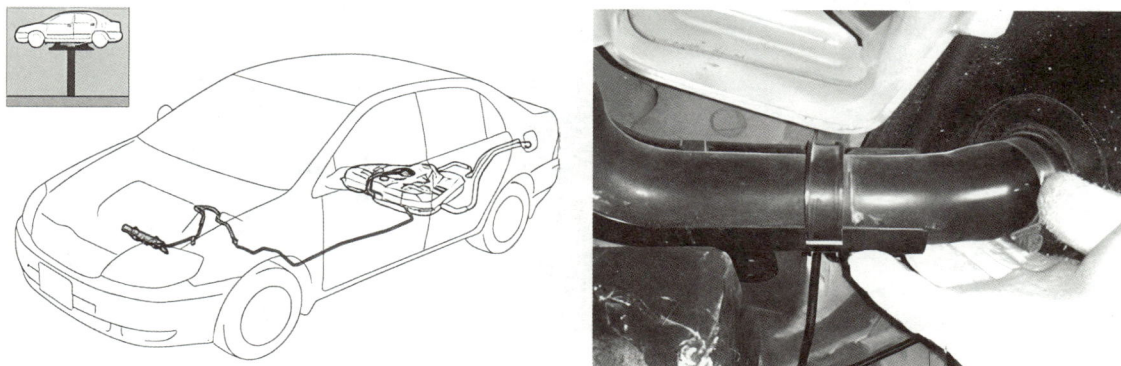

图 3-38 燃油管路检查

（9）尾气排放管的检查。

如图 3-39 所示，进行尾气排放管损坏和安装状况检查。检查排气管、消声器、垫片是否损坏；检查排气管支架上的 O 形圈是否损坏或者脱离；通过观察接头周围是否存在任何炭黑，检查排气管连接部分是否泄漏废气。注意：通过观察尾气排放管、消音器、三元催化转换器各连接部分是否存在任何炭黑或沾挂着小滴来判断有无泄漏；排气管温度很高，注意防止烫伤。

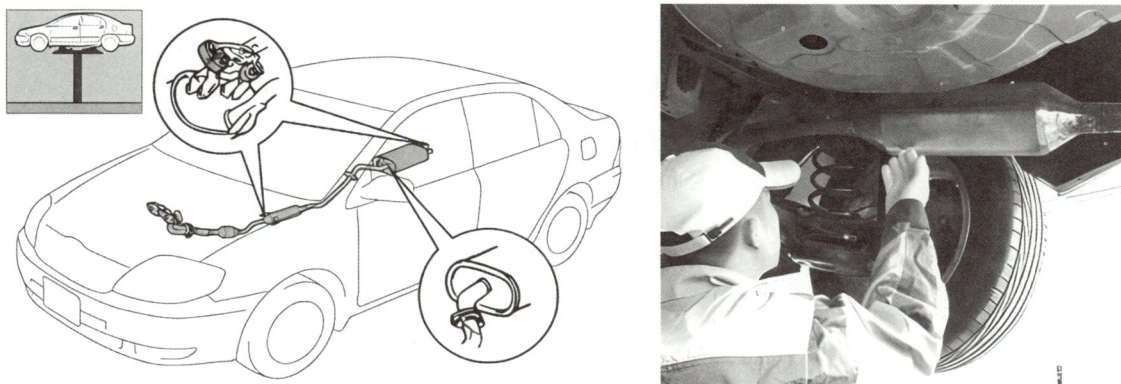

图 3-39 尾气排放管检查

3.11 底盘部件的紧固检查操作要领

如图 3-40 所示，使用力矩扳手进行紧固；如图 3-41 所示，使用梅花扳手进行紧固；如图 3-42 所示，使用开口扳手进行紧固。底盘检查作业的零部件较多，为提高工作效率，可自行安排作业路线，但要注意不能缺项漏项。在底盘检查作业时，要保持地板无油滴和水渍，严禁在底盘底下长期逗留和嬉戏打闹。此外，还应该注意操作时用力姿势，防止扭伤。

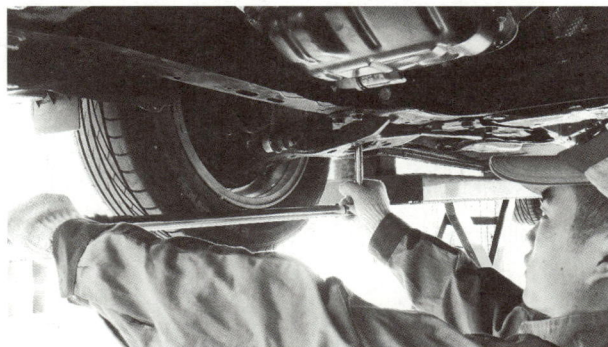

图 3-40 使用力矩扳手进行紧固

动力蓄电池的就车
拆卸与安装

底盘部件的紧固检查

图 3-41 使用梅花扳手进行紧固

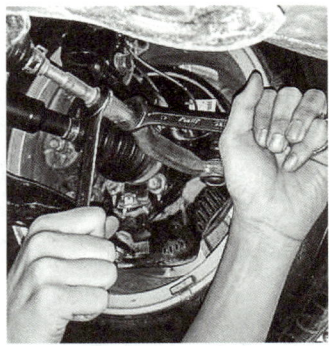

图 3-42 使用开口扳手进行紧固

3.12 油液的排放与更换操作要领

(1)检查减速器液位。

将车辆水平放置,并让减速器内部的油冷却,如图 3-43 所示,拆卸加注孔塞并检查液位;减速器液面应该与加注孔下缘齐平;如果液面过低,通过加注孔塞添加专用的减速器油,直到油液开始流出。

(2)减速器油的更换和加注。

将车辆举升并水平放置,拆卸机舱底部护板总成;拆卸减速器加注孔塞、放油螺塞;用回收容器接收放出的减速器油;查阅维修手册,查找减速器放油螺塞安装力矩,紧固放油螺塞;查阅维修手册,查找减速器油牌号及加注量;加注专用的减速器油,直到油液开始流出;查阅维修手册,查找减速器加注孔螺塞安装力矩并紧固,再安装机舱底部护板总成。操作注意:如果减速器油温过高,执行油液更换可能会造成烫伤。

减速器油的
排放与更换

(3)检查蓄电池冷却液液位。

如图 3-44 所示,查看储液罐液面,液面位置应该在保持在 F 和 L 之间;拧开加注口盖,查看冷却液颜色是否浑浊。操作时注意:缓慢旋开加注口盖,散热时切勿揭开加注口盖,以免烫伤。如果冷却液不在规定范围内,应该添加;如果冷却液颜色浑浊,则应更换。

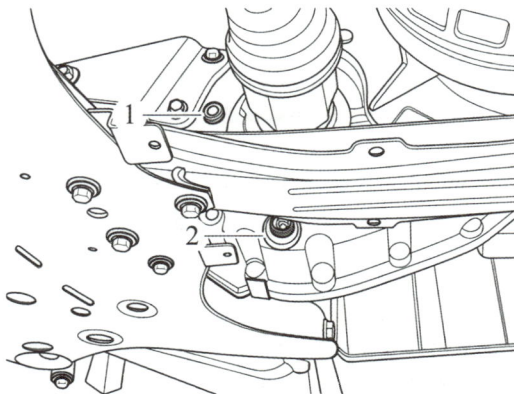

图 3-43 减速器加注孔塞和放油螺塞
1-加注孔塞;2-放油螺塞

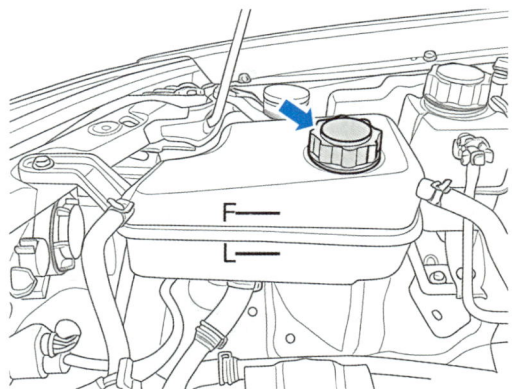

图 3-44 蓄电池冷却液液位检查

(4)蓄电池冷却液更换与加注。

打开冷却液储液罐总成盖,如图 3-45 所示,断开散热器出水管,用回收容器接收放出的冷却液;然后,连接散热器出水管,确保冷却管路连接完整。

静态加注:将车辆起动至"ON"挡且非充电状态,连接诊断仪,选择车型→手工选择系统→空调控制器(AC)→特殊功能,选择加注初始化,车辆处于加注初始化状态。如图3-46所示,拧开储液罐盖,缓慢加注冷却液,直至储液罐内冷却液量达到80%左右,且液位不再下降。操作注意:动力蓄电池的冷却液需选用冰点≤ -40℃的冷却液。

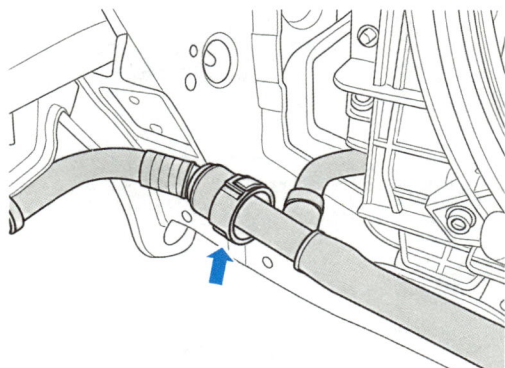

图3-45　蓄电池冷却液连接管路图

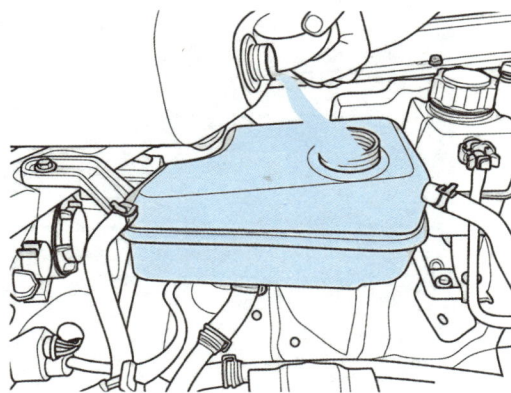

图3-46　加注蓄电池冷却液

系统排气:控制诊断仪,使车辆处于排气状态,如果液位下降则及时补充冷却液,排气过程时长不小于10min。观察储液罐内冷却液下降,及时补充冷却液,保持冷却液液位处于MAX线和MIN线之间,如图3-47所示。

加注完成:拧紧储液罐盖,控制诊断仪,使车辆恢复默认模式。

(5)排放发动机机油。

如图3-48所示,排放机油前,根据车辆举升的高度,把机油回收器调整到合适的高度;将接油口与排放口相对,调整好机油回收器的位置。如图3-49所示,用工具拧松机油排放塞,戴好橡胶手套取下机油排放塞。注意:在使用机油回收器过程中一定要按规程来操作,以防误操作导致桶里面有残余压力把废机油压出来飞溅出去;因为废机油较热和脏,在排放的过程中要小心别弄到身上或掉到地上;若不小心机油掉落到地上,则要用抹布及时清理干净。

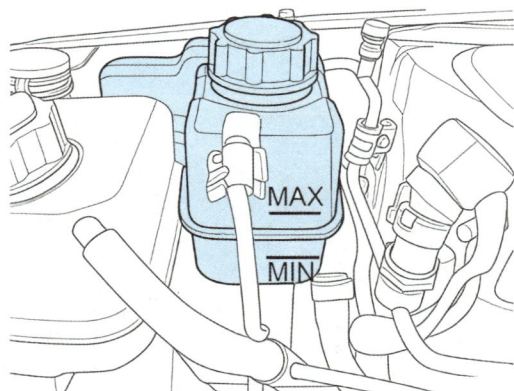

图3-47　冷却液液位

图3-48　调整机油回收器位置

(6)安装机油排放塞。

如图3-50所示,更换新的排放塞垫片。查阅维修手册,查找机油排放塞螺母安装力矩,按规定力矩紧固排放塞。注意:机油排放塞的密封垫片有可能会粘在油底壳上,在机油排放完以后要进行检查;排放塞垫片安装时要注意方向,平的一面与油底壳接触。若不更换新的排放塞垫片,易导致机油排放塞密封不严,出现漏油现象。部分车型采用的金属垫片无须每次换机油时进行更换。

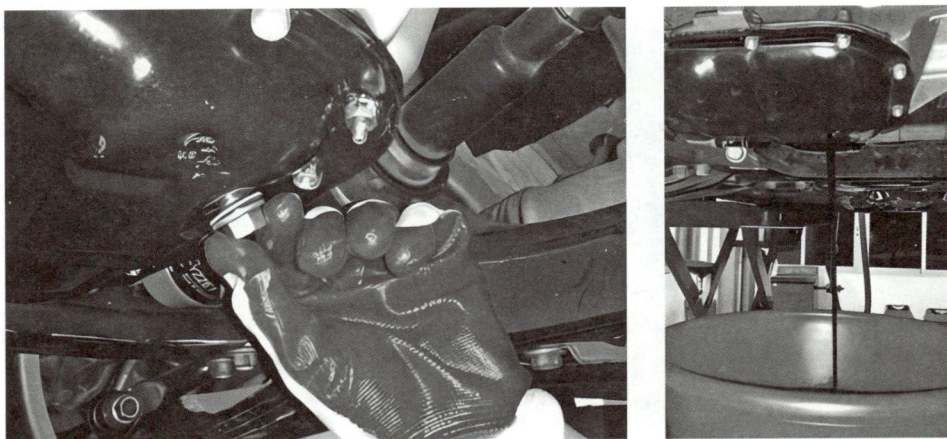

图 3-49　戴好橡胶手套取下机油排放塞并排放机油

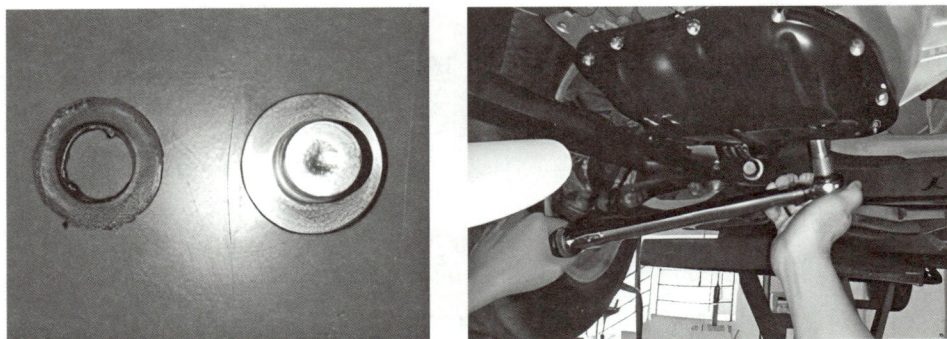

图 3-50　更换新的排放塞垫片并紧固至规定力矩

(7)拆卸及安装机油滤清器。

如图 3-51 所示,选择合适的专用工具,拆卸机油滤清器;如图 3-52 所示,在机油滤清器表面涂抹一层薄薄的机油,用手把机油滤清器与缸体拧贴;查阅维修手册,查找机油滤清器安装力矩,选择合适的专用工具,紧固机油滤清器。注意:机油滤清器紧固要求是在拧贴的情况下再上紧3/4圈或上紧到规定的力矩。部分车型的机油滤清器不需要举升车辆来拆装,只需在机舱内来拆装。

图 3-51　选择专用工具拆卸机油滤清器

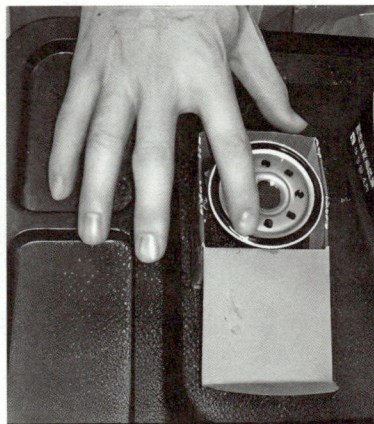

图 3-52　机油滤清器表面涂抹机油

单元4 车轮的检查与换位

① 车轮

4.1 车轮的结构和类型

车轮和轮胎是汽车行驶系统中的重要部件,车轮和轮胎有时统称车轮总成。车轮是介于轮胎和车桥之间承受负荷的旋转组件,由轮毂、轮辐和轮辋组成,如图4-1所示。

按轮辐结构不同,车轮可分为辐板式车轮和辐条式车轮。辐板式车轮(图4-2)是指轮辋与轮辐永久连接的车轮,如目前广泛应用的铝合金车轮。辐条式车轮(图4-3)是指轮辋通过若干辐条连接到轮毂而构成的车轮,有钢丝辐条式和铸造辐条式两种,前者仅用于赛车和某些高级轿车上,后者多用于重型汽车。

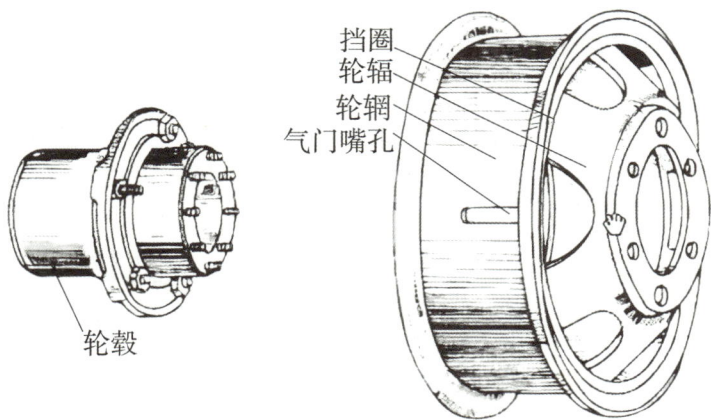

图4-1 车轮的结构

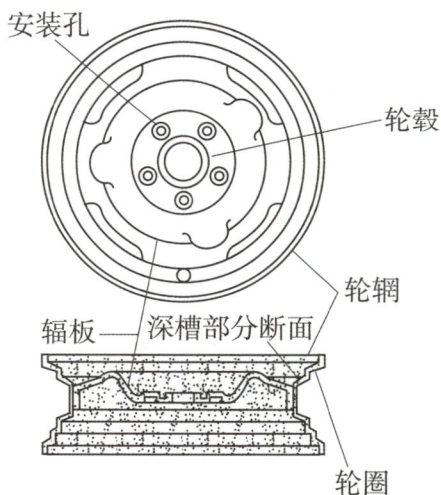

图4-2 辐板式车轮

a) 钢丝辐条式

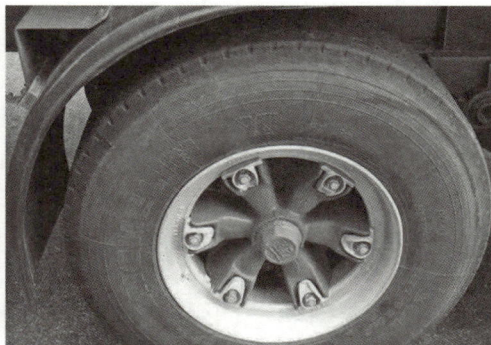

b) 铸造辐条式

图4-3 辐条式车轮

4.2 轮辋的类型

轮辋的常见形式主要有深槽轮辋、平底轮辋和对开式轮辋,如图 4-4 所示。深槽轮辋是一种整体式轮辋,带有护肩的深槽轮辋适合安装无内胎轮胎,主要用于轿车和轻型越野车。平底轮辋多用于货车,其挡圈是整体形式的,且用一个开口锁圈来防止挡圈脱出。对开式轮辋适用于中、重型越野车,由内外两部分组成,其内、外轮辋的宽度可以相等,也可以不等,两者用螺栓连成一体。

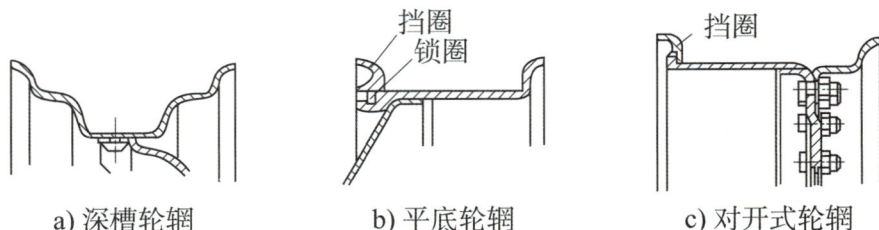

a) 深槽轮辋　　　　b) 平底轮辋　　　　c) 对开式轮辋

图 4-4　轮辋的类型

4.3 轮辋的规格

乘用车的轮辋规格举例:

$$16 \times 6.5J$$

16:轮辋名义直径 16in;

×:用符号"×"表示该轮辋为一件式轮辋,用符号"-"表示该轮辋为两件部件以上构成的多件式轮辋;

6.5:轮辋名义宽度 6.5in;

J:轮缘型号,反映轮辋轮廓的形状。

2　轮胎

4.4 轮胎的作用

现代汽车几乎都采用充气轮胎,它的作用是:

(1)和汽车悬架共同来缓和汽车行驶时所受到的冲击,并衰减由此产生的振动,以保证汽车有良好的乘坐舒适性和行驶平顺性。

(2)保证车轮与路面间有良好的附着性,以提高汽车的牵引性、制动性和通过性。

(3)承受汽车的重力,并传递其他方向的力和力矩。

4.5 轮胎的结构

轮胎表面包含了胎冠(俗称胎面)、胎肩、胎侧和胎圈四个组成部分,如图 4-5 所示。

轮胎内部包含了帘布层、带束层、气密层等,如图 4-6 所示。

(1)帘布层:帘布层是充气轮胎的骨架,由细小的织物纤维黏合在橡胶上制成,轮胎的强度主要取决于帘布层的强度,它被称为"胎体"。

（2）带束层：胎面与胎体之间的带束层，保护胎体，并为胎面提供了刚性基础。

（3）气密层：由几乎无法渗透的丁基合成橡胶制成。在现代无内胎轮胎中，这种材料替代了原来的内胎。

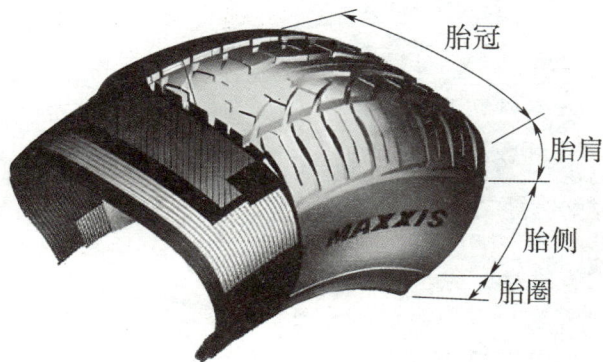

图4-5 轮胎外表面结构

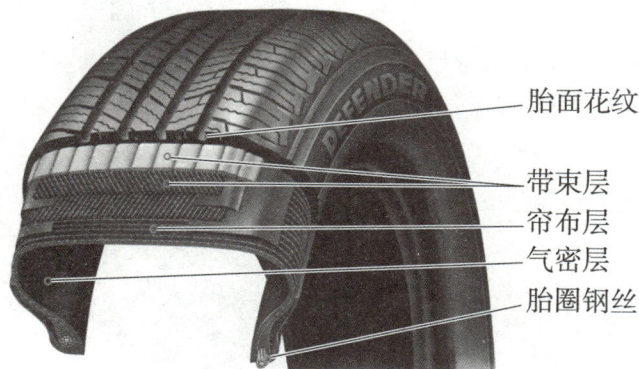

图4-6 轮胎内部结构

4.6 轮胎花纹的作用和类型

轮胎胎面花纹不仅让轮胎外观漂亮，而且增强轮胎与路面的附着作用，提升车辆的操控性能，为轮胎散热、排水，降低胎噪，增加舒适性。

轮胎胎面花纹主要有公路花纹（包括纵向花纹和横向花纹）、混合花纹和越野花纹等，如图4-7所示。公路花纹的特点是花纹细而浅，花纹块接地面积大，耐磨性和附着性较好，适用于铺装路面。其中，纵向花纹滚动阻力小，胎噪小，舒适型好，但制动性能和湿地稳定性能较差；横向花纹具有良好的制动、操纵和驱动性能，但滚动阻力大，高速行驶时胎噪大。混合花纹由纵向花纹和横向花纹组合而成，适用于各种路面情况。越野花纹的特点是凹部深而宽，适用于非铺装路面。

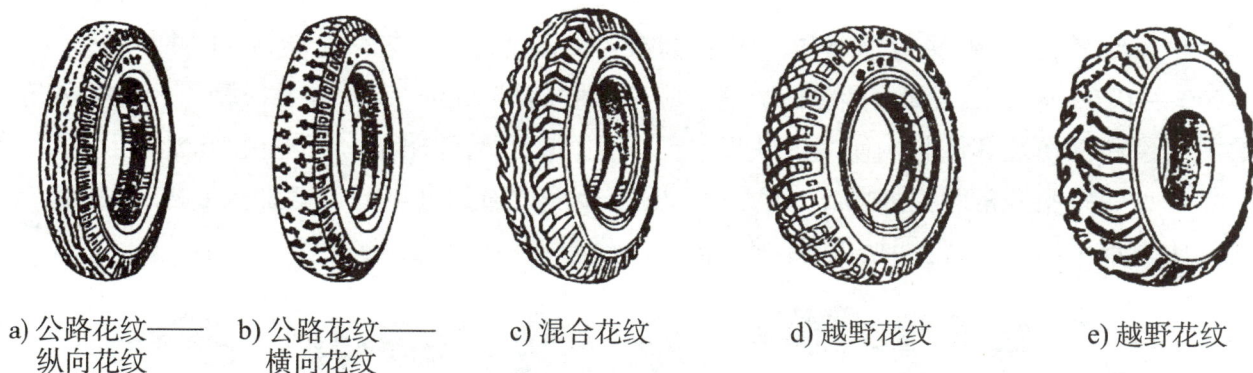

a) 公路花纹——纵向花纹 　b) 公路花纹——横向花纹 　c) 混合花纹 　d) 越野花纹 　e) 越野花纹

图4-7 轮胎胎面花纹的种类

此外，还有一些胎面花纹类型，如图4-8所示。非对称花纹，其胎面左右两侧花纹形状不同，利用外侧花纹提高转弯性能和耐磨性能，内侧花纹提高防滑性能。单向花纹具有卓越的制动性能和排水性能，它有固定的滚动方向，不能装反。

4.7 轮胎的磨损

如果轮胎的花纹过浅，容易产生有害的"滑水现象"（图4-9），给行车安全造成极大危害。在潮湿或雨天时,路面会覆盖上一层水膜。汽车在水膜上行驶时,水膜会对轮胎产生动压力。当达到一定车速时,动压力会使轮胎与路面脱离接触,轮胎滑行在水膜之上。

a) 非对称花纹　　　　　　b) 单向花纹

图 4-8　非对称花纹和单向花纹

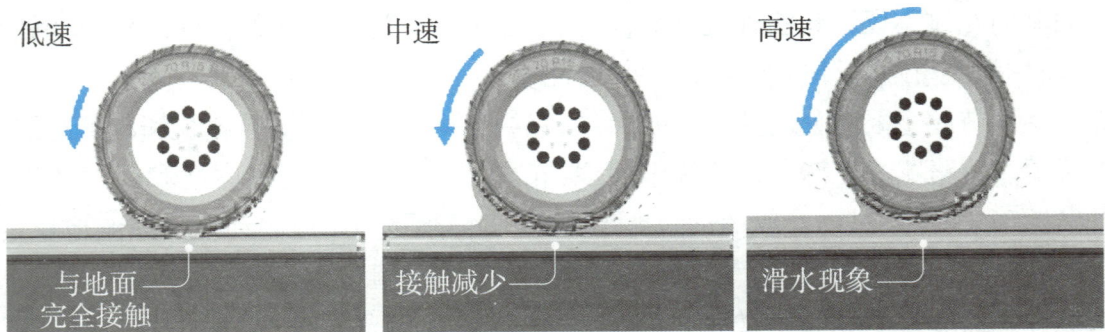

低速　　　　　　中速　　　　　　高速

与地面完全接触　　　接触减少　　　滑水现象

图 4-9　滑水现象

除了对轮胎花纹深度有要求,国家标准《机动车安全技术检验项目和方法》(GB 38900—2020)还要求,轮胎的胎面、胎壁不应有长度超过25mm 或深度足以暴露出轮胎帘布层的破裂和割伤及其他影响使用的缺损、异常磨损和变形,轮胎不应有不规则磨损。

常见的轮胎异常磨损如图 4-10 所示。轮胎异常磨损和过早磨损有许多原因,其中包括充气压力不正确、没有定期换位、驾驶习惯不良或车轮定位不正确。

a) 胎面中间磨损　　b) 双肩磨损　　c) 单侧磨损　　d) 羽状磨损　　e) 局部磨损

图 4-10　常见的轮胎异常磨损

4.8　轮胎的类型

充气轮胎按组成结构不同,可分为无内胎轮胎和有内胎轮胎两种。无内胎轮胎如被刺破,气压不会急剧下降,能继续行驶,如图 4-11 所示。此外,无内胎轮胎可直接通过轮辋散热,工作温度低,使用寿命长;结构简单,质量小,适于高速行驶。

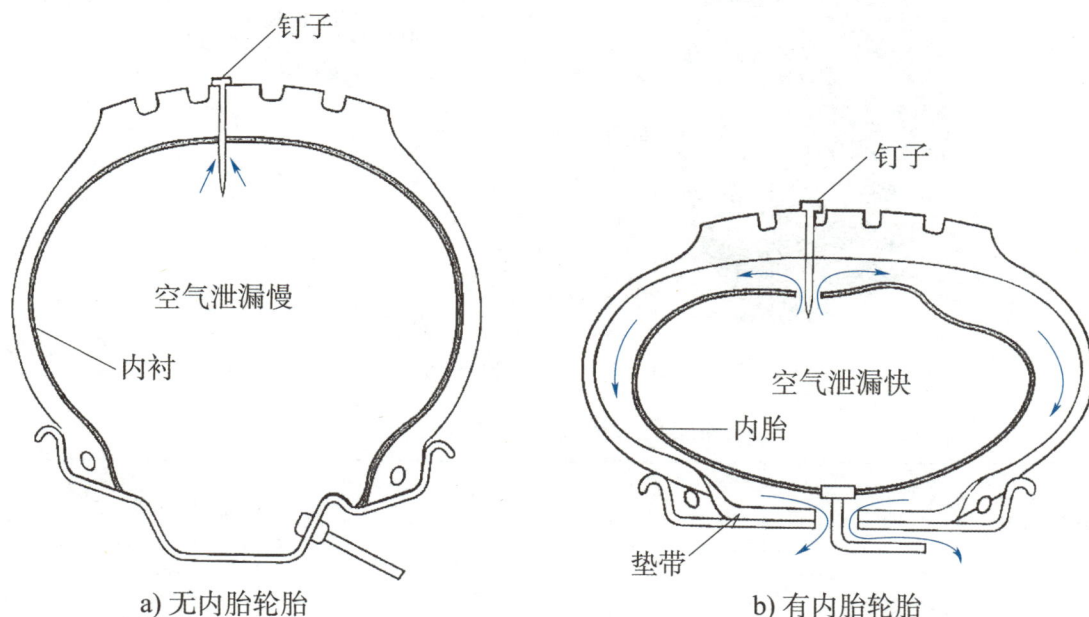

a) 无内胎轮胎   b) 有内胎轮胎

图 4-11 轮胎如被刺破

轮胎按胎体帘线的走向,可分为子午线胎和斜交胎,如图 4-12 所示。子午线胎的优点是:胎体柔软,接地面积大,附着性能好;帘布层数少,胎侧薄,散热性能好,缓冲性能好;滚动阻力小,可降低油耗且轮胎使用寿命长;转向行驶和高速行驶时稳定性也好于斜交胎。目前,轿车全都装用子午线胎,货车也越来越多地使用子午线胎,斜交胎主要用于工业和农业车辆。

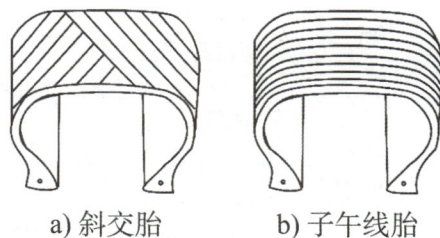

a) 斜交胎   b) 子午线胎

图 4-12 斜交胎和子午线胎

4.9 轮胎规格

如图 4-13 所示,轮胎规格举例:

195/65R15 91H

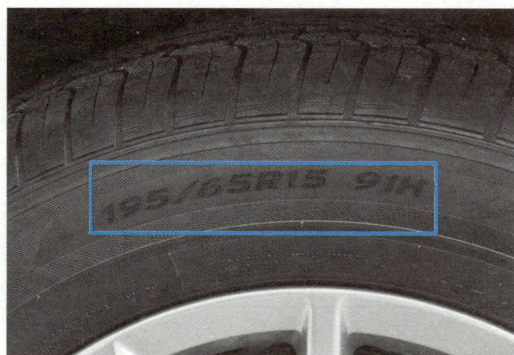

图 4-13 轮胎规格

195:轮胎断面宽度 195mm。

65:扁平率 65%。扁平率即高宽比,其定义如图 4-14 所示。扁平率越小,表示轮胎越扁。

R:子午线胎。

15:轮辋直径 15in。

91:负荷指数,须查询轮胎负荷指数对照表(表 4-1),91 表示该轮胎最大载荷为 615kg。

H:速度级别,须查询轮胎速度级别对照表(表 4-2),H 表示该轮胎最高行驶速度为 210km/h。

$$扁平率=\frac{断面高度}{断面宽度}\times100\%$$

图 4-14 扁平率的定义

轮胎负荷指数对照表(部分)
表 4-1

负荷指数	最大载荷质量(kg)	负荷指数	最大载荷质量(kg)	负荷指数	最大载荷质量(kg)
72	355	82	475	92	630
73	365	83	487	93	650
74	375	84	500	94	670
75	387	85	515	95	690
76	400	86	530	96	710
77	412	87	545	97	730
78	425	88	560	98	750
79	437	89	580	99	775
80	450	90	600	100	800
81	462	91	615	101	825

轮胎速度级别对照表(部分)
表 4-2

速度级别	最高行驶速度(km/h)	速度级别	最高行驶速度(km/h)
L	120	T	190
M	130	U	200
N	140	H	210
P	150	V	240
Q	160	W	270
R	170	Y	300
S	180	ZR	240 以上

4.10 泄气保用轮胎

泄气保用轮胎,英文缩写 RSC,俗称"防爆胎",它利用坚固的侧壁提供支撑,以防止胎面发生爆胎时瞬间塌陷而失去抓地力，如图 4-15 所示。以某品牌泄气保用轮胎为例，在轮胎泄气或爆胎的情况下，车辆仍然能以 80km/h 的速度继续行驶 250km，这个距离可以让车辆支撑到维修店。

a) 充气状态　　　　　b) 缺气状态

图 4-15　泄气保用轮胎与普通轮胎对比

4.11　TPMS

TPMS(Tire Pressure Monitoring System,胎压监测系统)的作用是在汽车行驶过程中对轮胎气压进行实时自动监测，并通过 TPMS 警报灯(图 4-16)对轮胎漏气和低气压等状况进行报警，以确保行车安全。

TPMS 通过安装在轮胎内的 TPMS 传感器(图 4-17)实时监控轮胎气压、温度等参数，TPMS 传感器与 TPMS 接收单元之间通过无线射频通信。当轮胎发生高压、低压、高温等异常状态时,TPMS 接收单元发送报警信号给仪表进行报警提醒，使驾乘人员可以及时有效地处理异常状况，降低危险发生的概率。TPMS 的功能还包括在轮胎换位或更换 TPMS 传感器后自动学习与定位。

TPMS警报灯

图 4-16　TPMS 警报灯

TPMS传感器

图 4-17　TPMS 传感器

③　操作要领

4.12　车轮和轮胎检查

(1)举升车辆。

车辆举升前挂空挡，完全释放驻车制动，以方便旋转车轮来做检查。举升车辆至合适高度，如图 4-18 所示。

(2)检查车轮轴承。

如图 4-19 所示,用手晃动车轮,检查车轮是否有松动。如图 4-20 所示,旋转车轮,是否转动顺畅,倾听车轮轴承是否有噪

车轮和轮胎检查

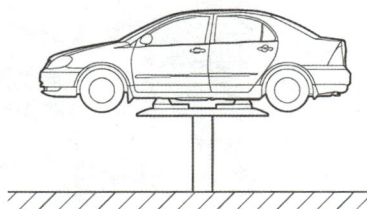

图 4-18　举升车辆

声。如果有噪声,与同一型号正常的车辆做综合对比测试,可以确认噪声是否属于正常工作噪声。如果有松动,可能是车轮轴承松动,也可能是由于悬架部件松动导致的。

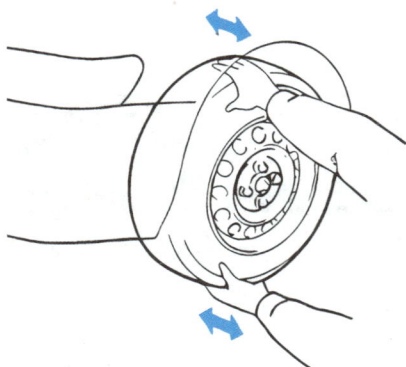

图 4-19　晃动车轮检查

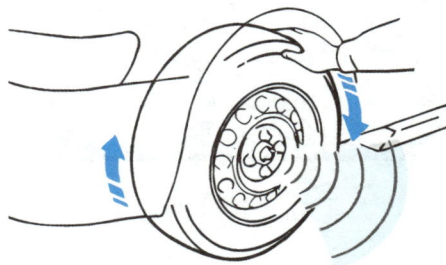

图 4-20　倾听车轮噪声

（3）检查轮胎。

检查轮胎是否有切口、穿孔、裂纹;碎屑、剥落;鼓包;异物穿透。检查胎面花纹是否嵌入金属颗粒或其他异物。检查轮胎是否出现异常磨损。使用轮胎花纹深度尺(图 4-21)测量胎面花纹深度,如图 4-22 所示,每个轮胎间隔 120°测量 3 个位置,每个位置测量 4 个点。

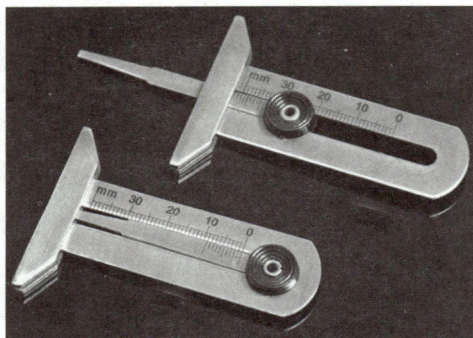

a) 机械式

b) 数显式

图 4-21　轮胎花纹深度尺

轿车轮胎花纹深度极限值为 1.6mm,不过,当花纹磨损到小于 3mm 时,为安全起见,建议更换轮胎。轮胎磨耗标识(Tire Wear Indicator,TWI),如图 4-23 所示,是表明胎面磨损已到极限的标志,它是稍稍高于轮胎花纹沟底 1.6mm 的凸台。

图 4-22　测量轮胎花纹深度

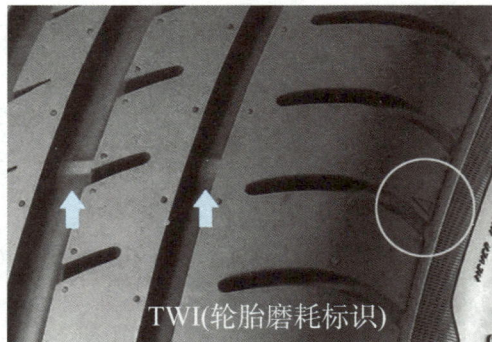

TWI(轮胎磨耗标识)

图 4-23　轮胎磨耗标识

（4）检查轮辋和轮辐。

检查轮辋和轮辐是否腐蚀或损坏，如图4-24所示。

（5）检查和调整轮胎气压。

将举升机降至地面。根据规定的标准胎压，检查并调整各轮胎包括备胎气压。标准胎压一般在车辆用户手册、驾驶室门旁边（靠近B柱）、油箱盖等地方可以找到，如图4-25所示。

a）腐蚀　　　　　　　b）损坏

图4-24　轮辋和轮辐腐蚀或损坏

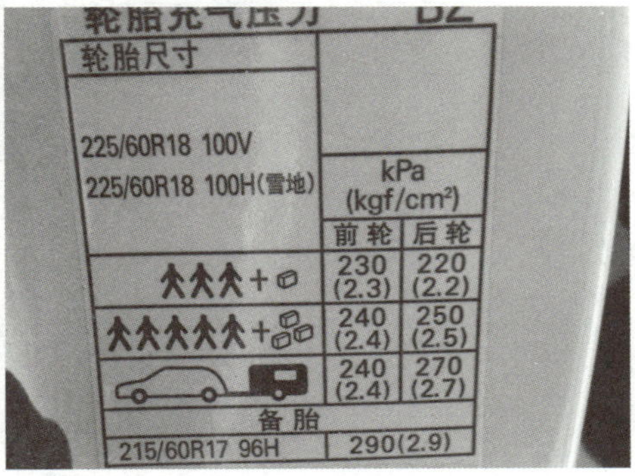

图4-25　标准胎压标签

在维护汽车时，备胎胎压通常比标准胎压多加50kPa，这样能够放置的时间更久一些。如果备胎是非全尺寸轮胎，一般按胎压标签加注到420kPa。另外，根据国家标准《轿车轮胎规格、尺寸、气压与负荷》（GB/T 2978—2014），在任何情况下，为安全起见，轿车轮胎实际使用的最高胎压不应大于350kPa。

不要忘记装回轮胎气门嘴帽。如果未安装气门嘴帽，污物或湿气可能进入气门嘴并导致漏气。

4.13　轮胎换位

轮胎换位

（1）在轮胎上做记号。

用笔在轮胎上做记号：FL（左前轮）、FR（右前轮）、RL（左后轮）、RR（右后轮）。

（2）拆卸车轮。

如图4-26所示，按对角顺序、分多次拧松车轮螺母，再拆卸车轮螺母，拆卸车轮。

与使用手动工具相比，使用气动冲击扳手［图4-27a）］可以减少操作步骤，快速方便地拆卸车轮螺母。不过需要注意，气动冲击扳手必须配合风动套筒［图4-27b）］使用，不允许使用普通套筒，否则有套筒飞脱甚至套筒爆裂的危险。使用气动冲击扳手时，不能穿戴棉纱手套，以免松垮的手套被高速旋转的扳手卷入，造成伤害。

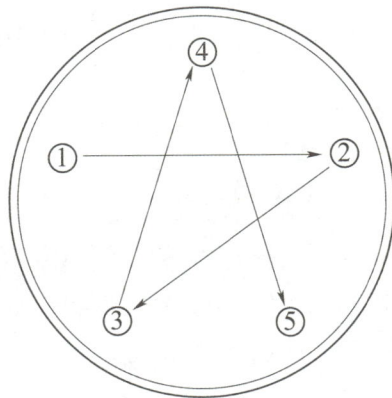

图4-26　对角拧松螺母

（3）进行轮胎换位。

按照维修手册规定的顺序，进行轮胎换位，如图4-28所示。车辆前后轮由于运转时所承受的负荷各不相同，磨损的情况也会大不相同。为了延长轮胎的使用寿命，达到四个轮胎同步均匀磨损的效果,并提高行车安全性,建议每行驶10000km进行一次轮胎换位。斜交胎采用前后左右交换的换位法。子午线胎一般前后换位,左右换位会产生振动,甚至使帘布脱落。

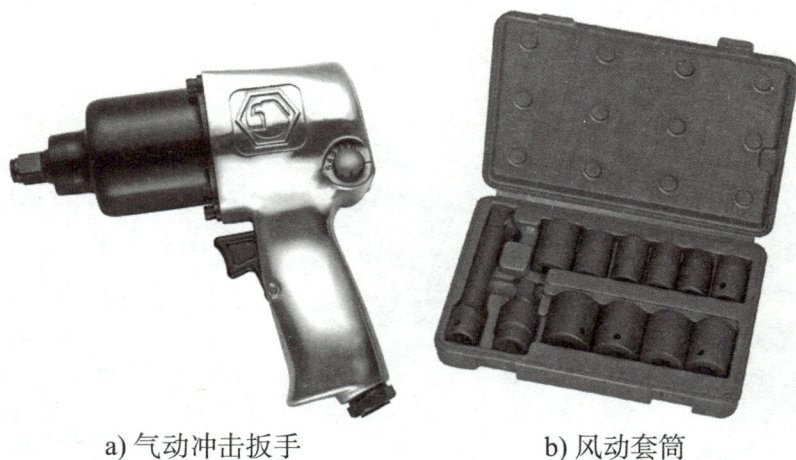

a) 气动冲击扳手   b) 风动套筒

图 4-27　气动冲击扳手和风动套筒

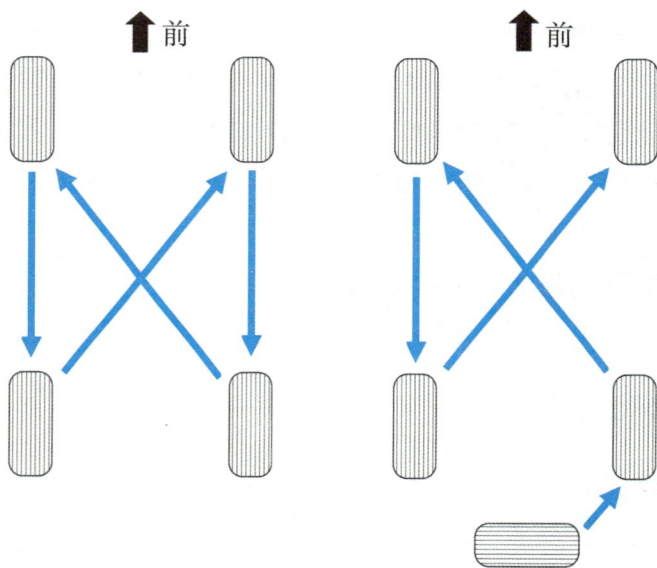

a) 不启用备胎的轮胎换位   b) 启用备胎的轮胎换位

图 4-28　前置前驱轿车轮胎换位方法

(4)安装车轮。

安装车轮之前,去除车轮支座面、制动鼓或制动盘支座面(图4-29)上的锈蚀。用手旋入车轮螺母,再按对角顺序,预紧车轮螺母。不允许使用气动冲击扳手来上紧螺母,以免力矩过大超出规定值,造成损坏或危险。

(5)紧固车轮螺母。

操作举升机,将车辆降至车轮贴地,使车轮处于半受力状态。实施驻车制动、挂P挡、安装车轮挡块。如图4-30所示,按规定力矩,使用扭力扳手以对角顺序紧固车轮螺母。将车辆完全降至地面,重新检查和调整轮胎气压。

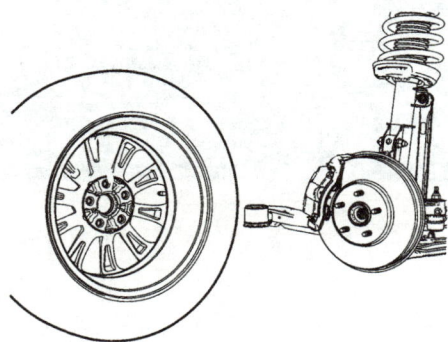

图 4-29 车轮支座面和制动盘支座面

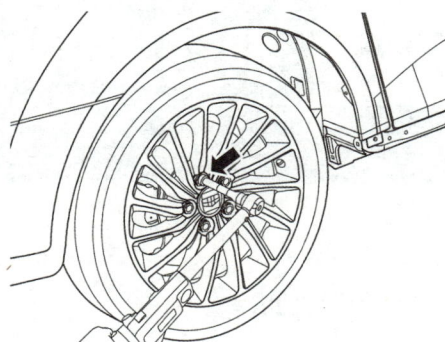

图 4-30 使用扭力扳手紧固车轮螺母

单元
4

单元5 制动器的维护与操作

① 汽车制动器

5.1 制动系统

制动系统如图 5-1 所示,它的功用是根据行车的要求,实现汽车减速和停车,在停放汽车时可确保停放可靠。制动系统按功用可分为行车制动系统、驻车制动系统、应急制动系统和辅助制动系统。行车制动系统是使行驶中的汽车减速甚至停车的一套装置。驻车制动系统是使已停驶的汽车驻留原地不动的一套装置。应急制动系统是在行车制动系统失效的情况下保证汽车仍能实现减速或停车的一套装置。辅助制动系统是在汽车下长坡时用以稳定车速的一套装置。

图 5-1 制动系统

5.2 制动器的类型

制动器(图 5-2)是制动系统中产生阻碍汽车运动或运动趋势的力的装置,有鼓式制动器和盘式制动器两种。盘式制动器(图 5-3)由于其制动性能稳定等优点,是轿车上制动系统的主流。鼓式制动器(图 5-4)因结构问题,在制动过程中散热性能和排水性能差,容易导致制动性能下降,一般用于制动负荷较小的后轮和驻车制动。

图 5-2 制动器

图 5-3　盘式制动器　　　　图 5-4　鼓式制动器

5.3　盘式制动器的结构

图 5-5 为已拆开制动钳的盘式制动器,从中可以看到盘式制动器的各组成部件。其中,制动盘安装在轮毂上,制动钳总成安装在转向节或车架上。

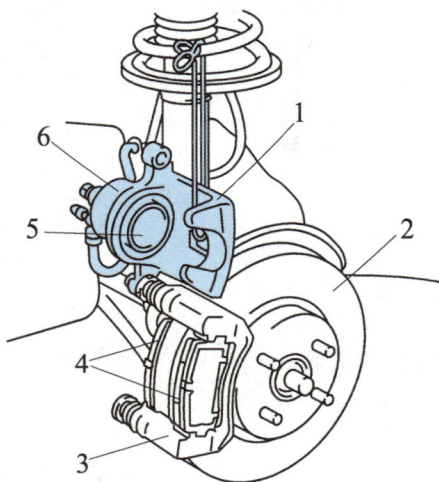

图 5-5　盘式制动器组成

1-制动钳;2-制动盘;3-制动钳支架;4-制动衬块;5-制动轮缸活塞;6-制动轮缸

5.4　盘式制动器的类型

根据制动钳的结构形式不同,盘式制动器分为浮钳盘式制动器和定钳盘式制动器。浮钳盘式制动器包含一个制动轮缸活塞,如图 5-6 所示。制动时,制动液进入制动轮缸,液压推动制动轮缸活塞向外推移,将内侧的制动衬块压靠至制动盘端面上,而外侧的制动衬块则由制动钳推动,从而使两片制动衬块夹紧制动盘产生制动。浮钳盘式制动器应用广泛。

定钳盘式制动器包含两个或两个以上制动轮缸活塞,如图 5-7 所示。定钳盘式制动器主要应用在因汽车载荷大而对制动力要求较大的高档轿车和 SUV(Sport Utility Vehicle,运动型多用途汽车)等车型上。

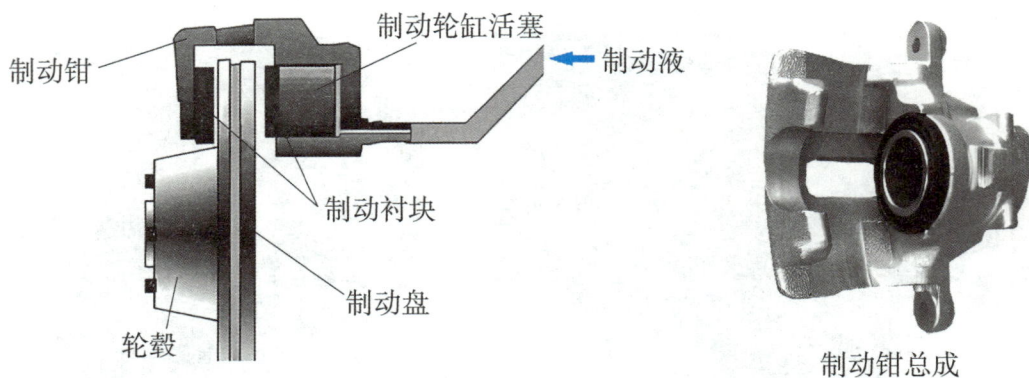

图 5-6　浮钳盘式制动器

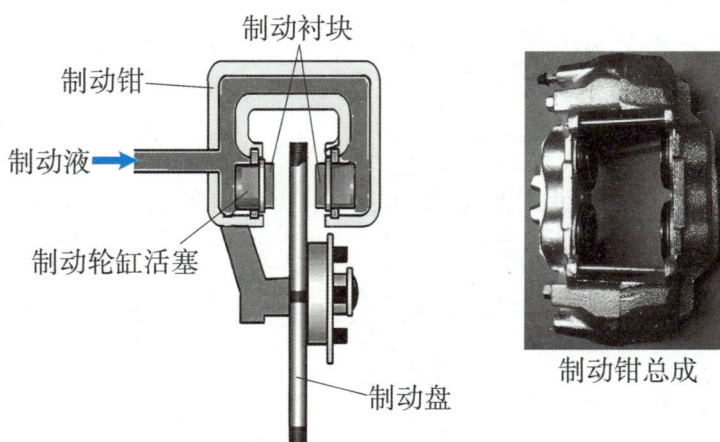

图 5-7　定钳盘式制动器

5.5　鼓式制动器的结构

鼓式制动器主要由制动鼓、制动轮缸、制动蹄及摩擦衬片、调节器和制动底板等组成,如图 5-8 所示。

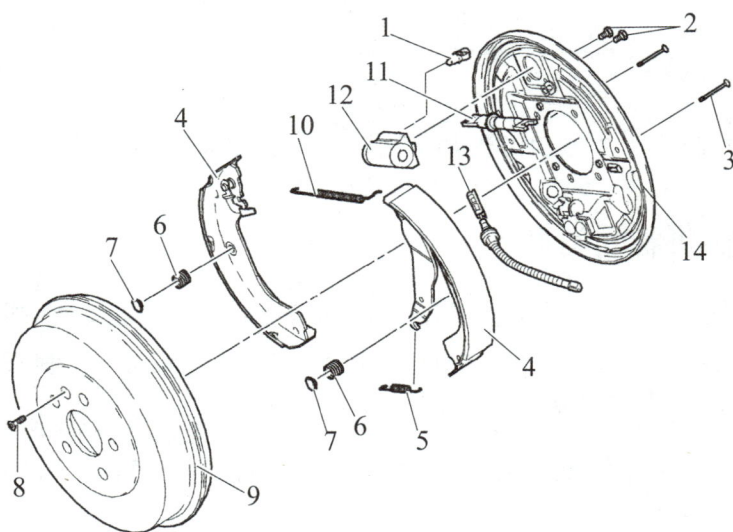

图 5-8　鼓式制动器组成

1-制动轮缸排气阀;2-制动轮缸安装螺栓;3-限位销;4-制动蹄及摩擦衬片;5-下复位弹簧;6-制动蹄限位弹簧;7-制动蹄限位弹簧帽;8-制动鼓安装螺栓;9-制动鼓;10-复位弹簧;11-调节器;12-制动轮缸;13-驻车拉索;14-制动底板

5.6　制动器热衰退现象

制动器热衰退现象是指汽车长时间高强度制动使得制动器温度迅速上升而摩擦力矩显著下降的现象,这将导致制动距离延长乃至制动失效,引发交通事故。制动器热衰退现象与制造制动器摩擦衬片的材料有关。出于满足制动特性的需要,制动器摩擦衬片的材料成分比较复杂,主要由半金属材料、纤维材料、黏合剂(树脂)、润滑剂和摩擦填充剂等组成。一旦超过300℃,摩擦衬片中的有机树脂热受热分解,所产生的气体和液体析出,起着润滑的作用。此外,高温会使摩擦衬片中的低熔点金属成分熔化析出,在摩擦力和压力作用下熔化的液态金属逐渐被展平而产生润滑作用。

燃油车下长坡时可以利用发动机制动来减少制动器的使用。发动机制动是指抬起加速踏板,但不踏下离合器,利用发动机压缩行程产生的压缩阻力、内摩擦力和进排气阻力对驱动轮形成制动作用。

新能源汽车的制动能量回收系统,是在车辆滑行或制动过程中,驱动电机从驱动状态转变成发电状态,将车轮旋转的动能转化为电能储存在动力蓄电池中。制动能量回收既能提高动力源效率,又能减轻制动系统的负担。

② 液压制动系统

5.7　液压制动系统

制动液是液压制动系统中传递制动压力的液态介质,具有液体的不可压缩特性。制动时,驾驶人踩制动踏板的力,通过推杆和总泵活塞,使总泵内的制动液产生液压,液压顺着制动管路传递到制动轮缸,使分泵活塞张开产生制动,如图5-9a)所示。解除制动时,驾驶人松开制动踏板,液压消除,总泵和分泵活塞回位,从而制动解除,如图5-9b)所示。

按制动管路的布置方式,可将制动系统划分为单管路[图5-10a)]和双管路[图5-10b)、c)]制动系统。为了提高汽车行驶的安全性,目前各国相关法规都规定须采用双管路制动系统。双管路制动系统常见的是H形布置[图5-10b)]和X形布置[图5-10c)]。

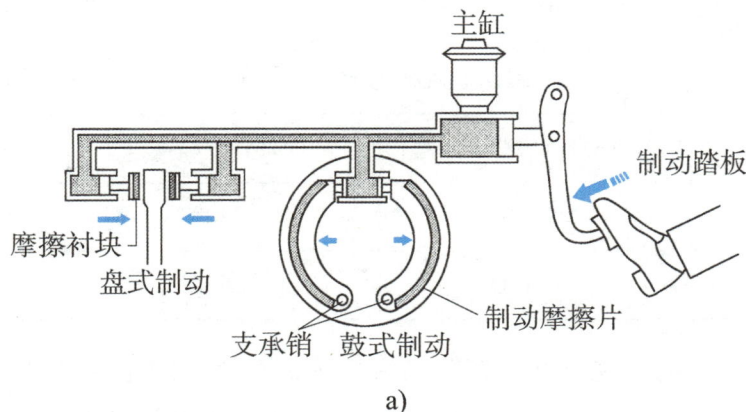

图　5-9

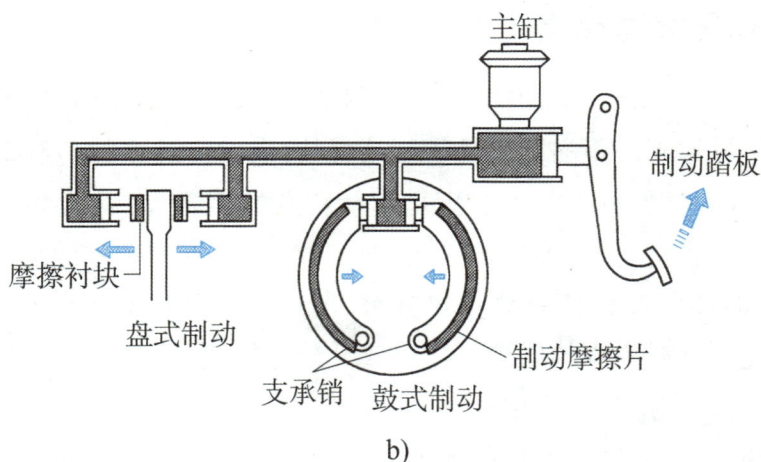

b)

图 5-9　液压制动系统工作原理示意图

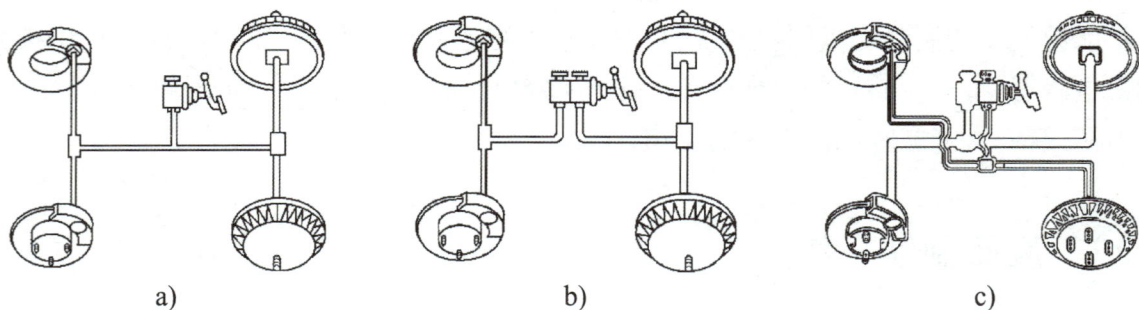

a)　　　　　　　　　　　b)　　　　　　　　　　　c)

图 5-10　制动管路布置

5.8　制动液

制动液(图 5-11),俗称刹车油,一般由非石油类液体组成,主要是乙二醇、乙醚和不影响橡胶和金属的酯类构成。常见的制动液规格见表 5-1。表中 DOT 是美国运输部(U. S. Department of Transportation)规定的安全标准,国家标准相对应的标准是 HZY(H 合成、Z 制动、Y 液体),数字越高表示级别越高。由于制动液由多种物质混合而成,没有固定的沸点,所以用干沸点(平衡回流沸点)、湿沸点(湿平衡回流沸点)作为高温蒸发性指标。

制动液规格与沸点比较表　　　　　　　　　　　　　　　表 5-1

制动液规格	DOT3(HZY3)	DOT4(HZY4)	DOT5.1(HZY5)
干沸点	≥205℃	≥230℃	≥260℃
湿沸点	≥140℃	≥155℃	≥180℃

汽车厂家规定的制动液规格标注在制动液储液罐盖上,如图 5-12 所示。不同规格的制动液不允许混用。注意 DOT5 属于硅油型制动液,与表 5-1 中这三种制动液不兼容,是赛车和军工专用,不适用于普通家用车。

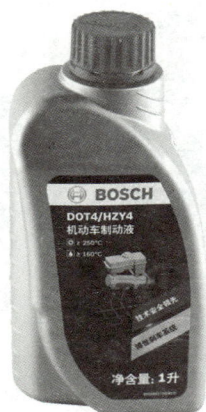

图 5-11　制动液

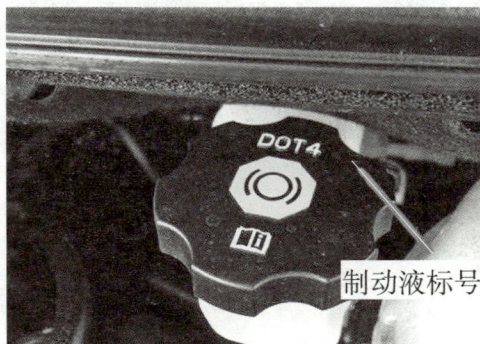

图 5-12　汽车厂家规定的制动液规格

制动液不属于易燃危险品,但对眼睛及皮肤有刺激作用,一旦接触应立即用清水冲洗。此外,制动液对油漆有侵蚀作用,所以制动液会腐蚀车身漆面,不要让制动液滴落到车身漆面上。如果制动液滴到任何油漆表面上,立即用大量清水将其冲洗干净。

制动液具有吸水性,在长时间使用后,会吸收空气中的水分,这将导致制动液沸点下降,在工作过程中容易出现"气阻现象",所以制动液有一定的使用期限,须定期更换。气阻现象如图 5-13 所示,在液压制动系统中,当制动液的工作温度过高接近其沸点时,会产生大量气泡。由于气体是可压缩的,液压不能有效传递到制动器,从而导致制动效能急剧下降甚至制动完全失灵。

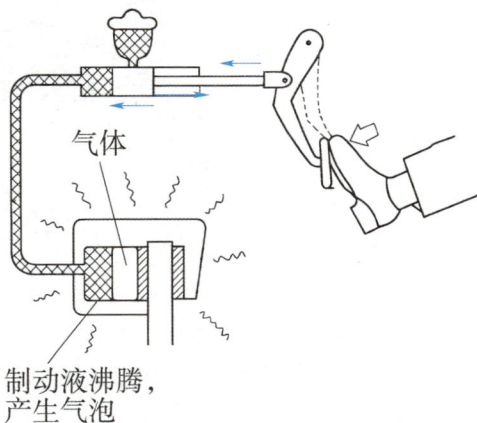

图 5-13　气阻现象

新的制动液开罐后未使用完,须拧紧罐盖,并尽早用完。请勿使用开口容器中可能受水污染的制动液。使用不合适或受污染的制动液可导致部件损坏或制动失灵,有造成人身伤害的危险。

3　电子驻车制动系统

5.9　电子驻车系统

EPB(Electrical Parking Brake,电子驻车制动)系统,采用电子按钮取代了传统的变速器操纵杆,由 EPB ECU、EPB 执行器、EPB 指示灯和 EPB 按钮等组成,如图 5-14 所示。EPB 不但可以实现传统的注册驻车制动功能,还可以实现坡道自动保持、辅助坡道起步等功能。

EPB 执行器具体结构如图 5-15 所示,驻车制动电机分别安装在左右后轮制动钳上,包含直流电机和减速机构两部分,直接控制后轮制动钳来实现驻车制动。驻车制动电机在驻车制动期间工作,电机内部没有相应的传感器来检测制动片夹紧力,而是通过啮合制动片时负荷的变化导致电机电流的变化来间接了解制动片夹紧力,然后由 EPB ECU 控制直流电机的工作情况。

a) EPB按键　　　b) EPB指示灯　　　c) EPB执行器　　　d) EPB ECU

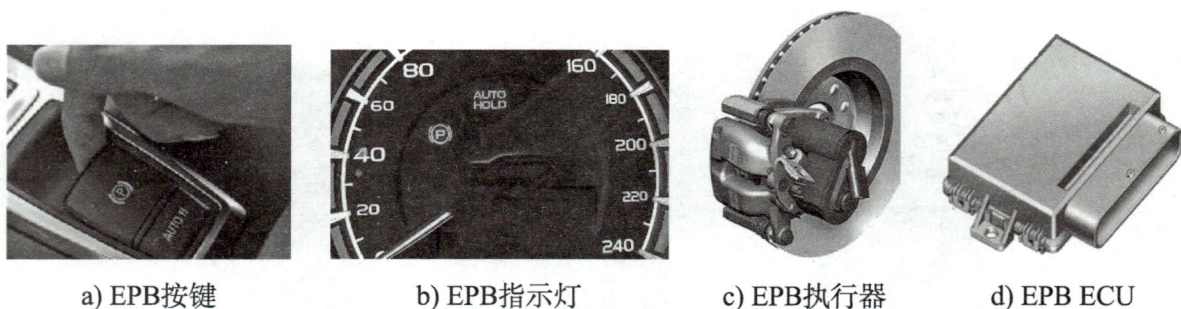

图 5-14　EPB 系统

图 5-15　EPB 执行器

1-活塞;2-顶杆(推力螺母);3-旋转螺杆;4-斜盘减速器;5-主驱动轮;6-电机输出轴齿轮;7-传动链(带);8-制动管路接头;9-线束接头

4　操作要领

5.10　维护前后车轮盘式制动器

(1)挂空挡、释放电子驻车制动。

拆卸后轮制动器需释放电子驻车制动。如图 5-16 所示,连接诊断仪,操作启动开关,使电源模式至"ON"状态;操作诊断仪,选择 EPB 系统,选择车辆管理系统,选择更换模式(更换前)选项,系统自动打开后制动钳的活塞,释放驻车制动;操作启动开关,使电源模式至"OFF"状态。

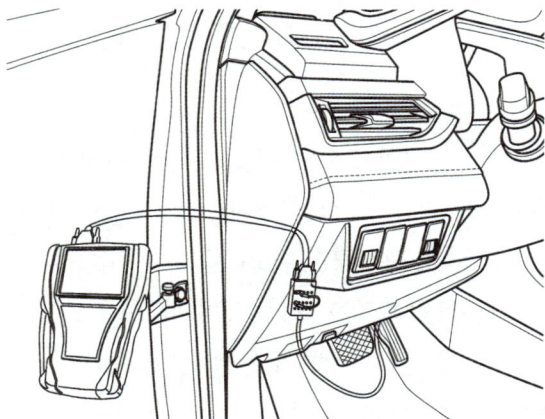

此外,装配 EPB 系统的汽车,在断电时或出现驻车制动不能够释放的故障时,可以通过将驻车制动电机的后盖板打开,然后使用一个专用的扳手旋转电机内的推杆使制动钳释放。完成这项操作后需要使用专用的诊断仪对 EPB 制动钳进行复位。

前轮盘式制动器
检查与维护(上)

图 5-16　使用诊断仪释放电子驻车制动

（2）举升车辆与拆卸车轮。

对于盘式制动器,（二级维护以外）有时可以不拆下车轮,使用手电筒或内窥镜,目视检查内外制动衬块和制动盘表面的磨损情况,并评估制动衬块和制动盘的厚度。

（3）拆卸制动衬块。

拆卸制动钳下端固定螺栓,无须拆卸制动钳制动软管,如图 5-17 所示。使用一根挂钩或布条悬挂制动钳,以免损坏制动软管,如图 5-18 所示。拆下制动衬块。

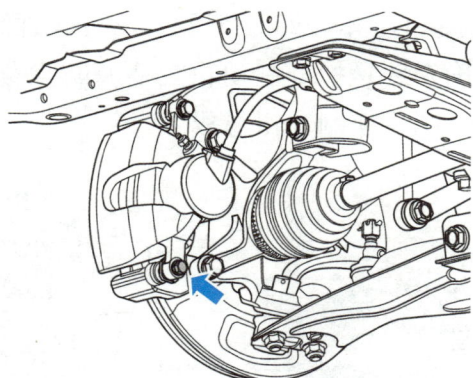

图 5-17　拆卸制动钳下端固定螺栓　　　图 5-18　将制动钳悬挂

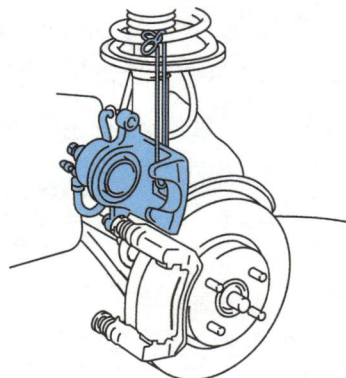

对后轮制动器,如图 5-19 所示,断开 EPB 电机线束连接器;拆卸制动钳 2 个固定螺栓;拆下制动衬块。

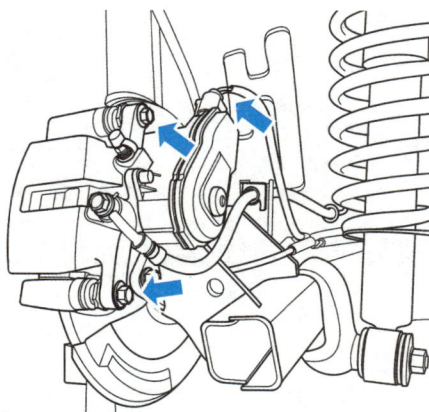

图 5-19　拆卸后轮制动钳

（4）检查制动衬块。

检查制动衬块是否开裂、是否损坏,分别如图 5-20、图 5-21 所示。

图 5-20　制动衬块开裂　　　图 5-21　制动衬块损坏

使用钢直尺,多点测量制动衬块厚度,如图 5-22 所示。对于盘式制动器,可以用下面的公式来估算制动衬块的剩余里程。式中的数字 3,表示当制动衬块厚度低于 3mm 时,为安全起见,推荐更换制动衬块。

$$剩余里程 = \frac{目前里程 - 上次更换制动衬块时里程}{新制动衬块厚度 - 目前制动衬块厚度} \times (目前制动衬块厚度 - 3)$$

(5)检查制动钳总成。

检查制动钳壳体是否开裂、是否严重磨损和损坏。如图 5-23 所示,检查制动轮缸活塞防尘罩是否开裂、有缺口,是否老化,是否正确安装。检查制动轮缸活塞防尘罩、密封圈周围是否有制动液泄漏。如果出现上述任何状况,则更换制动钳总成。

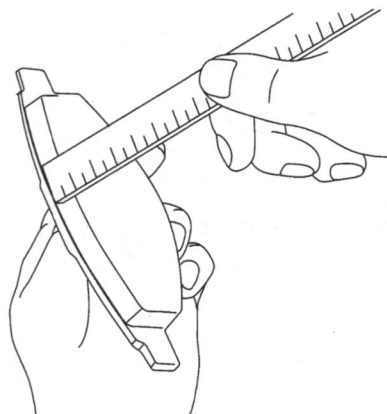

图 5-22　测量制动衬块厚度

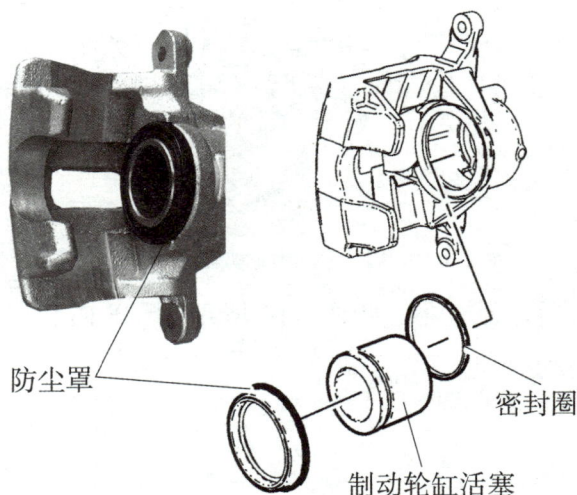

防尘罩　密封圈　制动轮缸活塞

图 5-23　制动钳总成

(6)检查制动衬块导向片。

检查制动衬块导向片是否缺失、断裂、严重腐蚀,如图 5-24 所示。如果发现上述任何情况,则更换制动衬块导向片。

(7)检查制动钳浮动销。

如图 5-25 所示,制动钳浮动销同时又是制动钳安装螺栓。检查制动钳浮动销是否卡滞、卡死、护套开裂或破损、护套缺失。如果发现上述任何情况,则同时更换制动钳浮动销和护套。

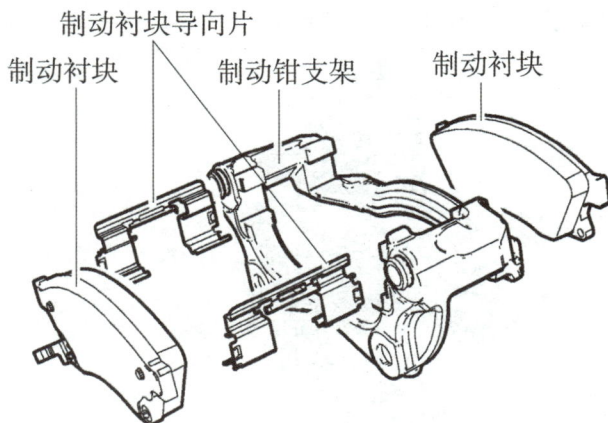

制动衬块　制动衬块导向片　制动钳支架　制动衬块

图 5-24　制动衬块导向片

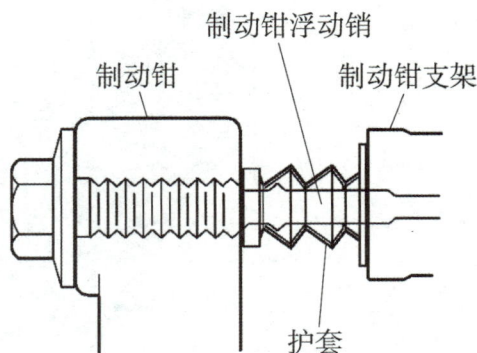

制动钳　制动钳浮动销　制动钳支架　护套

图 5-25　制动钳浮动销及护套

（8）检查制动盘。

在制动盘和车桥轮毂上做配合标记,取下制动盘,如图5-26所示。检查制动盘前,使用工业酒精或准许的等效制动器清洗剂清洗制动盘摩擦面。如图5-27所示,检查制动盘摩擦面是否严重锈蚀或点蚀,或者是否轻微的表面锈蚀,是否开裂,有无深层划痕,是否严重变色发蓝。如果制动盘摩擦面出现上述一种或几种情况,则制动盘需要表面修整或更换。对制动盘进行表面修整或更换后,制动衬块也要进行更换。

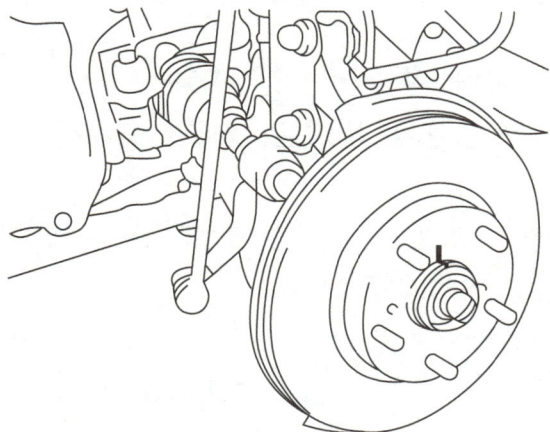

前轮盘式制动器
检查与维护（下）

图 5-26 做配合标记   图 5-27 制动盘开裂

使用千分尺测量并记录沿制动盘圆周均匀分布的 4 个位置点的最小制动盘厚度,如图5-28所示。务必确保仅在制动衬块接触区域内进行测量,且每次测量时千分尺与制动盘边缘的距离必须相等。如果前制动盘厚度小于极限值,则更换前制动盘。

使用百分表测量制动盘圆跳动量,如图5-29所示,测量点距离制动盘边缘的距离需查阅维修手册。测量前使用专用工具和车轮螺母拧紧制动盘。若制动盘圆跳动超过最大值,先改变制动盘相对轮毂的安装位置,以使制动盘圆跳动最小。如果改变安装位置后,制动盘的圆跳动还是超过极限值,应检查轮毂轴承轴向间隙和轮毂的跳动量。若轴承轴向间隙和轮毂跳动正常,应研磨制动盘以确保正确的平整度,若制动盘厚度小于极限值,则更换制动盘。

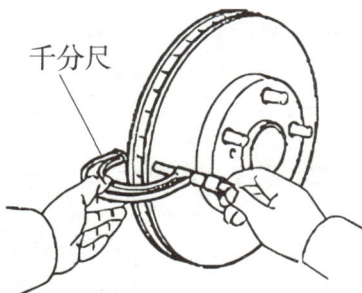

千分尺

图 5-28 测量制动盘厚度图   图 5-29 测量制动盘圆跳动

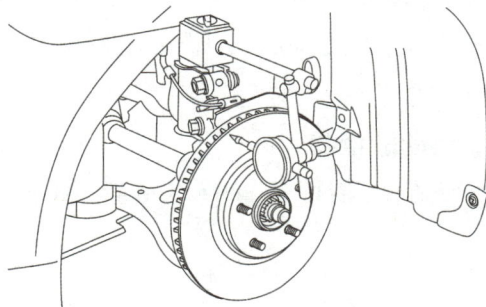

（9）安装制动衬块。

安装制动衬块导向片,再将制动衬块安装到制动钳支架上。按要求在特定部位涂抹耐高温润滑脂,不同汽车品牌有不同要求。制动衬块或制动盘的摩擦面上应无油污或润滑脂。安装制动衬块时,带磨损提示金属片的制动衬块安装在内侧。磨损提示金属片的作用,如图5-30所示,是在制动衬块厚度即将磨损到极限值时,通过发出刺耳的警告声音,来提示驾驶人到汽修店进行制动衬块更换。

磨损提示金属片

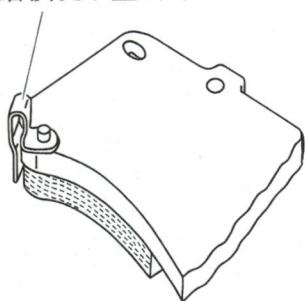

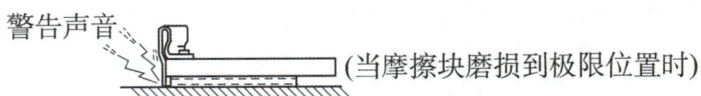

(当摩擦块还有一定厚度时)

盘转动方向 ⇨

警告声音

(当摩擦块磨损到极限位置时)

图 5-30　测量制动盘圆跳动

必要时使用专用工具(图 5-31)向里推入制动轮缸活塞,特别是在安装新制动衬块时。

(10)复位制动间隙。

安装制动钳下端固定螺栓,安装车轮。如图 5-32 所示,进入车内,缓慢踩制动踏板数次,直到制动踏板坚实,这将使制动衬块与制动盘之间的间隙复位。

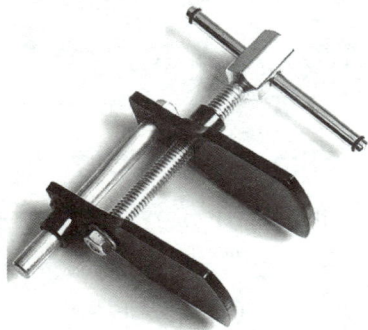

图 5-31　压分泵活塞专用工具

图 5-32　复位制动间隙

制动轮缸密封圈(图 5-33)除了起密封作用外,还兼起活塞回位作用和调整制动间隙(即制动衬块与制动盘之间的间隙)的作用。

(11)进行 EPB 复位操作。

操作启动开关,使电源模式至"ON"状态;使用诊断仪,选择车辆系统管理菜单下的更换模式(更换后)选项,对更换后的 EPB 进行复位操作,同时清除故障码;操作启动开关,使电源模式至"OFF"状态。

(12)检查制动液液位。

检查制动液液位,液面位置应在 MAX 和 MIN 之间,如图 5-34 所示。

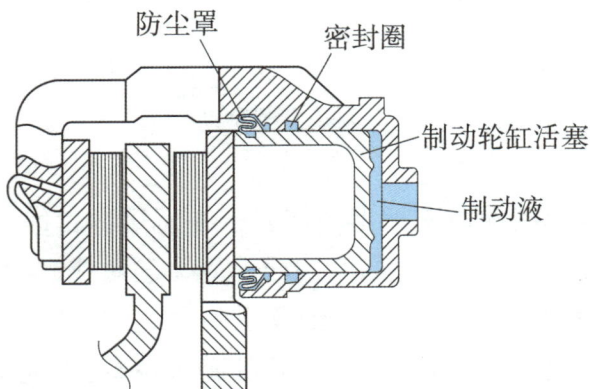

防尘罩　密封圈

制动轮缸活塞

制动液

MAX
MIN

图 5-33　制动轮缸密封圈

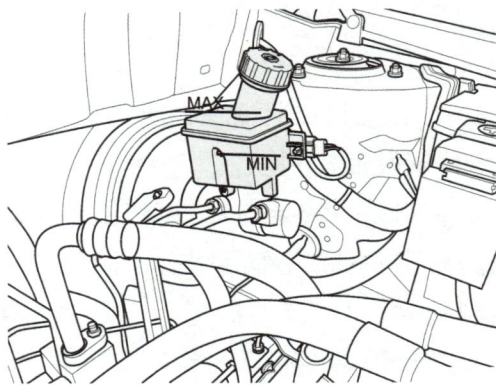

图 5-34　检查制动液液位

单元 5

（13）制动器竣工检验。

按照国家标准《机动车运行安全技术条件》（GB 7258—2017）进行制动系统竣工检验（图5-35）。

5.11 维护鼓式制动器

（1）拆卸制动鼓。

确保完全释放驻车制动；举升车辆；拆下后车轮。如图5-36所示，拆下制动鼓螺钉；拆卸制动鼓。

图5-35 制动系统竣工检验

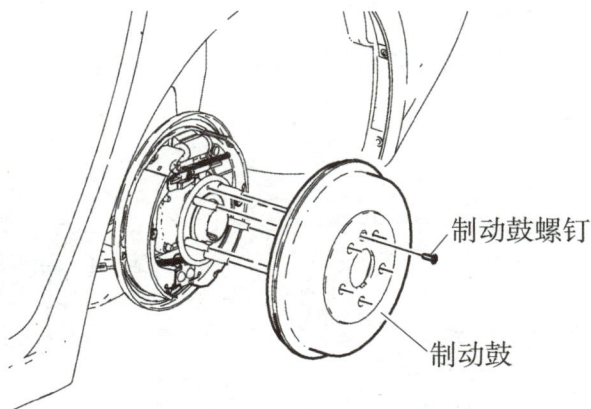

制动鼓螺钉

制动鼓

图5-36 拆卸制动鼓

（2）检查制动鼓。

用工业酒精或制动器清洗剂，清洁制动鼓内表面；如图5-37所示，使用制动鼓游标卡尺或闸瓦游标卡尺，横竖各一次，测量制动鼓内径。如果制动鼓的最大直径测量值低于表面修整后最大允许内径规格，根据表面状况和磨损情况，可以对制动鼓进行表面修整。如果制动鼓的最大直径测量值等于或大于报废的直径规格，则更换制动鼓。

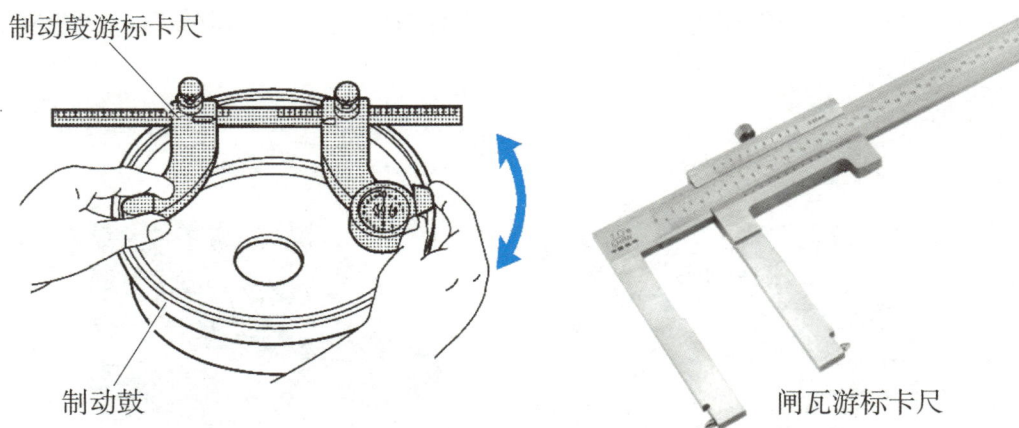

制动鼓游标卡尺

制动鼓

闸瓦游标卡尺

图5-37 制动鼓游标卡尺和闸瓦游标卡尺

检查制动鼓内表面是否严重锈蚀或点蚀、裂纹、严重变蓝；检查制动鼓划痕情况，制动鼓最大允许划痕深度为1mm。如果制动鼓内表面出现上述一种或几种状况，则制动鼓需要表面修整或更换。轻微的表面锈蚀可用砂轮清除；严重表面锈蚀或点蚀必须通过修整制动鼓表面清除。如果制动鼓划痕深度超过1mm，则制动鼓需要进行更换。

（3）检查制动蹄及制动摩擦片。

如图 5-38 所示，目视检查制动蹄及制动摩擦片是否开裂、脱皮、损坏，如果发现上述任何状况，则更换制动蹄。

如图 5-39 所示，使用钢直尺，测量制动摩擦片的厚度。如果制动摩擦片厚度小于极限值，则更换制动蹄。如果后轮制动器有一片制动蹄损坏或制动摩擦片过度磨损，一般更换四片制动蹄，如图 5-40 所示。

（4）检查制动轮缸。

如图 5-41 所示，检查制动轮缸是否泄漏、腐蚀；制动轮缸护套是否损坏。如果出现上述任何状况，则更换制动轮缸。

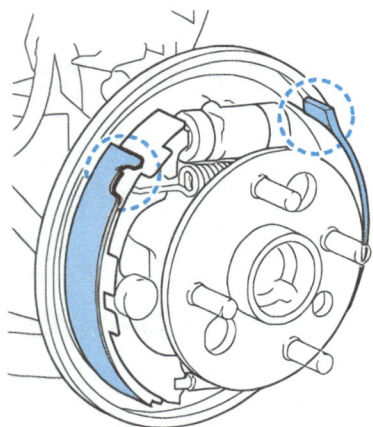

图 5-38　检查制动蹄及制动摩擦片

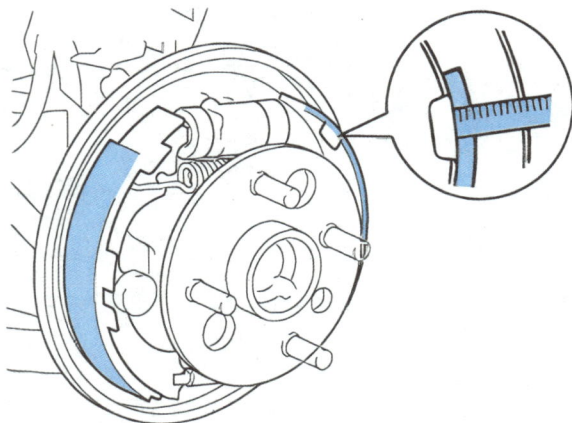

图 5-39　测量制动摩擦片厚度

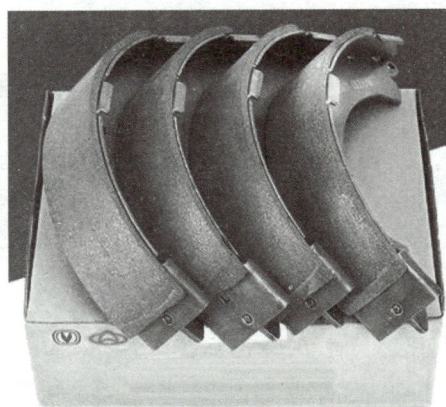

图 5-40　更换四片制动蹄

（5）检查鼓式制动器构件。

目视检查制动蹄限位弹簧是否弯曲、损坏或开裂；目视检查制动器构件是否严重腐蚀、严重拉伸、扭曲、卡滞。如果出现上述任何状况，则使用鼓式制动器修理包（图 5-42）进行更换。

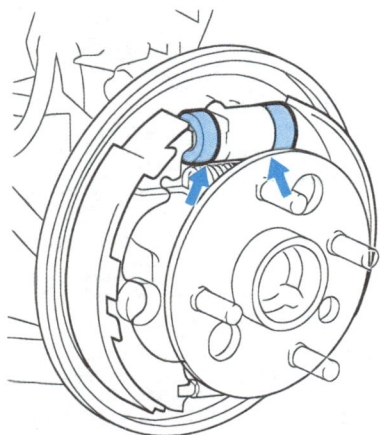

图 5-41　检查制动轮缸

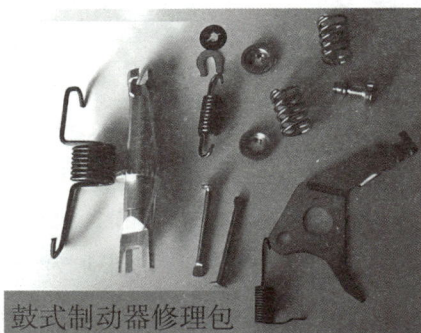

鼓式制动器修理包

图 5-42　鼓式制动器修理包

（6）检查鼓式制动器调节构件。

调节器属于制动间隙自调机构的一部分。当制动摩擦片磨损，制动间隙大于标准时，驾驶人进行制动即可自动恢复规定的蹄鼓间隙。维修时,为使蹄鼓间隙能迅速调节到位,应在制动器装复后对间隙进行人工调节。

如图 5-43 所示,目视检查复位弹簧是否存在任何弯曲或者开裂、严重腐蚀、缺失。检查时切勿过度拉伸复位弹簧,可能导致损坏。目视检查调节器总成是否弯曲或开裂、过度磨损、损坏、缺齿;目视检查调节器执行器杆是否弯曲或开裂、表面出现过度磨损、凸舌断裂、缺失。如果出现上述任何状况,使用鼓式制动器修理包进行更换。

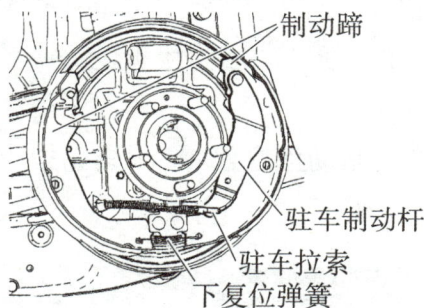

图 5-43　鼓式制动器调节构件

(7)更换制动蹄。

如图 5-44 所示,拆下复位弹簧;拆下调节器总成;拆下制动蹄限位弹簧,方法是使用鲤鱼钳按压并适度旋转弹簧帽,分别拆下弹簧帽和制动蹄限位弹簧。拆下制动蹄;将下复位弹簧从制动蹄上拆下;将驻车拉索从驻车制动杆上拆下。

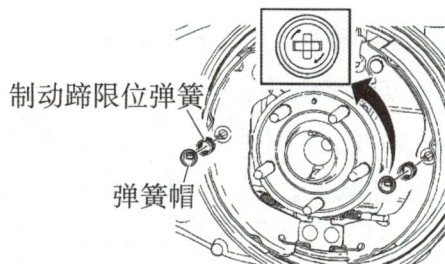

图 5-44　制动蹄拆卸

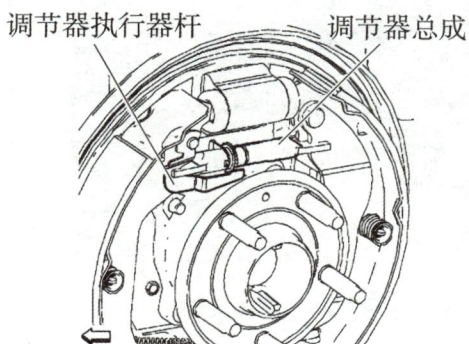

图 5-45　制动蹄安装

如图 5-45 所示,旋转调节器,使调节器缩短;将调节器总成安装至调节器执行器杆;将驻车拉索安装至驻车制动杆上;将下复位弹簧安装至制动蹄;安装制动蹄;安装制动蹄限位弹簧;安装复位弹簧,确保弹簧上的搭扣与执行器杆上的凸舌充分接合。

(8)调整鼓式制动器间隙。

安装制动鼓;使用螺丝批,转动调节器螺钉,使调节器伸长;降下车辆至离地少许,一人进入驾驶室,踩下制动踏板数次,使制动鼓中的制动蹄对中;拆下制动鼓;使制动摩擦片至制动鼓间隙为 0.4 ～ 0.9mm,如图 5-46 所示。如果间隙不符,重新进行前几步的操作。注意切勿在未安装制动鼓的情况下,踩下制动踏板。

安装制动鼓;安装并紧固制动鼓螺钉;安装车轮;一人来回转动车轮,同时另一人踩下制动踏板至少 10 次,确认两个制动鼓中都听不见调节器总成的“咔嗒”声;降下车辆,按规定力矩紧固车轮螺母;重新检查制动液液位。

(9)制动器竣工检验。

按照国家标准《机动车运行安全技术条件》(GB 7258—2017)进行制动系统竣工检验。

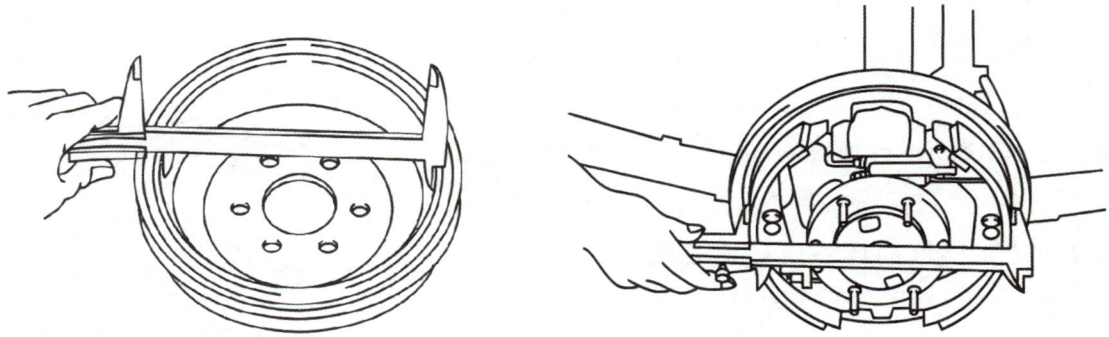

图 5-46　检查鼓式制动器间隙

5.12 更换制动液和进行制动系统排气

制动液检查操作

（1）检查制动液。

检查制动液液位，液面位置应该保持在 MAX 和 MIN 之间。如果制动液不在规定范围内，应检查制动系统有无发生泄漏或其他故障。制动液储液罐内部有一个挡板，将储液罐分成了前后两半。小心检查，如图 5-47 所示，只有前半部分有制动液，须作进一步检修。

拧开制动液储液罐盖，查看制动液颜色是否浑浊。新制动液为淡黄色透明状，如果制动液颜色浑浊，应更换制动液。

如图 5-48 所示，使用制动液含水量测试仪，检查制动液含水量；测试完毕，拧紧制动液储液罐盖。如果制动液含水量超过规定值，更换制动液。

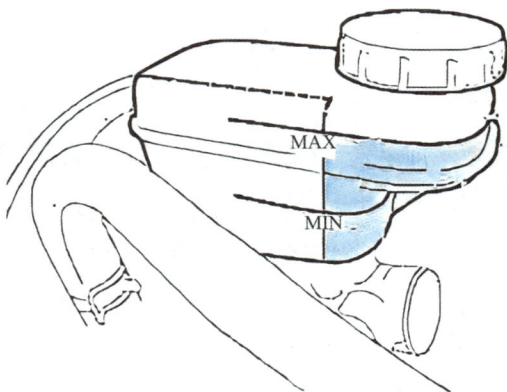

图 5-47　制动储液罐有一半无制动液

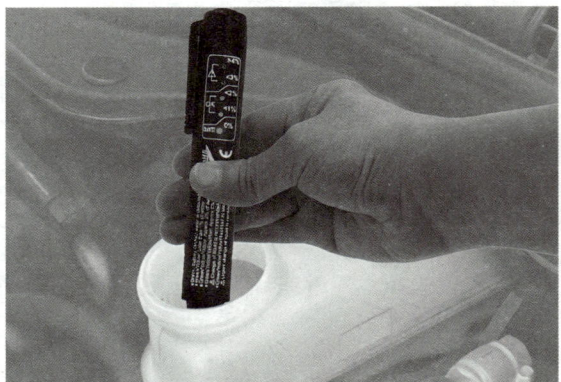

图 5-48　检查制动液含水量

（2）更换制动液。

在操作制动液之前，必须洗手以清除手上所有机油和油脂，确保燃油、机油、润滑脂不会进入制动系统。这些烃基物质将导致制动系统的人造橡胶膨胀，即使非常小的浓度也会造成损坏，进而可能导致制动系统完全失灵。

如图 5-49 所示，清理制动液储液罐盖及周边部位；拧下制动液储液罐盖；用吸管清除储液罐中的残留制动液；再在制动液储液罐中加注清洁的制动液至合适液面。

一人进入驾驶室，举升车辆至合适高度。如图 5-50 所示，将梅花扳手以及透明软管一端连接到右后轮排气螺塞上，另一端放入装有制动液的容器，以便盛接放出的制动液。使用梅花扳手或油管扳手，不能使用开口扳手，排气螺塞很容易损坏。

单元 5

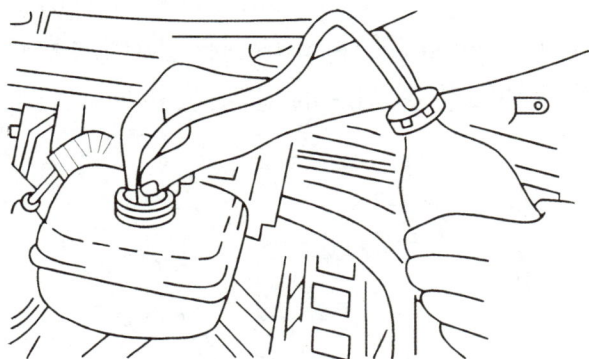

图5-49 用吸管清除储液罐残留制动液

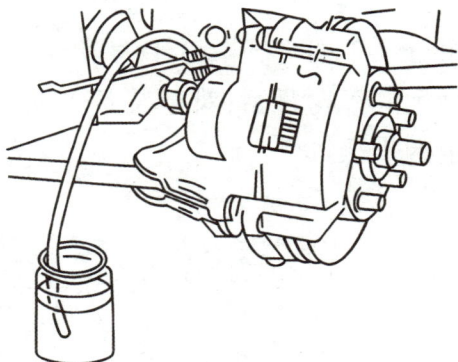

图5-50 连接更换制动液工具

如图5-51所示,一人在驾驶室踩下制动踏板,同时另外一人缓慢旋开排气螺塞,使制动液通过排气螺塞从透明软管流出;连续踩制动踏板,直至看到有新鲜清洁制动液流出为止,关闭排气螺塞并紧固。按照右后→左前→左后→右前车轮的顺序,在余下的车轮上重复操作。对于大多数装备了H形双管路系统的车辆,排放旧制动液的顺序通常是从距主缸最远的车轮开始;对于装备X形双管路系统或装备ABS(Antilock Braking System,防抱死制动系统)的车辆,要按照车辆维修手册规定的步骤排放旧制动液。在操作过程中要不断往储液罐中补充制动液,以确保制动液保持在适当的液位上,避免空气进入制动系统。更换制动液之后,需执行制动系统排气程序。

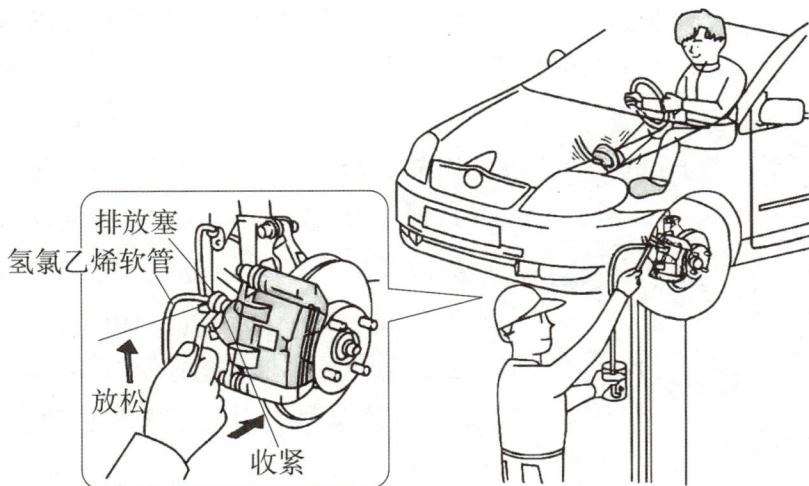

图5-51 更换制动液双人作业

(3)制动系统排气。

保持电源关闭状态,踩下制动踏板数次,直到完全消除助力器中的真空;在制动液储液罐中加注清洁的制动液,在排气操作过程中,储液罐液面要保持在至少一半。如图5-52所示,将梅花扳手以及透明软管一端连接到右后轮排气螺塞上,另一端放入装有制动液的容器,以便盛接放出的制动液。

如图5-53所示,一人缓慢踩住制动踏板,不可急踩制动踏板;在踩下制动踏板的同时,另一人松开排气螺塞,排出分泵中的空气;在气泡逸出到容器中后,稍微紧固排气螺塞;等候数秒后,重复以上操作,直到排出全部空气。松开排气螺塞时,如果透明软管不再出现气泡,则表明空气已全部排出。紧固排气螺塞。按右后→左前→左后→右前顺序排放其余分泵中的空气。对于大多数装备了 H 形双管路系统的车辆,排气顺序通常是从距总泵最远的车轮开始;对于装备 X 形双管路系统或装备 ABS 的车辆,要按照车辆维修手册规定的步骤排气。

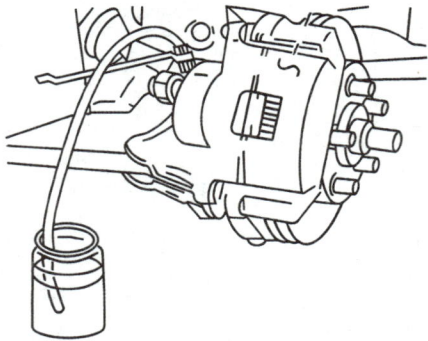

图 5-52　连接制动系统排气工具

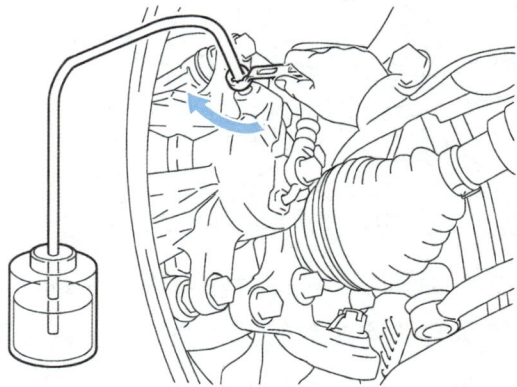

图 5-53　制动系统排气

在排出所有轮缸中的空气后,检查制动踏板是否绵软。如果踏板绵软,重复整个排气程序,直至正常。在制动液储液罐中补充制动液,液面位置应在 MAX 和 MIN 之间。在完成所有汽车维护操作的最后,须连续踩下制动踏板,并再次举升车辆,检查四个制动轮缸的排气螺塞处是否有制动液泄漏。

注意:手动操作是不能排出 ABS 液压调节器中的空气的,如果空气混入 ABS 液压调节器或安装未充满油液的 ABS 液压调节器,则需要使用故障诊断仪来排出制动系统中的空气。

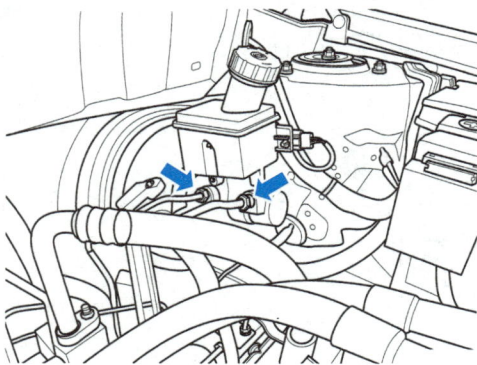

图 5-54　制动主缸排气

出厂时的 ABS 液压调节器是充满油液并经过排气,在涉及调节器的正常维修程序中,空气不会进入 ABS 液压制动调节器,在这种情况下,使用手动排气程序。

如果怀疑空气进入主缸(比如更换了制动主缸),则还需排放主缸中的空气。如图 5-54 所示,缓缓踩下制动踏板到底,并保持住;松开主缸上的一根制动油管,待制动液从端口流出,紧固制动油管接头;松开主缸上的另一根制动油管,待制动液从端口流出,紧固制动油管接头;反复操作 3 ~ 4 遍。

5.13　丰田混合动力电动汽车更换制动液

丰田混合动力电动汽车 ECB 系统可以将制动能量回收和通过液压制动进行协调控制,比如,它可以让制动能量回收提供 40% 的制动力,让液压制动提供 60% 的制动力,或者其他任何一种百分比组合,并且可以不断改变。

丰田混合动力电动汽车更换制动液可使用两种不同方法,一种使用 GTS(智能检测仪),另一种不使用 GTS,具体操作见表 5-2。不使用 GTS 更换制动液,需要先切换至 ECB 无效模式,不过,ECB 无效模式在少部分车型上不可用。

单元 5

丰田混合动力电动汽车更换制动液方法 表5-2

使用 GTS 进行制动液更换	不使用 GTS 进行制动液更换
（1）进入 GTS 以下菜单：Chassis ／ ABS/VSC/TRC ／ Air Bleeding。 （2）选择 GTS 显示屏上的"Usual air bleeding"。 （3）根据 GTS 上的说明更换制动液	（1）进入 ECB 无效模式。切换至 ECB 无效模式的方法是在 1min 内执行下列程序： ①选择 P 挡，并施加驻车制动，将电源开关置于"ON（IG）"位置。 ②选择 N 挡，然后在 5s 内踩下制动踏板 8 次以上。 ③选择 P 挡，然后在 5s 内踩下制动踏板 8 次以上。 ④选择 N 挡，然后在 5s 内踩下制动踏板 8 次以上。 ⑤选择 P 挡。 ⑥检查并确认制动警告灯闪烁。 （2）通过操作制动踏板并利用 4 个轮缸上的排气螺塞更换制动液。 （3）将电源开关置于"OFF"位置，ECB 无效模式取消

1 辅助蓄电池

6.1 辅助蓄电池

新能源汽车上分别设有高压电源——动力蓄电池包、低压电源——辅助蓄电池,分别如图6-1、图6-2所示。动力蓄电池包储存高压充电、能量回收的电能,为驱动车辆运行提供能量;辅助蓄电池为低压系统存储电能,其能量来源于DC/DC转换器。辅助蓄电池为车辆车灯、车窗、喇叭等附属电气提供电源,同时保障控制单元的供电。不同车型辅助蓄电池的布置位置有所不同,通常布置在车辆机舱内或行李舱内。

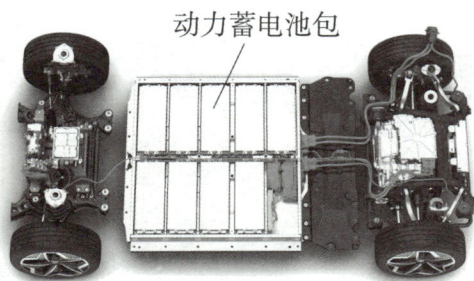

图6-1 动力蓄电池包

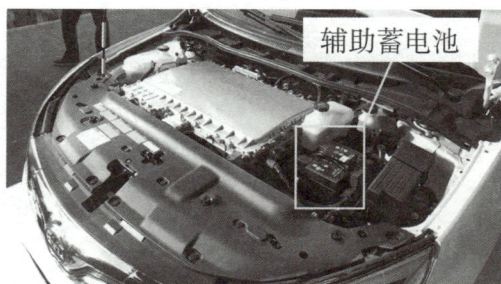

图6-2 辅助蓄电池

6.2 铅酸蓄电池

辅助蓄电池通常采用铅酸蓄电池,它是一种将化学能直接转化为电能的装置,也可通过可逆的化学反应实现再充电。

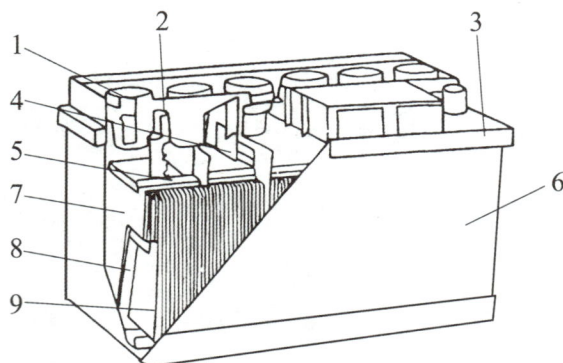

图6-3 铅酸蓄电池结构

1-排气栓;2-负极柱;3-蓄电池盖;4-穿壁连接;
5-汇流条;6-整体槽;7-负极柱;8-隔板;9-正极板

(1)铅酸蓄电池的结构。

铅酸蓄电池结构如图6-3所示,它主要由正负极板、电解液、外壳、加注口盖、正负接线柱等组成,其中正极板为二氧化铅,负极板为海绵状铅,电解液为硫酸溶液。新能源车用辅助蓄电池一般采用12V铅酸蓄电池,由6个单元格组成,每个单元格额定电压为2.1V。

(2)铅酸蓄电池的类型。

铅酸蓄电池主要有普通铅酸蓄电池和免维护蓄电池,分别如图6-4、图6-5所示。

普通铅酸蓄电池价格便宜,电压稳定,但需要经常维护,寿命也较短,寿命在3年左右。免维护蓄电池采用铅钙合金作为栅架材料,充电时释放气体较少,外壳采用密封结构,无须后期加入任何液体,正常使用寿命为4~6年。此外,起停蓄电池属于免维护蓄电池,其主要满足汽车起停系统的需要,具有蓄电池容量更大、充放电快速、使用寿命更长的特点,主要包括AGM蓄电池(吸附式玻璃纤维隔板蓄电池)或EFB蓄电池(增强型富液蓄电池)。

图6-4　普通铅酸蓄电池　　　　图6-5　免维护蓄电池

(3)蓄电池型号。

基于国家标准,对图6-6所示型号为"6-QA-70A"的蓄电池各参数含义解析如下:

6:表示蓄电池有6个单格,每格2V左右,即是12V蓄电池。

Q:表示起动用蓄电池。

A:表示干荷型蓄电池,另外用W表示免维护型蓄电池。

70:表示蓄电池容量为70A·h。

最后的字母A表示对原产品的第一次改进,B表示第二次改进,依次类推。

图6-6　蓄电池型号

基于德国DIN标准,型号为"CCA 660"的蓄电池各参数含义解析如下:

CCA:表示低温启动电流。

660:表示低温启动电流值为660安培。

基于日本JIS标准,型号为"55D23L"的蓄电池各参数含义解释如下:

55:蓄电池的性能参数,数字越大,蓄电池容量越大。

D:蓄电池宽度和高度的组合代号,字母越靠后,尺寸越大。

23:蓄电池的长度23cm。

L:从正面阅读蓄电池型号,L表示蓄电池负值端子在左侧。

6.3　救援搭电的方法

对于蓄电池亏电,救援搭电的方法及顺序如图6-7所示。首先用正极接线连接被救援车辆蓄电池端子正极,接下来连接施救车蓄电池正极端子,然后用负极接线连接施救车蓄电池负极端子,最后连接到被救车的车身搭铁端子。

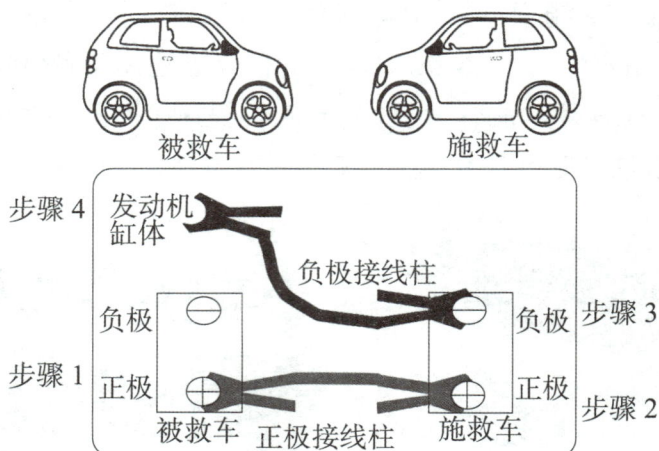

图6-7 救援搭电顺序

新能源车型辅助蓄电池可被施救,但不可施救燃油车辆。由于新能源汽车辅助蓄电池为非启动性电池,此外 DC/DC 转换器与辅助蓄电池间熔断丝容量为 120 ~ 150A,故而不能采用新能源车型救援燃油车辆起动。

2 纯电动汽车机舱

动力舱高压部件维护

6.4 纯电动汽车机舱布置

纯电动汽车的机舱内布置有高压配电系统、电机控制器、驱动电机、电动压缩机、DC/DC 转换器等高压部件及高压线束,如图 6-8 所示。与燃油汽车类似,该舱内主要布置了车辆的动力系统,故又称为动力舱。

图6-8 纯电动汽车机舱部件图

(1)高压配电系统。

纯电动汽车的高压供电系统由动力蓄电池为电机控制器、驱动电机、电动压缩机、PTC加热器等高压部件提供能量。此外,动力蓄电池配有一套直流快充充电系统与一套交流慢充充电系统。这些所有的高压部件都由高压配电系统连接输送电能,吉利帝豪 EV450 车型高压配电系统如图 6-9 所示。不同车型的高压配电系统稍有不同,主要在于车载充电机、分线盒、电机控制器、DC/DC 转换器等各高压部件的组合集成方式,有各功能部件单独布置的、有组合成 2～3 个箱体布置的,甚至有完全集中到 1 个箱体布置的。

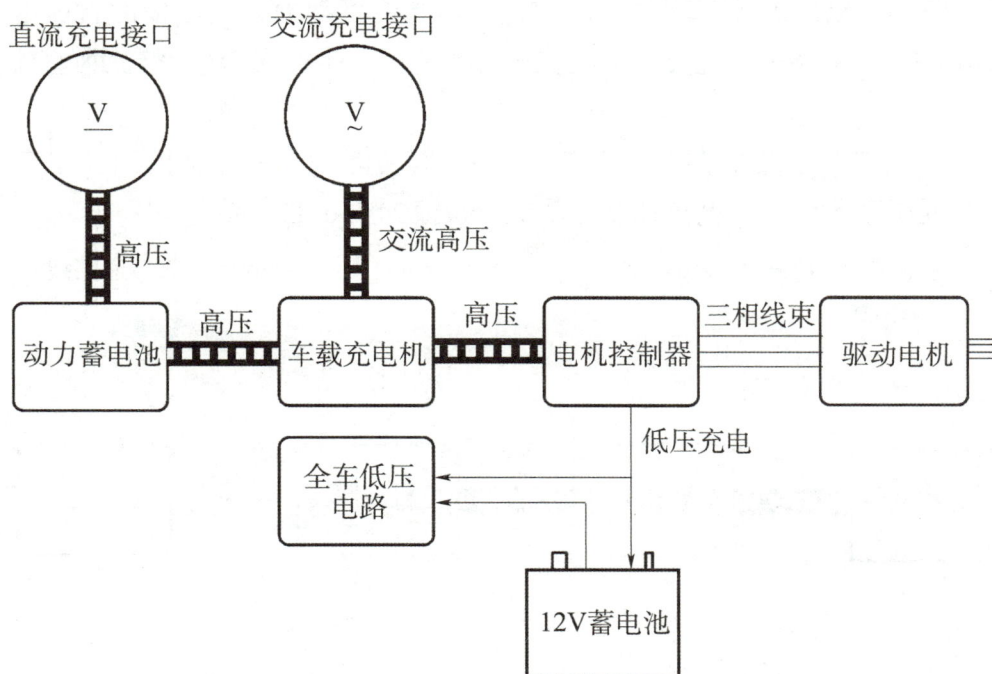

图 6-9　吉利帝豪 EV450 车型高压配电系统

(2)车载充电机分线盒。

车载充电机为车辆采用交流慢充时,交流电经过其整流升压为适当电压给动力蓄电池充电。其内集成分线盒功能,包括高压电能的分配、高压回路的过载及短路保护。如图 6-10 所示,车载充电机分线盒将动力蓄电池输送的电能分配给电机控制器、空调压缩机和 PTC 加热器。

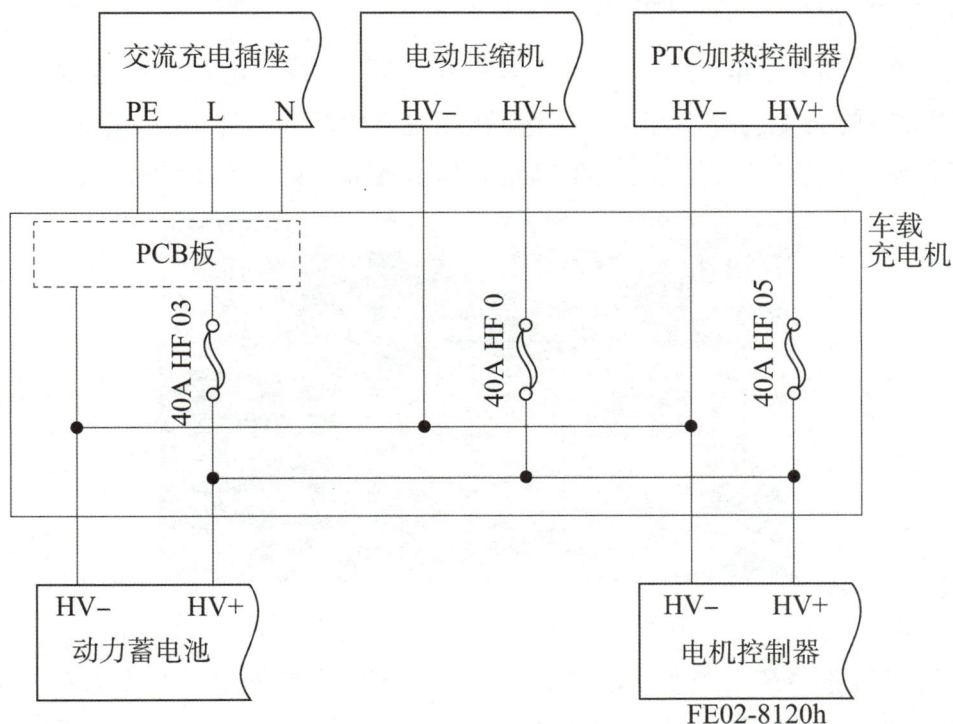

FE02-8120h

图 6-10　车载充电机分线盒电能分配

（3）电机控制系统。

电机控制器控制着动力蓄电池到驱动电机之间的能量传递,同时采集电机位置信号和三相电流检测信号,精准地控制驱动电机运行。其既能将动力蓄电池中的直流电转换为交流电以驱动电机,又能将车轮旋转的动能转化为电能所产生的交流电,整流为直流电给动力蓄电池充电。

此外,DC/DC 变换器集成在电机控制器内部,其功能是将蓄电池的高压电转化为低压电,提供整车低压系统供电。电机控制器功能能量流如图 6-11 所示。

消耗能量传递路线

能量回收传递路线

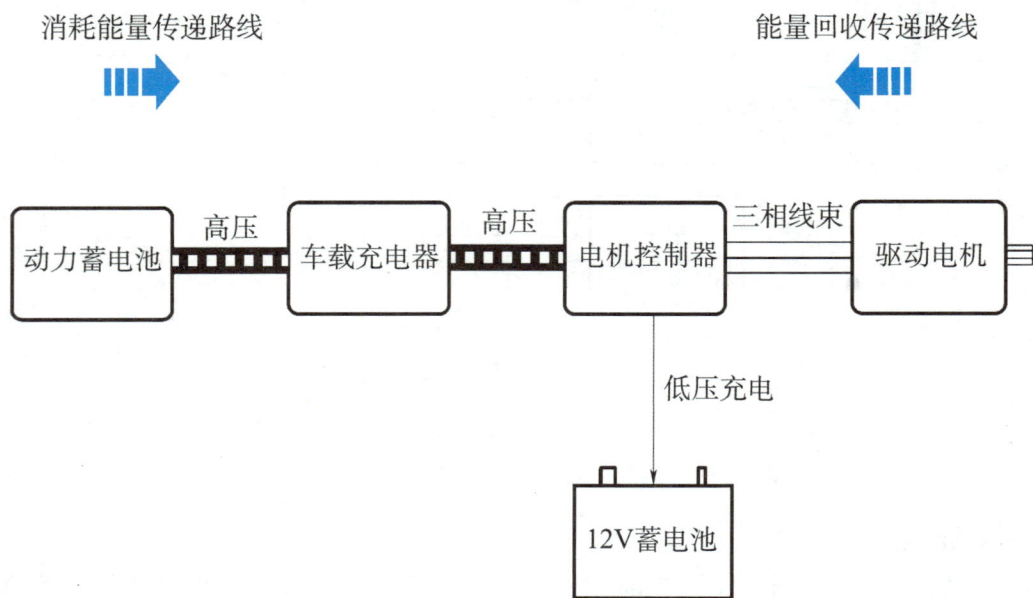

图 6-11　电机控制器功能能量流

6.5　纯电动汽车冷却系统

纯电动汽车的动力蓄电池、驱动电机、电机控制器、车载充电机等高压部件工作时均会产生热量,因此需配备专门的冷却系统,冷却系统通过冷却液循环散热,防止高压部件过热,使其维持在正常工作温度。纯电动汽车机舱冷却系统部件如图 6-12 所示。

冷却系统维护

图 6-12　纯电动汽车机舱冷却系统部件

纯电动汽车机舱冷却系统通常设计有蓄电池冷却系统和驱动部件冷却系统。电动水泵由低压电路驱动,为冷却系统的循环提供压力。吉利帝豪 EV450 车型冷却系统在电动水泵的驱动下冷却液在管路中的流向如图 6-13 所示。

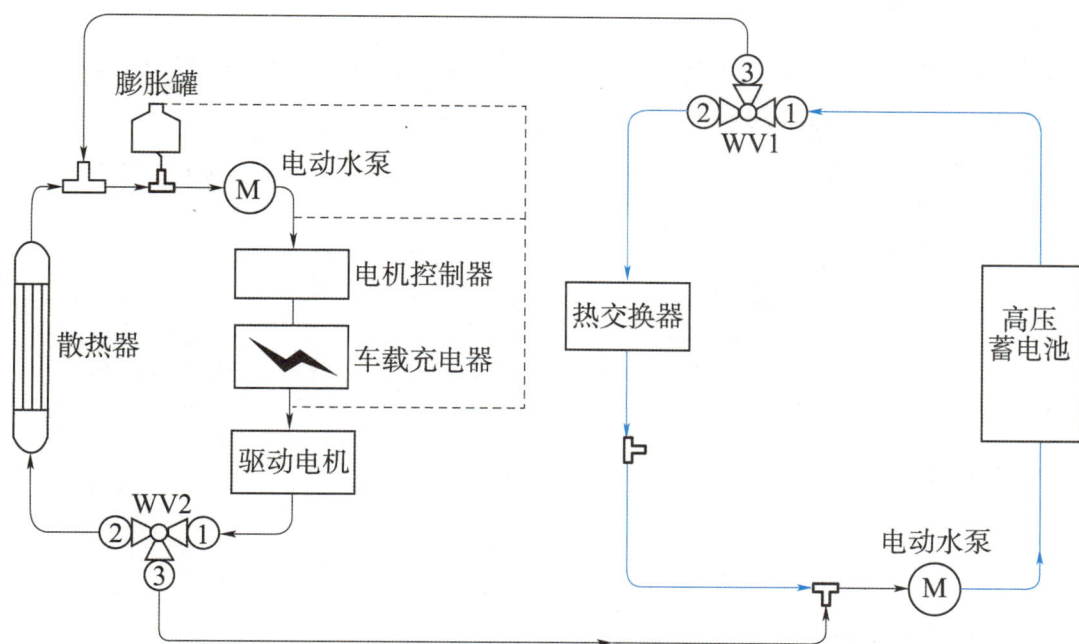

图 6-13 吉利帝豪 EV450 车型冷却系统

(1)冷却液。

冷却液是冷却系统传导热量的媒介,要求其具有防冻、防沸、防腐、防锈、防垢的特性。冷却液是在除离子(软化)水中按比例添加防冻剂,配以适量的金属缓蚀剂、阻垢剂等添加剂进行科学调和。目前国内外所使用的和市场上所出售的冷却液大部分为乙二醇型冷却液。

(2)冷却系统的组成。

冷却系统包含被冷却部件、水泵、储液罐、散热器、散热风扇、相关管路、控制模块等,如图 6-14 所示。散热器风扇安装在散热器的后部,它可以增加散热器和空调冷凝器的通风量,从而有助于加快车辆低速行驶时的冷却速度。

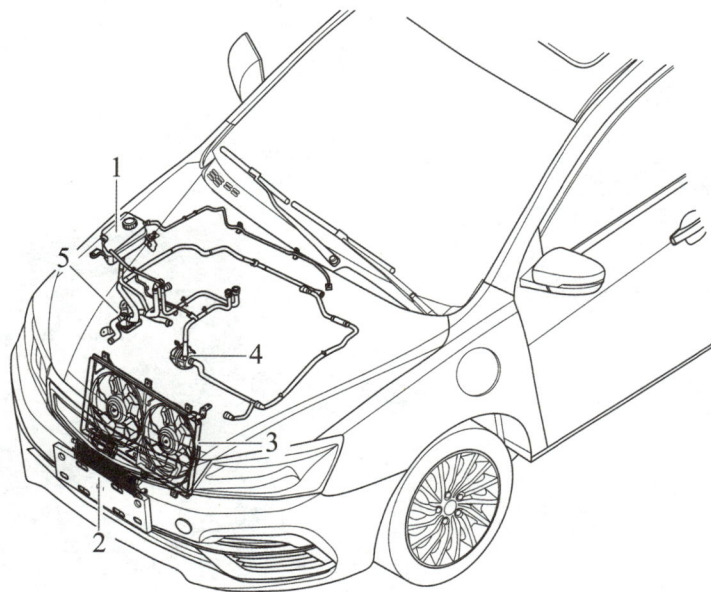

图 6-14 吉利帝豪 EV450 冷却系统部件

1-膨胀罐;2-散热器;3-散热器风扇;4-冷却水泵;5-三通阀

(3)冷却系统的控制。

高压部件温度传感器、冷却液温度传感器等监控高压部件的温度信息,整车控制器运算和控制电动水泵工作,驱动冷却液循环,必要时控制散热风扇以不同挡位速度运转,加强散热效果。冷却系统控制原理框图如图 6-15 所示。

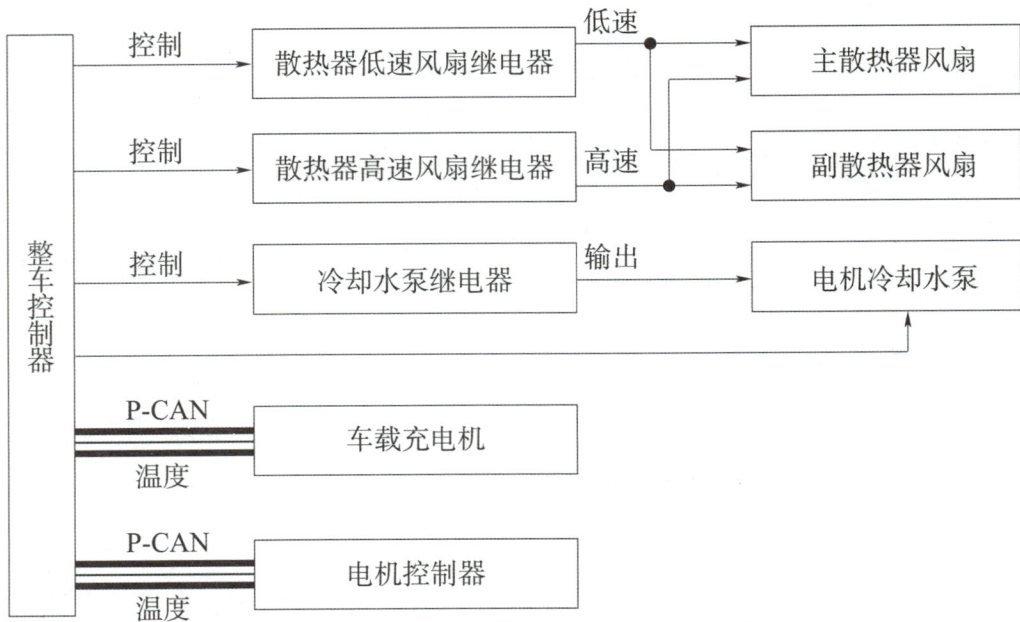

图 6-15　冷却系统控制原理框图

6.6 混合动力电动汽车冷却系统

混合动力电动汽车的动力部件一般设置三个独立的冷却系统,分别是发动机冷却系统、电力驱动冷却系统以及动力蓄电池冷却系统。以丰田卡罗拉插电式混合动力电动汽车 E +为例,其三个独立分冷却系统主要有:

(1)发动机冷却系统采用电动水泵驱动,其余与传统动力车辆无明显区别。

(2)图 6-16 所示为动力驱动单元冷却系统,主要为混合动力驱动桥、带转换器的逆变器总成提供冷却。

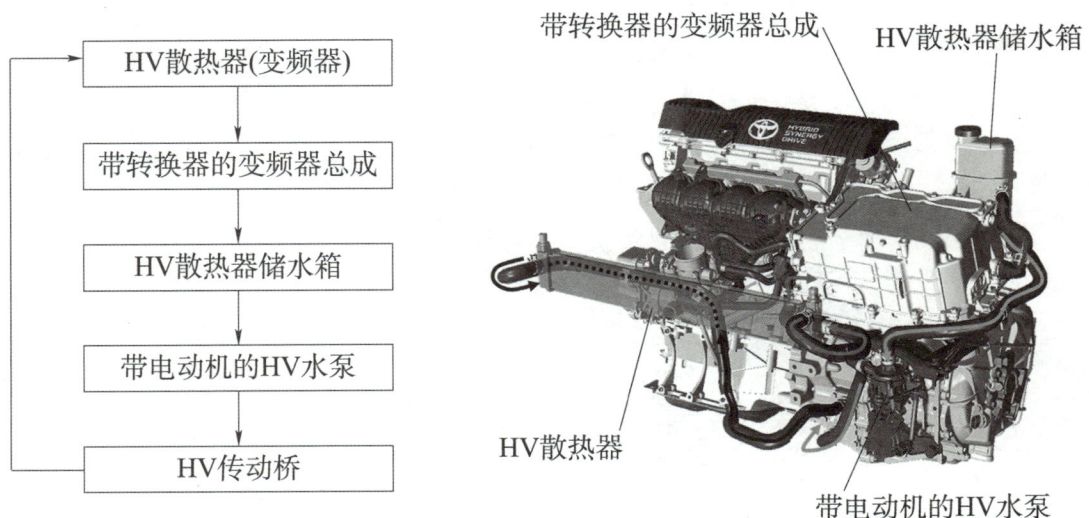

图 6-16　动力驱动单元冷却系统

（3）动力蓄电池采用风冷形式进行冷却,其采用空调制冷系统加强冷却效果。在维护时需对其送风系统的滤清器进行定期清洁与更换。

空调系统维护

6.7 新能源汽车空调系统

汽车空调系统保障无论车辆外部天气状况如何都可以给乘客室提供舒适的乘坐环境,它除了制冷、加热的温度调节功能外,还有除湿气功能,有助于消除雾、冰等凝结在车窗内外的视野障碍物。随着智能化、网联化的发展需求,根据空调使用条件及场景,其可以通过人机交互运行、在AUTO(自动)模式下根据实际需要运行、蓄电池管理系统(Battery Management System,BMS)请求时运行、远程空调指令运行、语音控制运行。新能源汽车空调系统人机操作界面如图6-17所示。

图6-17 新能源汽车空调系统人机操作界面

在新能源汽车上,空调系统往往还用于辅助动力蓄电池的热管理控制。蓄电池热管理包括加热、散热两项控制,不同车型其热管理实现方式不完全一致。部分车型采用空调冷风风冷散热,如丰田卡罗拉插电混合动力电动汽车E+等车型;部分车型采用空调系统作为热交换器辅助蓄电池冷却液散热或加热,如吉利帝豪EV450等车型。

（1）空调系统的组成。

空调系统按工作模式可分为手动空调、自动空调,主要布置在机舱内、车内两处,主要由制冷系统、制热系统、空气分配系统、模式温度控制系统等组成。

新能源汽车空调系统主要包括位于机舱的高压电动压缩机、冷凝器、高低压管路、PTC加热器、热交换器、PTC电动水泵与位于车内空调箱、控制面板,及其自动控制用空调压力开关、温度传感器等部件,如图6-18所示。

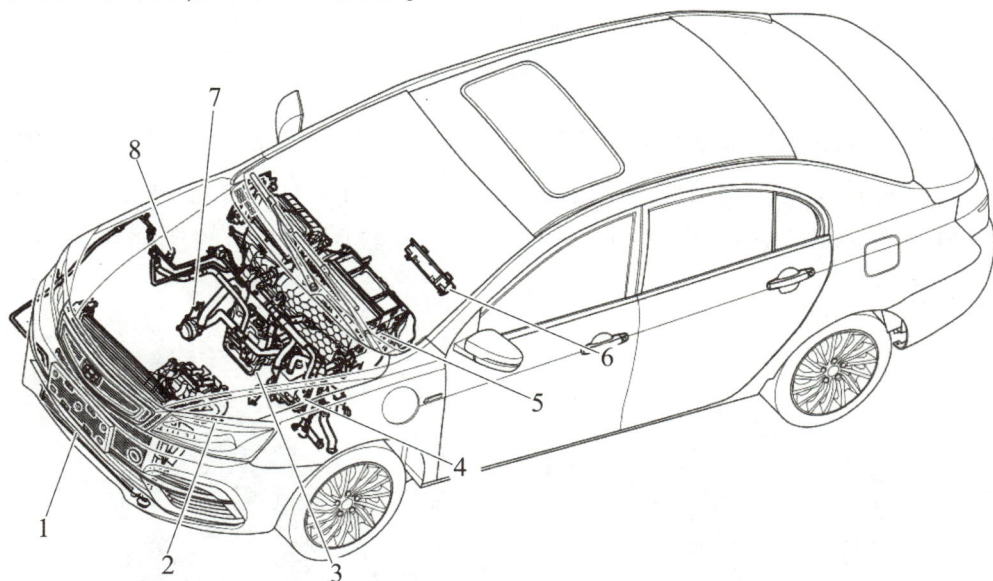
图6-18 吉利帝豪EV450空调系统核心部件
1-冷凝器;2-空调压缩机;3-PTC加热器;4-热交换器总成;5-空调箱总成;6-空调控制面板;7-PTC电动水泵;8-空调压力开关

（2）空调系统的工作原理。

新能源汽车空调制冷系统采用高压电动压缩机，是其与传统动力汽车空调系统最显著的区别。压缩机采用电动涡旋式，通过电机的旋转带动涡旋盘压缩，为制冷循环提供动力。压缩机受高压电驱动时工作，其吸入从蒸发器出来的低温低压气态制冷剂，经压缩，制冷剂的温度和压力升高，被送入冷凝器。高温高压的气态制冷剂通过冷凝器把热量传递车外空气而液化。液态制冷剂流经膨胀阀，温度和压力降低，并进入蒸发器。在蒸发器内，低温低压的液态制冷剂吸收经过蒸发器的车内空气热量而蒸发，变成气态。气态制冷剂又被压缩机吸入进行下一轮循环。这样通过制冷剂在系统内的循环，不断吸收车内空气的热量并排到车外空气中，以达到制冷效果。空调系统的工作原理如图 6-19 所示。

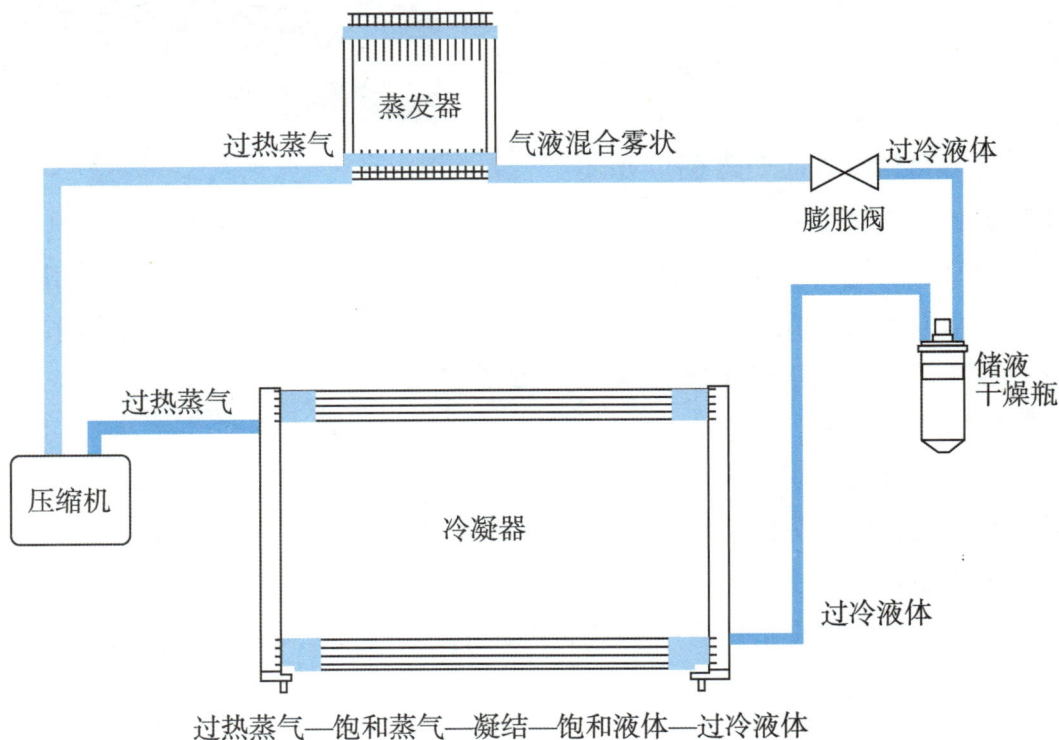

图 6-19 空调系统工作原理

新能源汽车空调系统压缩机油与传统动力汽车空调压缩机往往不同。为确保压缩机内部高压部分和压缩机外壳的良好绝缘性，新能源汽车使用具有高水平绝缘性能的压缩机机油（ND-OIL11），如图 6-20 所示。在维修时，应区别回收两种车型的压缩机机油，不得混用不同型号的润滑油。

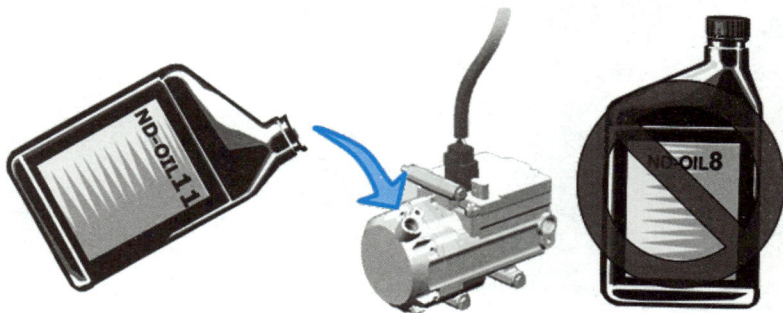

图 6-20 新能源汽车空调压缩机机油

单元 6

注意:

①使用其他压缩机机油可能会很危险,因为这可能会导电。

②即使制冷循环中使用(或进入)少量的 ND-OIL11 之外的机油,也可能大幅降低电子绝缘性能。

(3)供暖系统的工作原理。

新能源汽车空调供暖系统采用 PTC 加热冷却液提供热源,是其与传统动力汽车空调系统最显著的区别。一些车型也使用该热源对过低温高压蓄电池进行预热。当空调系统处于加热模式时,PTC 加热器在高压电的作用下对冷却液进行加热,高温冷却液被加热器水泵抽入加热器芯;同时气流在鼓风机的作用下流过加热器芯,产生热量传递。外部空气在进入乘客舱前,与加热后的空气混合,吹出舒适的暖风。供暖系统的工作原理如图 6-21 所示。

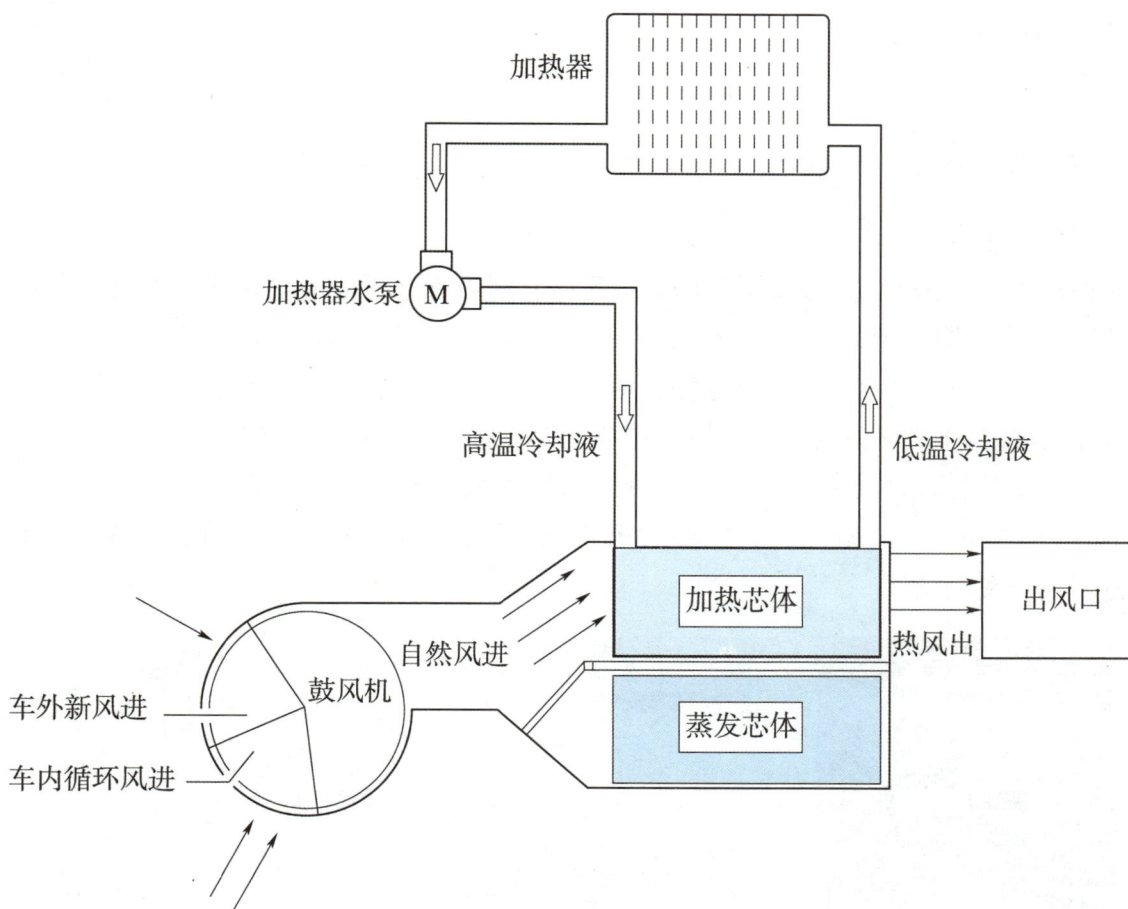

图 6-21 供暖系统工作原理

(4)通风控制系统的工作原理。

通风控制系统上的各种位置可使模式阀门通过风道混合或引入冷风、暖风和外部空气通过空调系统,气流由风道系统和出风口将空气输送到乘客室。通风控制系统的工作原理如图 6-22 所示。

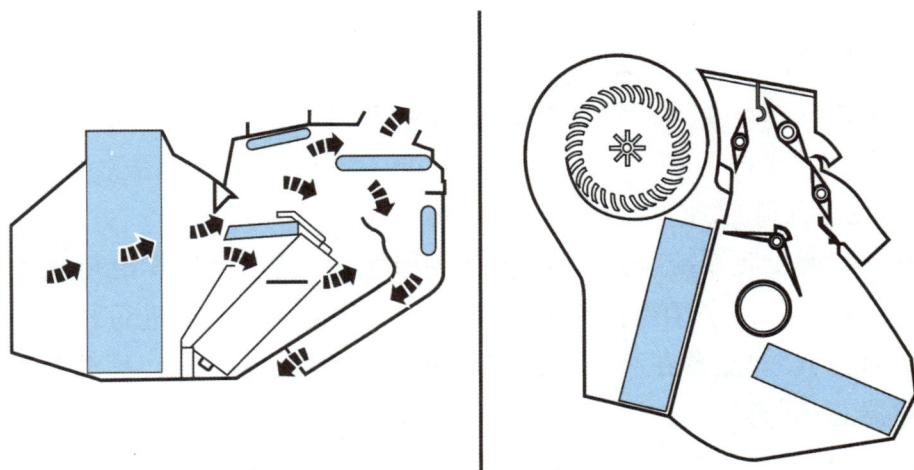

图 6-22　通风控制系统的工作原理

纯电动汽车机舱的
基本检查

3 操作要领

6.8 辅助蓄电池的维护

(1)蓄电池外观检查。

在检查蓄电池外观时,需使用工作灯或手电筒进行照明,确保检查时光照条件。检查蓄电池外壳四周是否有裂纹、是否有鼓包(图 6-23)、是否有渗漏,如有,需要更换蓄电池。

对于普通铅酸蓄电池,还需通过外壳液位刻度线检查电解液液位是否在两条刻度线之间,液位过低需要添加蒸馏水;检查加注口塞是否损坏、通风孔是否阻塞。

对于免维护蓄电池,还需要通过观察孔颜色检查蓄电池状况。以某品牌免维护蓄电池为例,如图 6-24 所示,观察孔呈蓝色表示正常,观察孔呈红色表示电解液液位不足,观察孔呈白色表示需要充电。

图 6-23　蓄电池鼓包

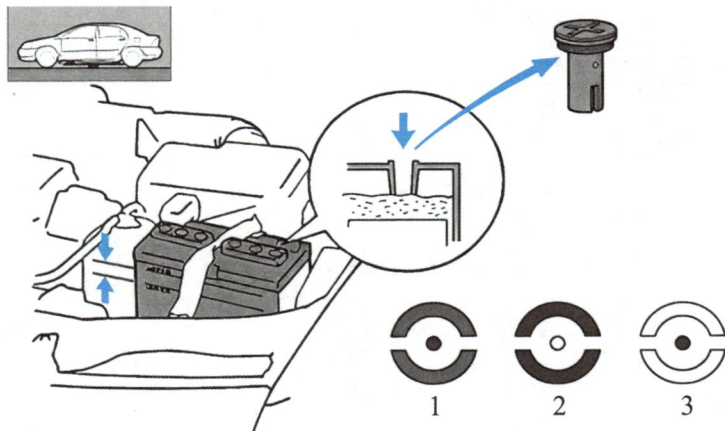

图 6-24　通过观察孔检查蓄电池状况

有的车型采用免维护蓄电池,仍保留了通气孔,若蓄电池放置于行李舱,则采用排气软管将蓄电池产生的气体排出车外。对于该类车型,应检查排气软管的连接是否可靠、是否损坏。

单元 6

（2）检查电量状态及性能。

汽车蓄电池静态电压，是指蓄电池处在不充电也不放电的状态测得的电压，应在 12.6V 左右；动态电压是指在放电或充电状态测得的电压，新能源汽车上充电电压为 DC/DC 转换器的输出电压，应在 13～14.8V 之间，最高不超过 15V。使用直流电压挡，测量蓄电池电压并记录，如图 6-25 所示。

蓄电池性能测试

使用蓄电池检测仪（图 6-26）检测蓄电池性能，各英文检测结果的含义如下：

GOOD BATTERY　　良好，可继续使用；

GOOD RECHARGE　　良好，但需要充电；

CHARGE&RETEST　　需要充电后再测试；

REPLACE BATTERY　　需更换蓄电池；

BAD CELL REPLACE　　存在单格损坏，需更换蓄电池。

图 6-25　测量蓄电池电压　　　　图 6-26　蓄电池检测仪

（3）测量电解液密度。

将密度计水平放至眼前，对着光亮处观测；读取并记录电解液密度，如图 6-27 所示；清洗吸管和密度计，擦干后放回；旋紧蓄电池加注口盖。清洁电解液的抹布或纸巾有腐蚀性，需及时归类进行丢弃。视情况，对蓄电池进行充电或予以更换。

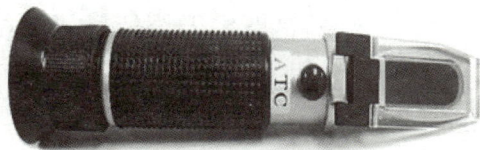

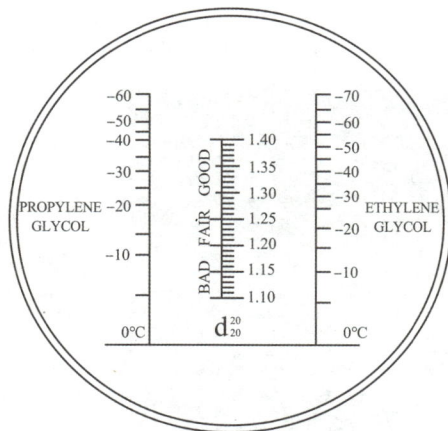

图 6-27　使用密度计测量电解液密度

（4）拆卸和安装蓄电池。

每当连接或断开辅助蓄电池电缆、蓄电池充电器或跨接电缆时，务必将启动开关电源模

单元6

式置于"OFF"状态,否则会导致控制模块或其他电气部件损坏。断开辅助蓄电池负极端子电缆时,时钟设置、收音机设置、音响系统的存储内容、DTC 和其他数据都将被清除,应在断开电缆前记下必要的数据。

拆卸蓄电池:如图 6-28 所示,打开蓄电池负极电缆保护盖;拆卸蓄电池负极电缆固定螺母;脱开蓄电池负极电缆1;打开蓄电池正集电缆保护盖;拆卸蓄电池正集电缆固定螺母;脱开蓄电池正极电缆2;拆卸蓄电池挂钩固定螺母3,取下蓄电池压条及挂钩;取出蓄电池。

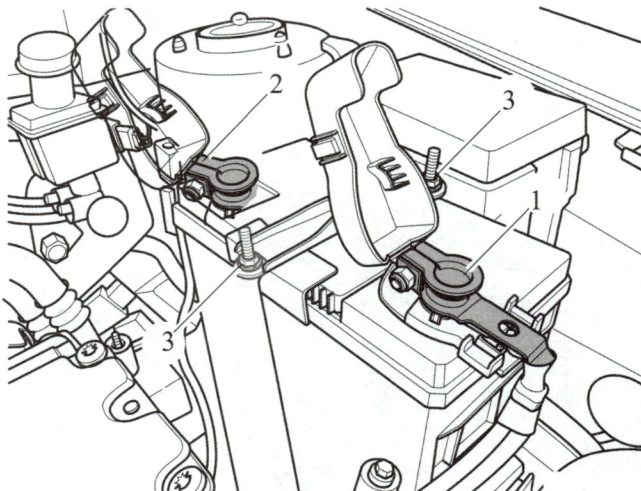

图 6-28 拆卸蓄电池
1-负极电缆;2-正极电缆;3-固定螺母

安装蓄电池:确认蓄电池型号是否符合要求;确认蓄电池尺寸规格是否符合要求。放入蓄电池总成,确认正负极端子;安装蓄电池压条及挂钩固定螺母并按力矩紧固;连接蓄电池正极电缆并按力矩紧固;关闭蓄电池正极电缆保护盖;连接蓄电池负极电缆并按力矩紧固;关闭蓄电池负极电缆保护盖。打开点火开关,确认通电正常;恢复车辆信息。

6.9 维护纯电动汽车动力舱高压部件

(1)明确"电动车修理安全须知与措施",进行标准断电程序。

(2)检查车载充电机分线盒。

如图 6-29 所示,检查可能影响高压配电系统的售后加装装置;检查车载充电机分线盒壳体是否明显变形;检查车载充电机分线盒是否有水或者灰尘等异物;检查壳体固定支架是否松动,必要时紧固。

(3)检查电机控制器。

如图 6-30 所示,检查可能影响高压配电系统的售后加装装置;检查电机控制器壳体是否明显变形;检查电机控制器是否有水或者灰尘等异物;检查壳体固定支架是否松动,必要时紧固。

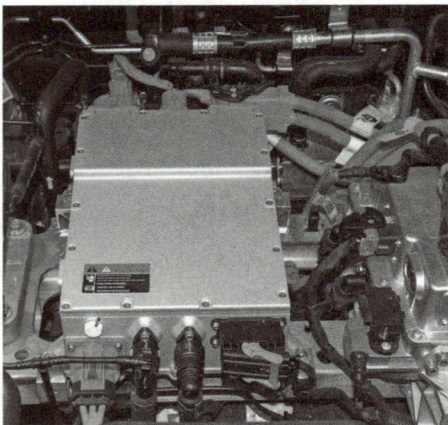

图 6-29 车载充电机分线盒

（4）检查高压线束。

高压线缆均为橙色，车辆上电时不要触碰高压电缆和部件。高压线束插接件拔出后应立即用绝缘胶带包裹。不允许使用高压水枪对机舱内进行冲洗。如图 6-31 所示，检查高压线束外壳是否破损；检查高压线束插接件是否松动；检查高压线束固定卡箍是否脱落；检查高压线束是否有异物或脏污。

绝缘电阻
测试仪的使用

图 6-30　电机控制器

图 6-31　高压线束

（5）检查低压线束。

如图 6-32 所示，检查低压线束外壳是否破损；检查低压线束插接件是否松动；检查低压线束固定卡箍是否脱落；检查低压线束是否有异物或脏污。

（6）车辆维修安全（标准断电）。

检查整车绝缘电阻监测系统，绝缘电阻系统无报警，如存在异常情况，检测高压系统绝缘电阻。

（7）检查高压管理系统（VCU、PEU、BMS）故障码。

连接维修开关与蓄电池负极；连接诊断仪，读取车辆动力系统故障诊断信息，确认无故障代码，如图 6-33 所示。

图 6-32　低压线束

图 6-33　检查高压管理系统故障码

6.10　纯电动汽车冷却系统的维护操作

（1）检查冷却系统液位。

冷却液液位须在车辆停机超过 10min 后检查，检查时使用工作灯或手电筒照明，确认冷却液液位是否在 LOW 和 FULL 刻度之间，如图 6-34 所示。

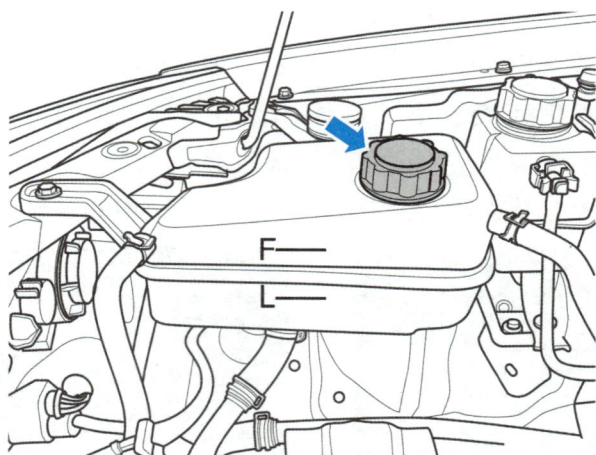

图 6-34　检查冷却系统液位

（2）检查冷却管路。

根据冷却系统的布置，对每一条管路均要仔细检查，任何遗漏都有可能隐藏泄漏故障点，如图 6-35 所示。

若冷却液液位下降明显，且无法通过目视检查出有泄漏痕迹，可采用压力测试对系统进行加压，然后观察是否有泄漏，压力是否下降。压力测试操作使用压力测试仪（图 6-36），包括冷却系统压力测试和散热器盖压力测试两部分，操作如下。

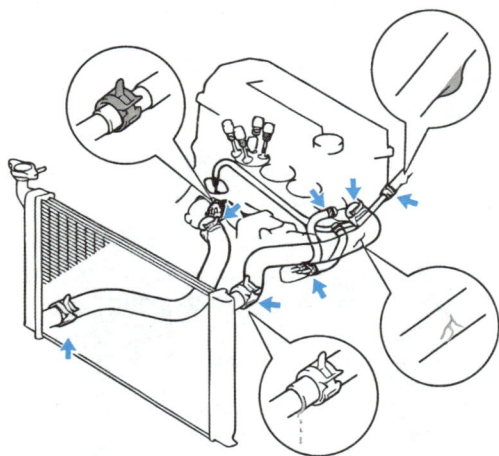

图 6-35　检查冷却管路

图 6-36　压力测试仪

冷却系统压力测试：如图 6-37 所示，拆卸散热器盖，连接适配器至补偿水桶上，连接空气泵，加压至 100kPa，等待 5min 以上，查看空气泵上压力表读数。如果出现压力跌落现象，则说明冷却系统存在泄漏。此时就启动空气泵，使系统保持一定的压力，以便检查散热器存在的泄漏。冷却系统存在的泄漏现象有时候是很难发现的，当系统加压后，可以使用肥皂水溶液来检查可疑区域的泄漏点。

冷却系统散热器盖的压力测试：如果散热盖密封不好，在此处会出现压力泄漏，从而降低冷却系统内部的压力，影响散热效果。如图 6-38 所示，首先，拆卸散热器盖，清洁散热器盖并保持湿润，连接空气泵，加压至 120kPa，观察 5min 后压力是否变化。然后，缓慢加压直

单元 6

到量表上的读数不再增大为止,读出散热器盖上安全阀的开启压力。重复以上操作 2 ~ 3 次,以确保检查结果的正确性。

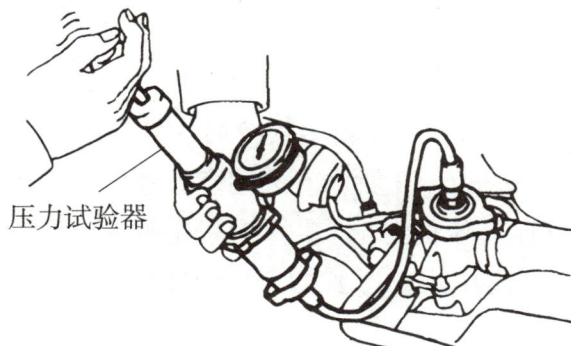

图 6-37　冷却系统压力测试

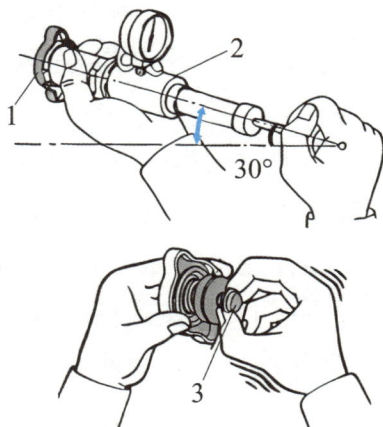

图 6-38　散热器盖压力测试

（3）检测冷却液冰点。

冷却液冰点应在冷态下进行测量,读数时应根据冷却液的类型选取正确的刻度,如乙二醇类型的冷却液,应读取"Ethylene Glycol（乙二醇）"侧的刻度。

（4）冷却液的更换与排气。

冷却液的排放:打开冷却液膨胀罐总成盖,断开散热器出水管,用回收容器接收放出冷却液。须集中回收处理高压蓄电池冷却液,等待报废或再生利用,不要将旧的冷却液排放入下水道污染环境。

加注冷却液:连接散热器出水管;进行管路检查,确保冷却管路连接完整。将车辆起动至"ON"档且非充电状态,连接诊断仪,选择加注初始化,使车辆处于加注初始化状态。应选用冰点在 -40℃ 以下的冷却液,且按规定型号选择,不得混用不同类型的冷却液。拧开膨胀罐盖,缓慢加注冷却液,直到罐内达 80% 左右,且液位不再下降。

系统排气:连接诊断仪,使车辆进入冷却液排气状态,排气过程不小于 10min。观察膨胀罐内冷却液下降,及时补充,直到液位不再下降后添加至 FULL 或 MAX 刻度线。拧紧加注盖,操作诊断仪退出排气模式。

6.11　新能源汽车空调系统的维护操作

新能源汽车
空调系统检查

（1）检查空调送风模式。

混合模式为通过脚部、前风窗出风口送风;双向模式为仪表板出风口、脚部出风口送风;后除霜功能是通过按钮来启动后风窗玻璃除霜功能,在后风窗玻璃除霜期间,后除霜按键指示灯点亮。后除霜功能必须要在车辆上高压电后才能工作。

（2）清洁或更换空调滤清器芯。

根据维护计划,定期检查、更换空调滤清器。如果车辆在多尘地区或交通繁忙地区行驶,建议缩短空调滤清器更换周期。如果出风口的气流明显减弱,可能是空调滤清器被堵塞。空调滤芯的清洁需按照进气方向逆向吹风。一些新材料的配件不允许使用高压压缩空气进行清洁,其会破坏滤芯内部结构。需遵照车型、配件使用说明予以清洁。空调滤芯上标注了装配方向或空气流动方向,遵照执行,若装配错误会影响通风与净化效果。

(3)检查空调制冷剂量。

当制冷效果不良时,检查空调制冷剂量。车辆在处于下列状态时,检查制冷剂压力:车辆处于运行或上高压电状态;送风速度处于最大;空调开关打开;温度选择最低;完全打开所有车门。

方法一:通过观察孔中的制冷剂流量检查制冷剂量。如图6-39所示,A状态表示正常;B状态,有连续气泡,表示制冷剂不足;C状态,看不到气泡,表示制冷剂过量或为空。

方法二:使用歧管压力表检查制冷剂压力,如图6-40所示。关闭空调系统,完全关闭压力表高低压阀门。连接高低压接口,蓝色软管连低压侧,红色软管连高压侧,空调运行后打开阀门。低压侧压力读数应为 $0.15 \sim 0.25 MPa$,高压侧应为 $1.37 \sim 1.57 MPa$。

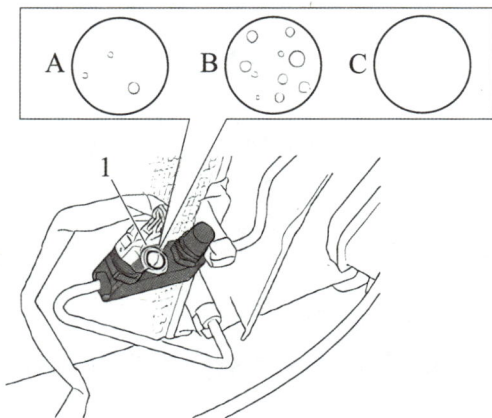

图6-39 通过观察孔检查制冷剂量

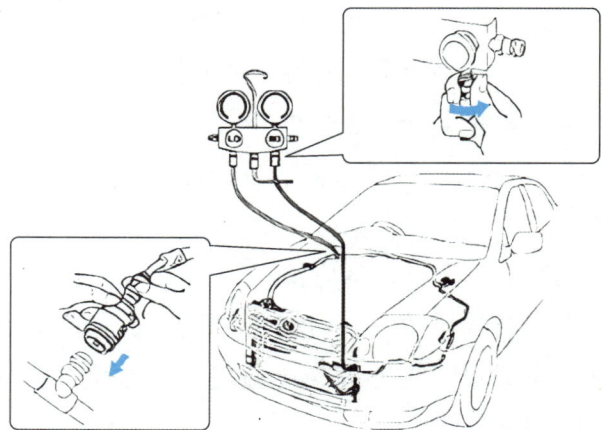

图6-40 使用歧管压力表检查制冷剂量

当制冷剂量不足时,或完成制冷剂补充加注后,应对制冷管路、部件接头、接口等部位使用制冷剂检漏仪(图6-41)进行检查。

空调系统泄漏检查

图6-41 制冷剂检漏仪

插电式混合动力电动汽车发动机机舱检查与维护

1 插电式混合动力电动汽车

7.1 新能源汽车类型

新能源汽车按动力类型,主要包括纯电动汽车(Electric Vehicle,EV)、插电式混合动力电动汽车(Plug-in Hybrid Electric Vehicle,PHEV)、燃料电池汽车(Fuel Cell Electric Vehicle,FCEV)等类型。

纯电动汽车是完全由可充电电池提供动力源的汽车,其能量来源全部来自外部充电。插电式混合动力电动汽车是可以通过外接充电的混合动力电动汽车,其能量来源既可以是燃油,也可以是电力,如图7-1所示。插电式混合动力电动汽车相较于混合动力电动汽车配有更大容量的动力蓄电池,并配备外接交流充电系统。燃料电池电动汽车也是电动汽车,只不过"电池"是氢氧混合燃料电池。和普通化学电池相比,燃料电池可以补充燃料,通常是补充氢气。燃料电池是一种不燃烧燃料而直接以电化学反应方式将燃料的化学能转变为电能的高效发电装置。

图 7-1 插电式混合动力电动汽车

7.2 三种混合动力形式

混合动力电动汽车的动力系统由发动机、电动机两部分构成,其中发动机将燃油转化为动力,电机将电能转化为动力,根据两动力的组合形式往往分为串联式、并联式、混联式三种混合动力类型,其中串联式又称为增程式,其主要连接关系和特点如图7-2所示。

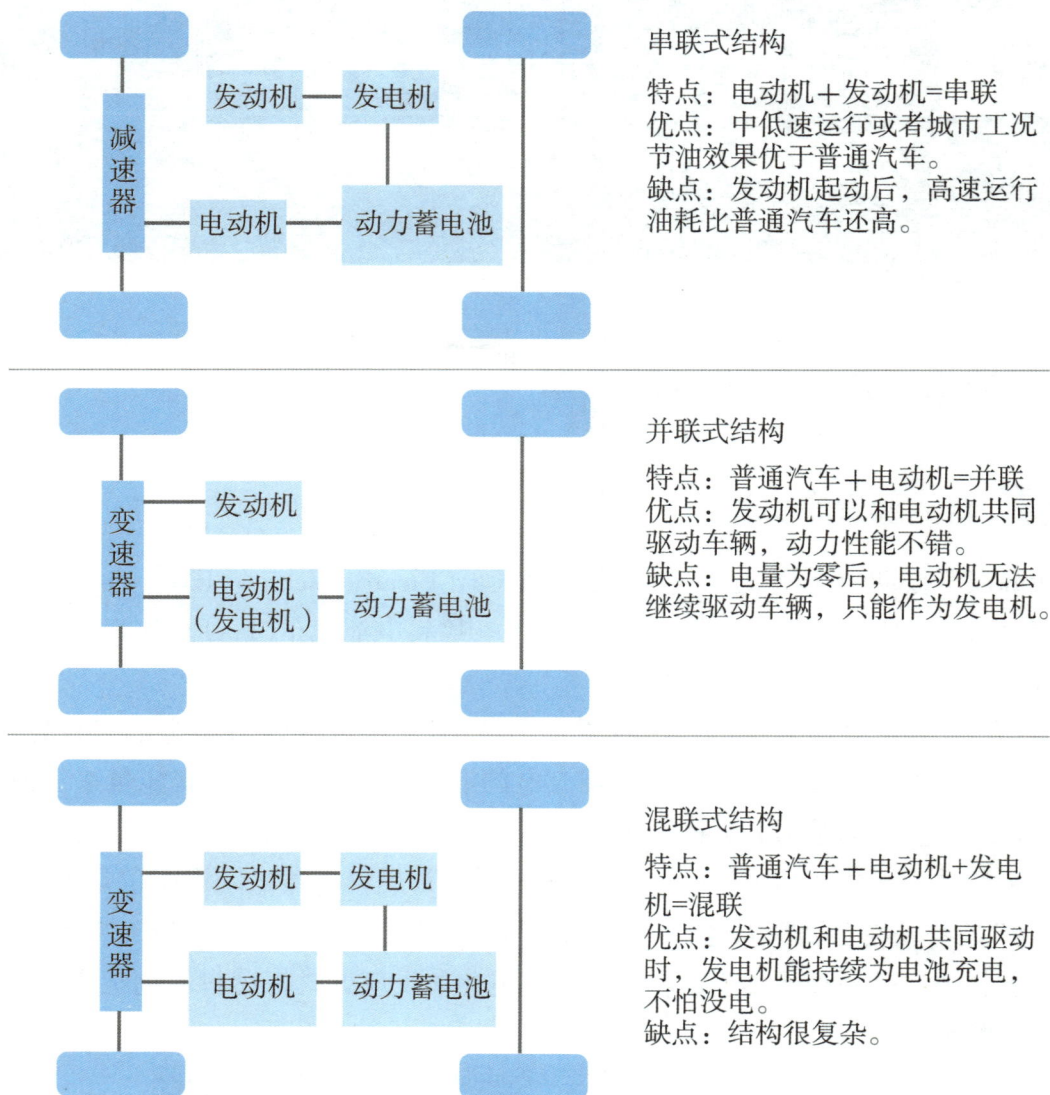

串联式结构

特点：电动机＋发动机＝串联
优点：中低速运行或者城市工况
节油效果优于普通汽车。
缺点：发动机起动后，高速运行
油耗比普通汽车还高。

并联式结构

特点：普通汽车＋电动机＝并联
优点：发动机可以和电动机共同
驱动车辆，动力性能不错。
缺点：电量为零后，电动机无法
继续驱动车辆，只能作为发电机。

混联式结构

特点：普通汽车＋电动机+发电
机=混联
优点：发动机和电动机共同驱动
时，发电机能持续为电池充电，
不怕没电。
缺点：结构很复杂。

图 7-2　三种混合动力形式的主要连接关系和特点

7.3　插电式混合动力电动汽车的结构

不同混合动力形式的插电式混合动力电动汽车，其结构稍有不同，如丰田卡罗拉双擎 E＋车型属于混联式结构，其动力部件布置如图 7-3、图 7-4 所示。其发动机、混合动力传动桥、带转换器的逆变器总成等动力部件均位于发动机舱内。插电式混合动力电动汽车的发动机舱因需要布置发动机、电动驱动系统，并同时配有独立的发动机冷却系统、电机冷却系统、空调暖风用冷却液等，往往布置较为紧凑。

插电式混合动力电动汽车采用的发动机及附属部件与传统动力汽车的

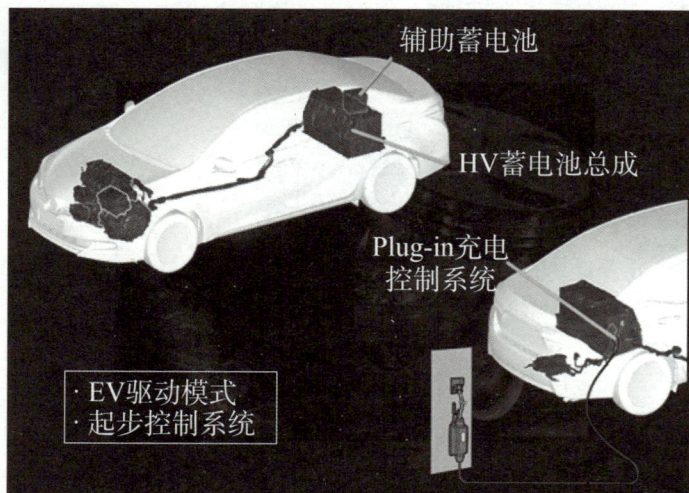

图 7-3　卡罗拉双擎 E＋车型结构示意图

不完全一致,如取消了传动皮带、采用电动水泵,取消了起动机、发电机等附属设备;一些车型采用阿特金森循环,其做功行程比压缩行程长,燃油效率比传统发动机更高;不采用发动机冷却液作为暖风加热器芯热源,不采用真空助力器等区别。

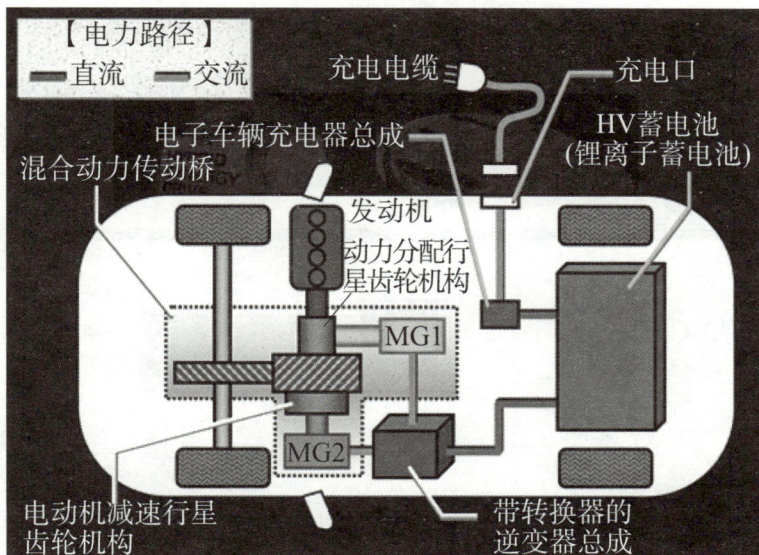

图7-4 卡罗拉双擎 E + 车型动力系统主要零件

7.4 插电式混合动力电动汽车的工作原理

插电式混合动力电动汽车在起步、减速、倒车行驶等工况,使用电动行驶模式,同纯电动汽车一致;在定速巡航一般行驶工况,可根据驾驶人模式选择及其动力蓄电池电量状况,控制车辆处于纯电行驶或者混合动力模式行驶状态;急加速状况下,动力蓄电池提供额外电能驱动电机提供更大加速性能,其工作原理如图7-5所示。其核心策略为使用两种动力类型相互配合,达成高燃油经济性、动力性的效果。

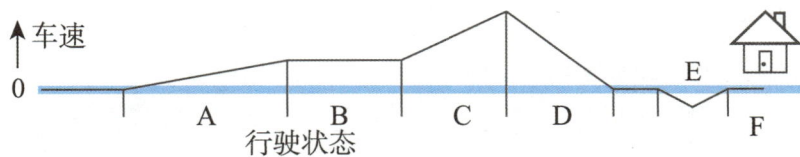

行驶状态			操作
A	起步、低负载		车辆通过MG2提供的动力运行
B	定速巡航	电动行驶模式	HV蓄电池将按照与起步时的方式一样向MG2供电
		HV行驶模式	通过动力分配行星齿轮机构分配发动机动力。一部分直接输出,另一部分用于MG1发电。该电能传输至MG2,作为MG2的动力进行输出
C	节气门最大开度加速	HV行驶模式	除发动机动力外,用来自HV蓄电池的电能补充MG2的动力
D	减速期间		MG2作为发电机运行,为HV蓄电池充电
E	倒车期间		车辆通过MG2提供的动力运行。此时,MG2反向旋转
F	插电式充电		通过家用插座为HV蓄电池充电

图7-5 丰田插电式混合动力电动汽车的工作原理

7.5 插电式混合动力电动汽车的保养模式进入

插电式混合动力电动汽车的发动机工作是根据工况、行驶条件等因素进行系统控制的,在维护过程中若需起动发动机,则需进入维护模式。一般有手动进入、使用诊断仪进入两种方式。

(1)手动进入维护模式。根据用户手册或维修手册,如图7-6所示。

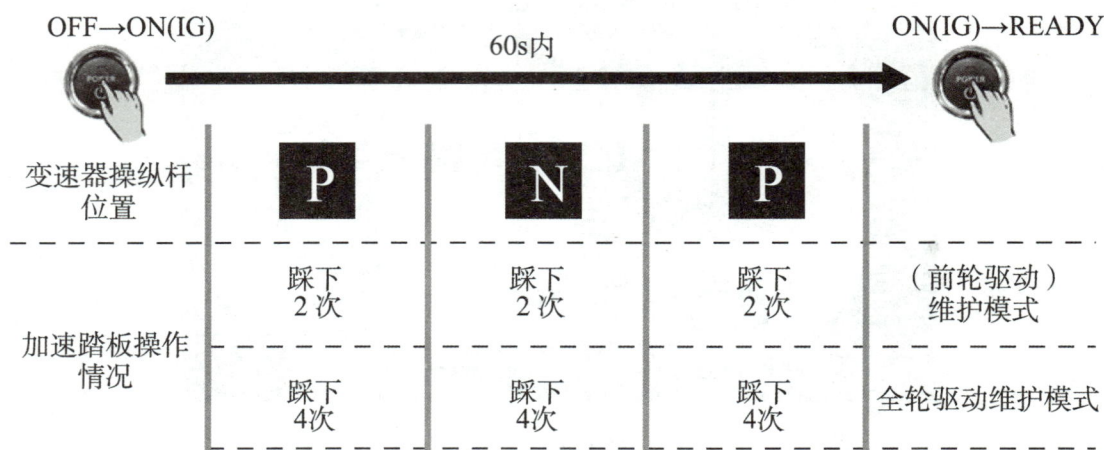

图7-6 手动进入维护模式

在60s内执行以下步骤 A ~ D:

A. 将电源开关置于 ON(IG)位置;

B. 选择驻车挡(P),按规定的次数完全踩下加速踏板;

C. 选择空挡(N),按规定的次数完全踩下加速踏板;

D. 选择驻车挡(P),按规定的次数完全踩下加速踏板。

检查并确认多信息显示屏上显示"MAINTENANCE MODE"(维护模式)。踩下制动踏板时,通过将电源开关置于 ON(READY)位置起动发动机。

(2)使用诊断仪进入维护模式。

连接诊断仪,打开点火开关并连接车辆,进入工具菜单,选择维护模式;检查并确认多信息显示屏上显示"MAINTENANCE MODE"(维护模式)。

② 火花塞

7.6 火花塞的作用和结构

火花塞的作用是把点火线圈产生的高压电引入发动机汽缸,在火花塞电极的间隙之间产生火花点燃混合气。从火花塞的安装位置可知火花塞须承受高温、高压和混合气化学腐蚀。

火花塞的结构如图7-7所示,包括中心电极、侧电极、绝缘体、紧固螺纹等。

图 7-7　火花塞的结构

1-中心电极；2-绝缘体；3-接线螺母；4-密封垫圈；5-侧电极；6-金属主体；7-紧固螺纹

7.7　火花塞的颜色含义

火花塞绝缘体裙部及其电极的颜色，如图 7-8 所示，通常可以反映发动机工作情况的好坏。

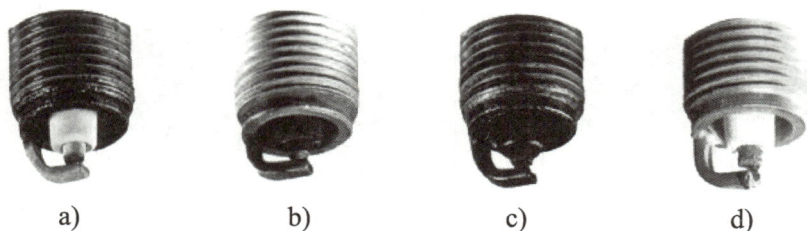

a)　　　　　　b)　　　　　　c)　　　　　　d)

图 7-8　火花塞的颜色

图 7-8a) 所示为正常，绝缘体裙部颜色呈灰白色或淡黄色，在绝缘体裙部及电极上有少量易刮去或刷去的粉状堆积物。

图 7-8b) 所示为炭污，绝缘体、电极呈黑色，被干燥毛状的炭垢覆盖；可能由混合气过浓或点火提前角过小或火花塞的热值比发动机规定的热值低，即选用的火花塞太冷等原因导致。

图 7-8c) 所示为油污，绝缘体、电极呈黑色且发亮；可能由气门杆或汽缸磨损过大，导致机油串入燃烧室，从而形成油垢。

图 7-8d) 所示为过热，绝缘体部分脱色，电极被烧成白色或紫色，甚至电极被烧熔；可能由以下等原因导致：①混合气过稀或点火提前角太小导致过热；②选用的火花塞太热；③火花塞间隙不正确。

7.8　火花塞电极材料

火花塞按电极材料可以分为镍合金火花塞、铂合金火花塞、铱合金火花塞，其中铂金、铱金的火花塞间隙不能调整。

通常可以从中心电极外形辨别火花塞，圆柱形的为镍合金，尖的是铂金，带瓷包裹为铱金。或通过陶瓷体上的标识识别，如铂金 Platinum、铱金 IRIDIUM。当然，火花塞型号是判别火花塞类型的最基本依据。

7.9 火花塞编号与火花塞热值

在火花塞绝缘陶瓷上面有一串由字母与数字组成的编号,不同类型的火花塞都有不同的编号,从这个编号上可以读取关于这个火花塞的所有信息。每个不同类型的火花塞都有各自的编码表,以 NGK 火花塞为例,其编号方式见表 7-1。

NGK 火花塞编号方式　　　　表 7-1

B	P	R	5	E	S	−11
（螺栓直径） A——18mm B——14mm C——10mm D——12mm E——8mm BC——14mm BK——14mm DC——12mm	P——绝缘体突出型 M——小型火花塞 （CMR6H:座面高度比 CR6HS 要短） U——沿面、半沿面及辅助型火花塞 （BUHW、BUR6ET等）	R——电阻 Z——卷线型电阻	（热价） 2 易热型 4 5 6 7 8 9 10冷却型	（螺丝长度） E——19.0 mm H——12.7 mm L——11.2 mm EH——19.0 mm半螺丝 M——轻量型 BM——9.5 mm BPM-A——9.5 mm F——圆锥型 A-F——10.9 mm B-F——11.2 mm B-EF——17.5 mm BM-F——7.8 mm	B——整体端子（CR8EB） CM——座面高较短 CS——斜方外侧电极 D——大发车专用(BCPR6ED) G、GV——赛车用火花塞 IX——铱合金IX火花塞 IX-P——铱合金MAX火花塞 J——两极突出型(大发车专用) K——外侧两极 LPG——LPG专用 N——外侧电极粗型 P——白金火花塞 Q——外侧四极 （BKR6EQUP：BMW） （BKR5EQUPA：日产） （BUR9EQP：马自达） QP——外侧四极，中轴为白金 S——标准型 T——外侧三极 U——半沿面火花塞 VX——VX 火花塞 Y——V字型切口中心电极 YA——污损对应(BR9EYA)	（火花间隙） 没有：标准 ——9：0.9mm ——10：1.0mm ——11：1.1mm ——13：1.3mm ——14：1.4mm ——15：1.5mm ——L：中间热值
BK——是按照国标规格(ISO)尺寸制造的产品,从火花塞密封垫圈到终端螺丝帽的长度比日本规格(JIS)的BCP型短2.5mm						

从上表可知,编号为"BPR5ES11"的 NGK 火花塞各种信息都一目了然,这也是正确选用火花塞的最准确依据。在火花塞的编号上,根据热值的不同,将火花塞分为冷塞、标准塞、热塞,如图 7-9 所示。

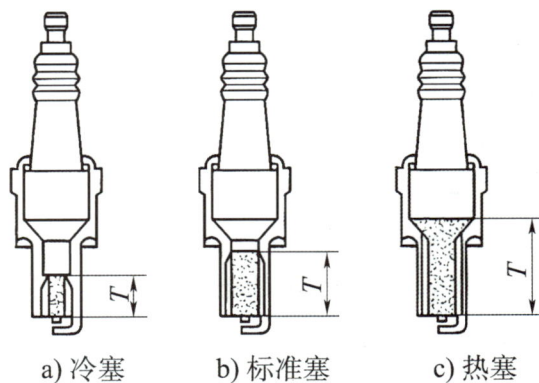

a) 冷塞　　　b) 标准塞　　　c) 热塞

图 7-9　不同热值的火花塞(T 为绝缘体裙部长度)

火花塞的热值是指火花塞的热特性,即火花塞将燃烧产生的热量从点火端传给发动机汽缸盖的速度快慢程度。通常,热值越大,火花塞越冷,因为它散热好。热值越小,火花塞越热,因为它不容易散热。如图 7-10 所示,火花塞在最小中心电极温度——自洁温度450℃和最大电极温度自燃温度950℃之间性能最佳。不同的发动机,对火花塞的热值要求不一样,因此在选择火花塞的时候,建议选择生产厂家推荐的火花塞。

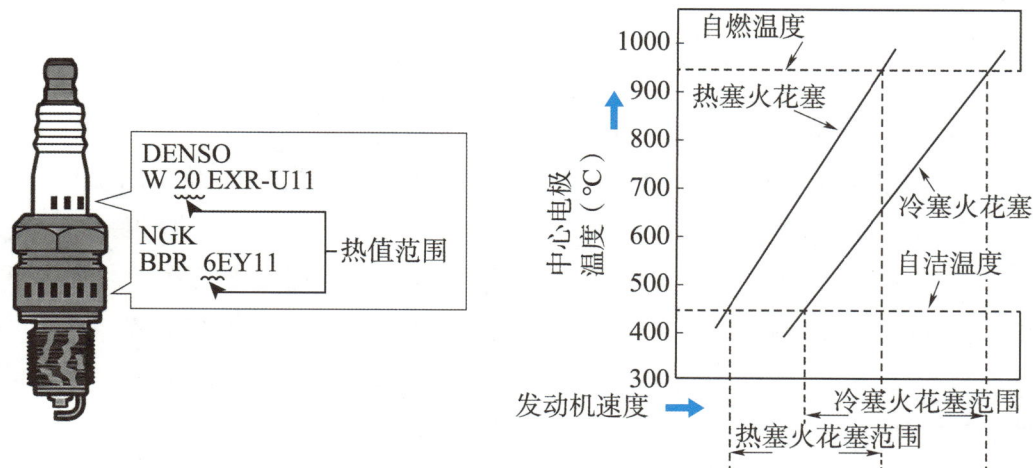

图 7-10　火花塞的热值及特性

3　车间维修基本工作程序

7.10　车间维修基本工作程序流程

为更好地满足用户,超越用户期待,真诚服务于市场和汽车用户,使用户宾客忠诚于企业,制定车间维修基本工作程序、标准,树立共同目标,使各岗位员工相互配合,明确责任,遵循各流程标准;便于企业规范化管理,体现企业标准化程度,有效提高工作效率,体现品牌化服务特色,从而提高客户满意度和忠诚度。

车间维修基本工作程序包括:预约—接待—派工—维修—最终检查(质检)—维护交付(结算)—追踪(回访),如图 7-11 所示。

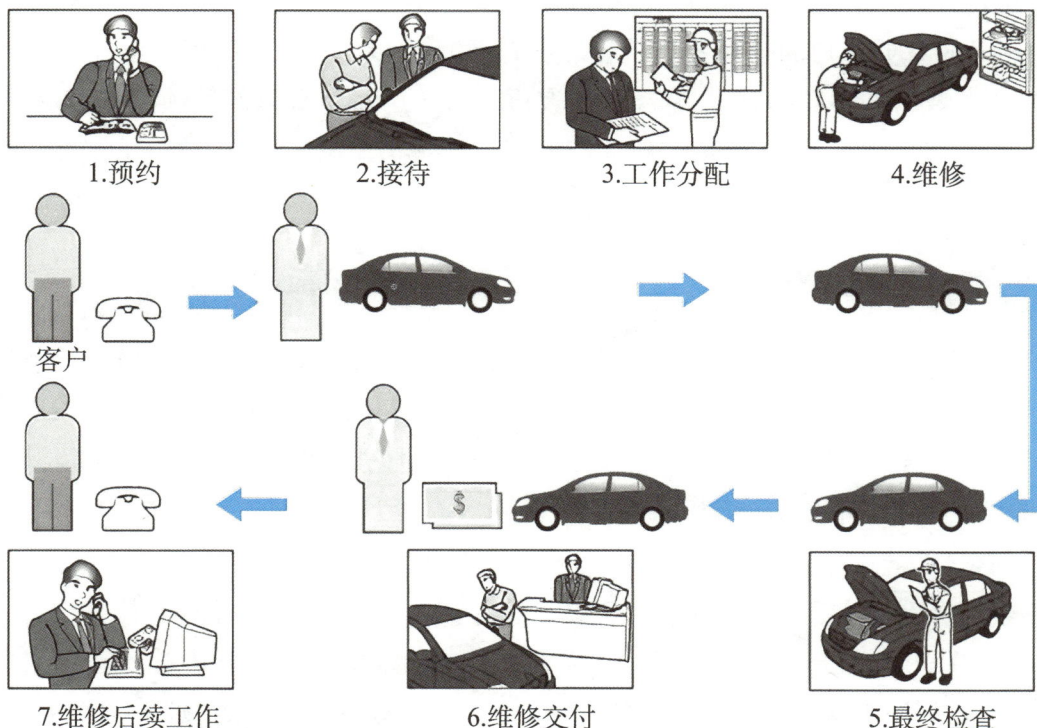

1.预约　　2.接待　　3.工作分配　　4.维修

客户

7.维修后续工作　　6.维修交付　　5.最终检查

图 7-11　车间维修基本工作程序

7.11 预约

预约服务,可以均衡分配经销店的维修率,提高服务设备利用率和相关工作人员的工作效率,减少客户在店的非维修等待时间,保证服务顾问接待的质量。经销店可以通过预约为客户做好接车的准备,避免由于一些偶发事件而导致客户车辆无法正常维修的情况。

预约方式有很多种,网上预约、微信预约、电话预约等。目前大多数客户习惯电话预约,电话预约有主动预约和被动预约。主动预约是经销店主动给客户打电话,提醒客户车辆需要定期维护之类的项目,此时,预约人员是预约专员。主动预约可以增加经销店的业务量,可以使得经销店服务更加周到。被动预约是客户主动给经销店打电话,可能是客户所熟知的服务顾问、销售顾问、维修技师,此时,预约人员就是经销店的工作人员。无论是经销店那个部分、岗位的人员接到客户主动预约的,都应该按照经销店的标准流程进行记录或转接给预约专员。

预约工作的主要内容是:记录信息,包括车辆信息、客户信息,对于新客户,需要新建客户档案。询问客户需求,初步判断车辆故障。当维修项目明确时,比如定期维护,这类项目和费用都明确的项目,可以提供给客户相应的维修项目建议。如果维修项目不确定,需要进行专业的车辆问诊,初步判断故障范围。必要时,需要请技师协助诊断。根据维修项目,确定维修价格和工时估计,与客户确定预约时间。预约时间尽可能选择在经销店工作量较小的时间段。如果客户提出的时间,我们无法满足时,必须提供两个及以上的时段来供客户选择。最后跟客户确认维修项目、预约时间,维修项目费用及工时,提醒客户来店时需要携带的资料,并告知客户,有专门的服务顾问来接待。

获得客户预约信息后,做好准备工作,预约专员将预约登记表交给负责接待的服务顾问,服务顾问及时通知车间和备件部门。车间和备件部门根据预约登记表登记的维修项目进行预约准备,包括备件情况、设备的准备、维修人员的准备。较复杂的维修项目,需要提前制定维修预案。为了及时掌握客户的时间变化,在预约时间的前一天及前1h,都需要跟客户进行电话和短信的确认,委婉地提醒客户准时到店。如果客户时间有变化,需要重新按预约流程,跟客户进行重新预约时间。客户确定可以准时到店,我们需要提前制定出维修委托工单,并制作欢迎看板。

7.12 接待

接待可以分为以下9个流程:

(1)工作准备:工具准备包含板夹、笔、车辆防护套件等;人员情况:包括服务顾问、维修技师、管理人员等;预约情况:查看预约管理登记表,获得预约的详细信息,如预约的车数、项目、时间等;工作环境:检查工作环境特别是雨雪天气时对雨伞、防滑措施准备等,对于服务顾问,还需要检查自己的仪容仪表及精神状态。

(2)迎接客户:主动出迎、热情问候、初步了解需求、用语规范。

服务顾问接到保安通知,应快速来到停车区迎接客户,指挥客户停车,帮客户打开车门,主动问好,自我介绍,询问顾客来店需求,为客户倒水,将客户迎接至业务等待区进行等待。服务顾问要主动热情、真诚地问候客户,热情、真诚应确实发自内心的,避免做作和功利。

在接待区如果已经正在接待客户,应先向客户事先打招呼,若是初次见面的客户,服务顾问应主动先做自我介绍。初步了解客户需求,询问时要注意聆听,不要强加自己的主观意识,分清客户的主要目的和次要目的,避免思维定式,主次不分,将客户的维修需求,记录在入场的检验单上。

(3)车辆防护:体现关心、尊重、使客户感觉舒适。

在确认客户的维修需求后,应立刻对车辆进行防护。未进行车辆防护时,禁止任何工作人员进入车辆内。安装车内四件套。在需要打开发动机舱盖时,要做好车外三件套的安装防护。

(4)环车检查:预检项目、六方位环车、邀请客户一同进行。

进入接待登记室前,要与客户共同确认车辆的情况,帮助客户了解车辆基本情况,保证车辆在维修后,车辆情况是基本一致的。在进行检查时,服务顾问应主动向客户介绍正在检查的项目,对发现的问题要及时如实告知客户,并准确记录在检查单上。对客户维修异响、线路问题,应重点检查故障部位是否有维修的痕迹。

(5)问诊:进一步确认维修情况,提高一次性修复率、倾听客户陈述、初步判断。

通过问诊可以一开始便发现客户车辆问题所在,从而避免浪费时间,提高一次修复率。问诊时,应该认真倾听客户的描述,通过对客户描述的记录和分析,作出初步判断,并对车辆进行现场确认,服务顾问应该引导顾客对故障进行描述,如:出现的频率、发生的状态等。对客户的描述进行准确记录、作出判断的前提是现场重现或者是看到、听到故障现象。针对客户描述,不要直接肯定是什么故障,而应给出几种可能的维修方向。应告知顾客,最终以车间技师诊断结果为准。诊断范围应在给出的故障范围中。

在确定维修项目时,要判断最终的维修结果是否需要客户付费,对有收费的项目,要提前告知顾客,并得到客户的认可。

(6)项目确定:确定维修项目、预估维修费用、预计维修时间。

对现场检查可以再现的故障现象,需要告知顾客维修的方向和大致的时间,对现场检查无法直接重现的故障现象,需要征求顾客的意见,是继续使用观察或是留场观察。需要告知顾客,需要见到准确的故障现象才能准确地进行诊断。确定维修项目时,需要向顾客解释,为什么要做该项目,做了后会如何,不做会带来什么样的影响或问题。经过初步诊断,确定维修项目,作出维修价格估算和预计完成维修的大致时间。

(7)制定工单:客户认可的前提、形成正式的合同、尽可能详细。

确定了维修项目后,制定维修工单,完成维修委托书,并经过客户认可维修方案后,签订维修委托书。只有签订委托书,才形成正式的维修合同。制定维修委托书时,不要只把收费项目写入委托书内,对不收费的项目和对客户提出需要处理的问题,也应写在委托书上。

(8)签字确认:逐条给客户讲解、确保客户理解。

制定好维修委托书后,再次与客户确认维修项目,逐条解释维修项目,包括项目所需的备件、工时、备件费用、工时费用。询问客户旧件的处理方法、是否洗车等,客户确认后,请客户签字。当客户面,将维修委托书、维护手册、定期维护单、入场检验单、钥匙等装入干净的塑料袋交给维修技师,并向顾客介绍维修技师,维修技师应及时向顾客问好,之后再去移动车辆。

(9)安排客户休息等待:确认客户去留、介绍客户休息区。

服务顾问应主动询问客户是在店等待还是暂时离开。陪同客户到休息区,向客户介绍休息区的服务项目及娱乐项目。对离开店的顾客,向顾客介绍离开的交通工具。此时,车辆已经移交维修车间了,接下来便是车辆维修作业。

7.13 派工维修

维修分一次性修复和发现潜在问题。维修过程中,应高质量地修复客户车辆故障,尽量保证一次性修复。维修过程中,对于潜在的隐患,要及时地发现并且排除。服务顾问将客户用车习惯向车间主管详述,应特别强调为客户检查的一些项目。客户的维修项目如涉及"三包"政策,或者是重复故障,服务顾问应向主管特别说明清楚。车间主管应依据交车项目的难易度及车间的维修状况、维修技师的维修能力来进行派工。

车间主管派工后,对维修技师做维修工艺的指示,必要时要请维修专家对维修技师给予技术支持。涉及"三包"维修政策的维修项目、重复的故障,技术专家应全程指导维修。维修技师依据维修委托书的内容到备件部门领料,或由备件部门送料到维修工位,并在备件人员开具的领料单上签字,并确认外观无破损、磕碰等情况,确认品种、规格、数量没有错误。维修技师在维修作业前,必须要采取车辆的防护措施,要依据维修技术手册要求、规范操作,严禁野蛮施工。维修技师在维修过程中,将开工、完工的时间详细记录在维修委托书上。维修技师要依据承诺交车的时间控制维修进度。对无法如期完工的,必须提前跟车间主管、服务顾问反馈,服务顾问应立即向客户说明原因并表达歉意。同时,重新与客户确定交车时间。

对出现无法及时修复的故障,应及时反馈给技术经理及服务顾问。维修过程中,车辆需要进行道路测试,应及时反馈给技术经理或服务顾问,由服务顾问联系客户并取得客户同意之后再实施,将驶出及返回时间、里程数记录在维修委托书上。在维修过程中,服务顾问根据维修项目的时长,应分段、主动地与维修车间确认维修进度,并将维修进度记录在维修进度管理看板,与客户进行沟通。如果客户在店等待时间超过 1h,应每隔 1h 就到客户休息区告知客户维修进度。

7.14 最终检查(质检)

为了保证维修质量,质检通常由维修技师自检,再由班组长复检,最后由质检员终检而实施的三级检验。维护维修过后,技师根据维修委托书、维护检查表的内容,逐项检查故障是否已经排除,功能、性能是否已经恢复达到最佳状态。确认维修工艺是否达到了维修技术手册的标准。检查是否有维修工具、耗材、螺栓等遗漏在发动机舱内、车身内、行李舱内。应将旧废件包装好,装入纸质的手袋内,并放置在行李舱。如果废旧件有水渍油渍,应先用专用塑料袋装好,再放入纸质的手袋内,以防弄脏客户车辆。

维修技师按照维修委托书对维修项目逐项签名确认,维修委托书、维护检查单上的所有手写信息和签名,应字迹工整,利于辨识。复检人员依据维护委托书及维护检查表的内容检查项目,确认维修技师已经落实了自检,并且逐项检查故障已经排除或施工已经完成。复检人员检查完成后,在维修委托书复检栏对维修项目逐项确认签字。

最后由质检员手工开立检验单,并据检查单的项目逐项检查确认,记录检查结果,质检员应检查自检和复检员的检查状态,逐项确认功能、性能已经恢复达到最佳状态。

质检员确认完毕,确认车辆维护服务状况后,在维修委托书的出厂检验栏及车辆出厂检查单的质检员签字栏签字。质检完成后,通知服务顾问车辆已完成终检,由服务顾问通知客户还有多少时间可以交车。质检员依据维修单的维修内容,通知专人将车辆开到洗车区进行车辆清洗、吸尘。洗车时,应检查车辆玻璃、烟灰缸,以确保车辆清洗干净。在吹干的过程中,应特别注意要将车窗的胶条吹干。车辆清洗干净后,由洗车技师自检之后在车辆出厂检查单上签字确认车辆清洗达标,最后由专人将车开到竣工区,关好门窗并锁好,将车钥匙与维修单据交由服务顾问进行交车。

服务顾问接到车辆竣工通知后,应立即前往竣工区进行车辆交接。质检员要主动告知服务顾问维修情况,对服务顾问有疑问的,要进行正面答复。服务顾问接到维修单据和钥匙后,对维修项目进行确认并签字。服务顾问应对车辆的外观再次进行检查,检查车辆清洗状况,车身外观漆面是否有新的划痕,并核实车辆外观检查时的检查记录,确认里程、油量,仔细检查烟灰缸、脚踏垫确认均已清洗干净。服务顾问针对客户提出的特别交修项目及客户特别关照的事项进行最终确认。应将座椅位置、空调、音响恢复到客户初始设置的舒适状态,确保音响、空调关闭。确认废旧件已经包装好,整齐地放于行李舱,以便向客户展示。完成最终检查后,服务顾问在出厂检查单上签字。交车的相关检查和资料准备完成后,将车门上锁,打印维修结算单。

7.15　维护交付(结算)

服务顾问应与客户进行项目维修确认及解说,解说完毕后,引导并陪同客户到收银台进行结账付款。收银员应礼貌问候顾客,并进行自我介绍。服务顾问将维修结算单交给收银员,待客户就座之后,收银员将维修委托书的车主联(取车联)收回,收银员核对维修委托书与维修结算单,在维修结算单上盖上公司财务章,将收齐客户维修款项或已经签字的刷卡签购单核对签字无误后,在系统进行收款,并主动为客户开立发票,开立车辆放行条。将维修结账单、车辆放行条、发票等装入票据夹并将文件袋递交给客户,并向客户致谢。

服务顾问引导客户到竣工区取车,服务顾问再次向顾客说明,今后有任何需要服务的均可以随时联系服务顾问。服务顾问当着顾客的面取下车辆防护套件,以及维护提示牌。提醒下次维护的里程和时间,提醒客户预约以及回访,待客户上车坐好,轻轻关好车门。提醒系好安全带,提醒客户准备好车辆放行条,最后向客户挥手道别,送客户离场。送行客户后,服务顾问应及时整理工作单据。

7.16　追踪(回访)

通过回访及时了解客户车辆维修后的用车情况,发现客户潜在的不满意需求,避免客户抱怨升级,持续改善经销商的服务及维修质量,不断提升维修水平。礼貌地告知客户,在车辆使用过程中,有任何的需求都可以随时联系服务顾问。对客户反馈不满意的项目,应仔细聆听,并仔细记录客户提出的问题、建议,作出相应的解说。对客户要定期进行跟踪,并提醒定期到店检查或维护,对了解的信息要详细记录并传递给技术人员,直到故障问题被解决,保证客户提出的问题有回馈,努力消除客户情绪。

单元7

火花塞的检查与更换

4 操作要领

7.17 维护插电式混合动力电动汽车发动机

(1)拆卸火花塞。

如图 7-12 所示,拔下点火线圈线束连接器;拆卸点火线圈固定螺母;使用火花塞专用套筒拆卸火花塞;及时用抹布盖住火花塞孔。

(2)调整火花塞间隙。

如图 7-13 所示,在火花塞间隙不合格时,调整火花塞间隙。铂金、铱金火花塞的间隙不能调整。定期更换火花塞,镍合金火花塞更换周期:4 万 km;铱金火花塞更换周期:10 万 km。

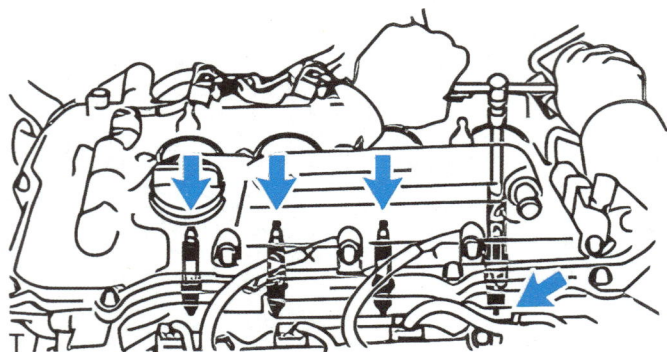

图 7-12　拆卸火花塞

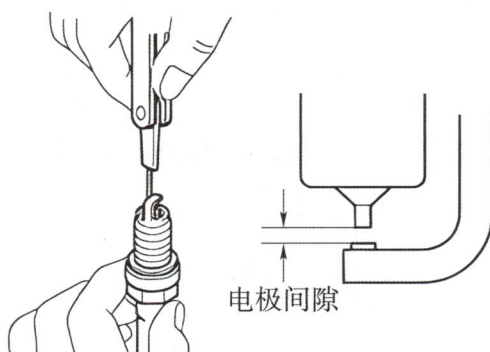

电极间隙

图 7-13　调整火花塞间隙

(3)火花塞的清洁。

如果电极上有湿炭痕迹,使其干燥。然后,使用火花塞清洁剂或超声波清洗机(图 7-14)进行清洁。如果有机油痕迹,使用火花塞清洁剂之前用汽油将其清除。

(4)清洁或更换空气滤清器芯。

掰开空气滤清器盖卡扣,取出空气滤清器芯(图 7-15);用干净抹布擦拭空气滤清器壳体内部,不能使用压空气直接吹洗,避免灰尘被直接吹入进气管。

图 7-14　超声波清洗机

图 7-15　空气滤清器芯

用气枪清洁滤芯,避免灰尘逃逸到空气中。压缩空气逆着进气方向吹扫滤芯。一些新材料的配件不允许使用高压压缩空气进行清洁,其会破坏滤芯内部结构,需遵照车型、配件

单元7

使用说明予以清洁。必要时更换滤芯,空气滤芯更换周期一般为 4 万 km。

安装空气滤芯时,注意空气滤芯上标注了装配方向或空气流动方向,需遵照执行,若装配错误会影响通风与净化效果。更换同型号的空气滤芯;检查新滤芯有无破损;壳体安装到位,保持密封状态,如图 7-16 所示。

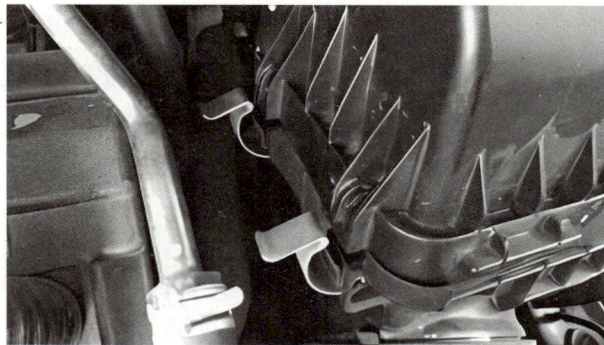

图 7-16　空气滤芯壳体安装

7.18　发动机常见的深度维护——节气门清洗

虽然发动机控制单元对节气门有自学习功能,在积炭污渍较少时可以进行自我调整,但随着污渍的逐渐堆积,会影响通过节气门的进气量,引起怠速不良、加速滞后等现象,所以,必要时需进行节气门清洗,这是常见的发动机深度维护项目。

发动机常见的深度维护-节气门清洗

(1)拆卸节气门体总成。

如图 7-17 所示,断开节气门总成插头;拆下进气总管;拆下曲轴强制通风管;拆下节气门总成上的冷却水管;拆卸节气门总成固定螺栓,取下节气门总成;取下节气门衬垫;用干净的抹布遮住进气口。

图 7-17　拆卸节气门体总成

(2)清洁节气门总成。

如图 7-18 所示,将化清剂喷在抹布上,用抹布清洁节气门上部腔体;清洁节气门下部腔体;反转节气门翼板,擦洗节气门侧面积炭;用压缩空气吹干。不建议将清洗剂直接喷在节气门体上,这样可能将两端轴承的润滑剂洗掉,造成卡滞或异响。可在清洗完成后在节气门转轴处滴少许润滑剂。

如图 7-19 所示,用干净抹布擦拭密封圈,必要时更换密封圈。注意橡胶件禁用化清剂清洗。

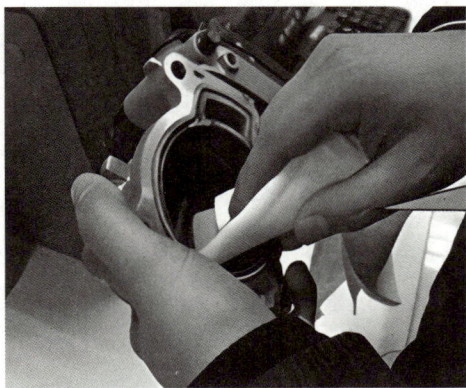

图 7-18　清洁节气门

图 7-19　擦拭节气门密封圈

(3)节气门初始化操作。

清洗完节气门之后,需要对数据进行初始化,这样 ECU 就可以记录新的节气门开度数据。运行维护模式,起动发动机;连接诊断仪,进行节气门初始化操作,查看发动机系统是否正常。不同车型,在对节气门进行初始化操作时,往往有便捷手动初始化操作方法。如卡罗拉 E + 车型,可以断开 EFI、ETCS-Ⅰ熔断丝一定时间,即可完成初始化。

7.19 发动机综合性能检查——尾气排放测试

汽车尾气
排放检测

汽车排放主要是和发动机的混合气形成、燃烧过程及燃烧结束后在排气过程中的化学反应有关,此外,还与燃油的蒸发等因素有关。随着汽车技术的高速发展、环保要求的不断提高,对尾气排放的限值越来越严格。发动机的尾气排放测试是经常用于定期检测发动机性能及排放状况的主要手段。

(1)尾气分析仪设备开机。

连接尾气管;进入维护模式,持续运行发动机;连接尾气分析仪电源线至外部供电电源;按一下设备面板上的电源开关键,启动设备硬件,如图 7-20 所示;观察设备电源指示灯状态为:橙色和绿色之间 1s 交替闪烁。

(2)启动测试程序软件。

如图 7-21 所示,启动排放分析仪测试软件;测试程序进入到"零点校准"及"HC 残留测试"阶段;待设备完成自检测过程,计算机屏幕上会出现测试参数数值。

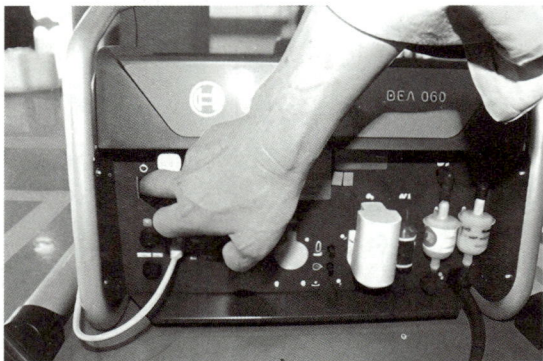

图 7-20 尾气分析仪设备开机

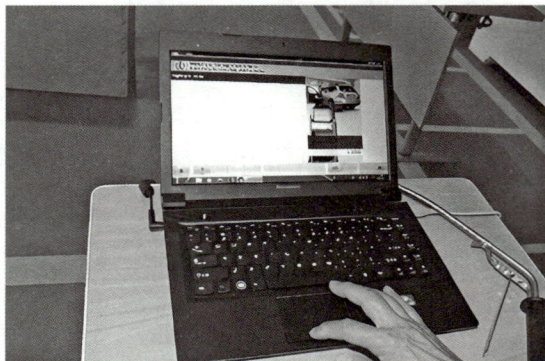

图 7-21 启动测试程序软件

(3)测试数据记录。

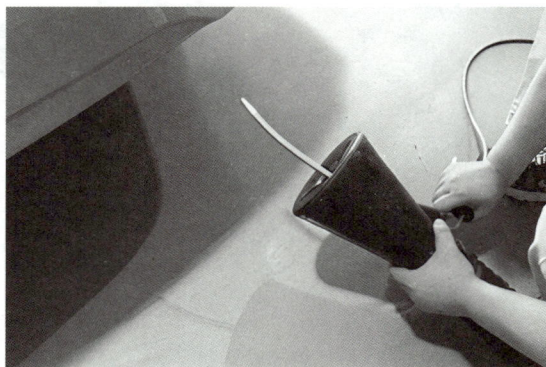

图 7-22 插入取样管

车辆暖机后,如图 7-22 所示,将尾气分析仪的取样管插入尾气抽排管上的小孔内;符合取样管插入深度大于 40cm 的要求;按下尾气分析仪的测量键,当计算机屏幕上的 CO_2 数值大于 12% 后,开始记录 CO、CH、CO_2、O_2、λ 数值。《汽油车污染物排放限值及测量方法(双怠速法及简易工况法)》(GB 18285—2018)规定了点燃式发动机汽车怠速和高怠速工况下排气污染物排放限值及测量方法。

(4)退出测试程序软件,测试设备关机。

点击软件 ESC(退出键)及 F4(确认键),关闭计算机排放测试程序;将尾气分析仪的取样管回收至指定位置放置;待尾气分析仪的抽气泵停止工作后,按住电源开关键 3s,即可关闭尾气分析仪的电源,此时电源指示灯熄灭。

附件　数字资源列表

二维码	资源名称	对应页码	二维码	资源名称	对应页码
	6S 现场管理法的目的和意义	4		刮水器检查与刮水器片更换操作	20
	举升机的使用	5		底盘部件检查	34
	新能源汽车高压防护要求	8		动力蓄电池的就车拆卸与安装	39
	新能源汽车高压安全防护用品的检查及穿戴	8		底盘部件的紧固检查	39
	新能源汽车维修工位要求及基本检查	9		减速器油的排放与更换	40
	高压下电操作	9		车轮和轮胎检查	49
	新能源汽车高压的存在形式	10		轮胎换位	51
	车辆室内外维护与操作	11		前轮盘式制动器检查与维护（上）	60
	纯电动汽车充电步骤	15		前轮盘式制动器检查与维护（下）	63
	汽车灯光认识及使用	16		制动液检查操作	68
	新能源汽车灯光系统检查	17		辅助蓄电池维护	72

附件

二维码	资源名称	对应页码	二维码	资源名称	对应页码
	动力舱高压部件维护	74		新能源汽车空调系统检查	87
	冷却系统维护	76		空调系统泄漏检查	88
	空调系统维护	79		火花塞的检查与更换	100
	纯电动汽车机舱的基本检查	82		发动机常见的深度维护-节气门清洗	101
	蓄电池性能测试	83		汽车尾气排放检测	102
	绝缘电阻测试仪的使用	85			

附件

参 考 文 献

[1] 何洪文,熊瑞.电动汽车原理与构造[M].2版.北京:机械工业出版社,2018.

[2] 景平利,敖东光,薛菲.电动汽车检查与维护[M].北京:机械工业出版社,2017.

[3] 杜慧起,单仲.新能源汽车结构与原理[M].北京:北京理工大学出版社,2021.

[4] 李土军.新能源汽车电路图与电器元件位置速查手册[M].北京:化学工业出版社,2020.

[5] 姚为民.汽车构造(下册)[M].7版.北京:人民交通出版社股份有限公司,2021.

[6] 康拉德·莱夫.BOSCH汽车工程手册[M].4版.北京:人民交通出版社股份有限公司,2016.

[7] 刘照军,鄂雄明.汽车底盘构造与维修[M].武汉:华中科技大学出版社,2015.